律师来了 LAWYER IS COMING

妇女、儿童、老人权益保护纠纷律师答疑

（第二版）

曹晓静　编著

7

legel issues of protection of vulnerable groups disputes

法律出版社
LAW PRESS·CHINA
—— 北京 ——

图书在版编目(CIP)数据

妇女、儿童、老人权益保护纠纷律师答疑 / 曹晓静编著 . -- 2 版 . -- 北京 : 法律出版社 , 2024
(律师来了)
ISBN 978-7-5197-8913-8

Ⅰ. ①妇… Ⅱ. ①曹… Ⅲ. ①妇女权益保障法—中国—问题解答②未成年人保护法—中国—问题解答③老年人权益保障法—中国—问题解答 Ⅳ. ① D922.75

中国国家版本馆 CIP 数据核字(2024)第 051071 号

律师来了:妇女、儿童、老人权益保护纠纷律师答疑(第二版)
LÜSHI LAILE : FUNÜ、ERTONG、LAOREN QUANYI BAOHU JIUFEN LÜSHI DAYI (DI-ER BAN)

曹晓静 编著

责任编辑 邢艳萍
装帧设计 李 瞻

出版发行 法律出版社
编辑统筹 法律应用出版分社
责任校对 晁明慧
责任印制 刘晓伟
经 销 新华书店

开本 A5
印张 11.875 字数 280 千
版本 2024 年 6 月第 2 版
印次 2024 年 6 月第 1 次印刷
印刷 三河市龙大印装有限公司

地址:北京市丰台区莲花池西里 7 号(100073)
网址:www.lawpress.com.cn
投稿邮箱:info@lawpress.com.cn
举报盗版邮箱:jbwq@lawpress.com.cn

销售电话:010-83938349
客服电话:010-83938350
咨询电话:010-63939796

书号:ISBN 978-7-5197-8913-8
定价:48.00 元

前言

妇女、儿童、老人权益保护一直是社会各界普遍关注的问题。我国曾相继出台《未成年人保护法》《妇女权益保障法》《老年人权益保障法》，并随着社会的进步不断地对这三部法律进行修改和完善，再加上出台《人口与计划生育法》《义务教育法》《反家庭暴力法》《民法典》《预防未成年人犯罪法》《家庭教育促进法》等相关法律，共同构建了完整的法律体系，以最大限度地保障妇女、儿童、老人的合法权益。

生活离不开法律，对于妇女、儿童、老人而言更是如此，离开法律的保护，权益随时都有受到侵害的危险。并且，近年来随着社会、经济的快速发展，出现了越来越多的侵害妇女、儿童、老人权益的事件。面对侵权行为，受害人唯有拿起法律的武器，才能真正捍卫自身的合法权益。但是，在现实生活中，很多人不知道该如何维护自身的合法权益，甚至不知道自己享有哪些权益，以至于当自己的权益受到侵害时束手无策。所以，了解法律常识对于维护自身的合法权益、防范日常生活中的法律风险十分必要。

为使妇女、儿童、老人熟知并有效地维护自身的合法权益，我们特意编写了这本书，希望能给大家带来一些帮助。

本书具有以下特色：

第一，实用性。本书所涉及的妇女、儿童、老人权益问题，多数为律师从业过程中所遇到的法律问题。这些问题，将由专业律师进行答疑，并附以相关的法律规范，帮助读者认识和了解法律，以便运用法律武器解决自己遇到的各种法律问题，维护自身的合法权益。面对生活和工作中发生的实际问题，大家可以有选择性地对照本书来解决，一定会有开卷有益、醍醐灌顶的感觉，因此，本书具有实用性。

第二，便捷性。本书以与妇女、儿童、老人权益相关的、最常见的问题为目录，采取一问一答的形式，就日常工作和生活中与妇女、儿童、老人权益相关的“疑难杂症”对症下药。同时，本书还对各类问题按照科学的方式加以分类整理，使大家能在最短的时间内就某一法律问题完成检索，非常便于查找和阅读。

第三，通俗性。在编辑本书的过程中，我们始终奉行着这样一个初衷——用最通俗易懂的语言把每一个法律知识点都讲得清清楚楚、明明白白，让每一位读者都能从中受益。对于每一个知识点，我们都站在读者的立场上，从具体实在的案例出发，答疑时也尽可能地深入浅出，相信读者一定能看得懂。

既然妇女、儿童、老人权益保护的重要性不言而喻，那么作为潜在法律关系主体的我们必然离不开相关法律规范的制约和保护，而关于妇女、儿童、老人的法律法规就是在为我们的权益保驾护航。希望读者阅读本书后，在实际生活中遇到类似的问题时，能够迅速有效地找到合适的解决对策，规避不必要的风险，实现自身利益的最大化。

目录

第一章 未成年人保护

第四章 残疾人权益保障

Chapter 1

第一章

未成年人保护

第一节　家庭保护

1. 父母对未成年子女有哪些义务？

法律咨询

小琪是一名初中三年级的学生，跟随祖父母生活。父母长期在外打工，对小琪的生活不管不问，只是不定期地给一点生活费用，这只能满足小琪基本的生活需求。随着祖父母年龄越来越大，他们对小琪的照顾越来越力不从心，想让小琪的父母回来照顾小琪，履行他们作为父母的义务。那么，小琪的父母对小琪有哪些义务呢？

律师答疑

抚养未成年子女是父母法定的义务，不仅包括物质上的抚养还包括道德品格上的指引和教育。父母是抚养未成年子女的第一责任人，应当承担起应尽的法定义务，如果自己不能直接抚育孩子，应当对未成年子女的生活作出妥善的安排，由有抚养能力的近亲属或者其他人代为抚养。有抚养能力而拒绝抚养未成年子女的，有关人员或者单位可以申请撤销其监护人资格，甚至可以追究其刑事责任。

对此问题，《民法典》第 1068 条明确规定，父母有教育、保护未成年子女的权利和义务。根据《未成年人保护法》第 15 条、第

16 条的规定，未成年人的父母应当学习家庭教育知识，接受家庭教育指导，创造良好、和睦、文明的家庭环境，应当在未成年人的生活、健康、安全、生理、心理、思想品德、教育、财产等各个方面履行监护职责，确保未成年人身心健康。此外，《义务教育法》《预防未成年人犯罪法》以及《家庭教育促进法》都从不同方面对父母应该履行的义务作出了细化的规定。

法律依据

《中华人民共和国民法典》

第一千零六十八条 父母有教育、保护未成年子女的权利和义务。未成年子女造成他人损害的，父母应当依法承担民事责任。

《中华人民共和国未成年人保护法》

第十五条 未成年人的父母或者其他监护人应当学习家庭教育知识，接受家庭教育指导，创造良好、和睦、文明的家庭环境。

共同生活的其他成年家庭成员应当协助未成年人的父母或者其他监护人抚养、教育和保护未成年人。

第十六条 未成年人的父母或者其他监护人应当履行下列监护职责：

（一）为未成年人提供生活、健康、安全等方面的保障；

（二）关注未成年人的生理、心理状况和情感需求；

（三）教育和引导未成年人遵纪守法、勤俭节约，养成良好的思想品德和行为习惯；

（四）对未成年人进行安全教育，提高未成年人的自我保

护意识和能力;

(五)尊重未成年人受教育的权利,保障适龄未成年人依法接受并完成义务教育;

(六)保障未成年人休息、娱乐和体育锻炼的时间,引导未成年人进行有益身心健康的活动;

(七)妥善管理和保护未成年人的财产;

(八)依法代理未成年人实施民事法律行为;

(九)预防和制止未成年人的不良行为和违法犯罪行为,并进行合理管教;

(十)其他应当履行的监护职责。

2. 父母应如何保障未成年子女受教育的权利?

法律咨询

小涵的父母在一年前离婚,小涵跟着母亲生活,由于生活压力问题,母亲想让小涵回到农村老家上学,小涵的父亲认为农村的教育条件不如城里,她的母亲让她到农村上学,侵犯小涵受教育的权利,对此提出反对意见。那么,小涵的母亲让小涵回到农村上学,是否侵犯了未成年子女受教育的权利?

律师答疑

基于小涵特殊的家庭经济状况,小涵的母亲让小涵回到农村上学是在自己的能力范围内为孩子提供了必要的生活保障。《未成年人保护法》第16条规定:“未成年人的父母或者其他监护人应当履行下列监护职责：……（五）尊重未成年人受教育的权利，保障适龄未成年人依法接受并完成义务教育……”第 17 条规定：“未成年人的父母或者其他监护人不得实施下列行为：……（五）放任或者迫使应当接受义务教育的未成年人失学、辍学……”父母作为未成年子女的法定监护人，应当保证未成年子女接受教育的权利，不得阻碍其入学或者使其退学、辍学。

《教育法》第 50 条规定，未成年人的父母或者其他监护人应当为其未成年子女或者其他被监护人受教育提供必要条件。《义务教育法》第 5 条也有类似的规定。父母应当为未成年子女受教育提供必要条件，但是，不同的父母或者监护人的经济情况各不相同，让子女在农村接受教育并不一定就侵犯了子女受教育的权利。

本案中，小涵的母亲为子女提供了能力范围内受教育的环境，也是对小涵的尽心抚养，不违反法律规定。如果小涵的父亲认为小涵母亲的行为侵犯了子女受教育的权利，可以其不适合抚养孩子为由，主张变更抚养权，自己安排孩子的生活和教育。

法律依据

《中华人民共和国未成年人保护法》

第十六条　未成年人的父母或者其他监护人应当履行下列监护职责：

……

（五）尊重未成年人受教育的权利，保障适龄未成年人依法接受并完成义务教育；

……

第十七条 未成年人的父母或者其他监护人不得实施下列行为：

……

(五)放任或者迫使应当接受义务教育的未成年人失学、辍学;

……

《中华人民共和国教育法》

第五十条 未成年人的父母或者其他监护人应当为其未成年子女或者其他被监护人受教育提供必要条件。

未成年人的父母或者其他监护人应当配合学校及其他教育机构,对其未成年子女或者其他被监护人进行教育。

学校、教师可以对学生家长提供家庭教育指导。

《中华人民共和国义务教育法》

第五条第二款 适龄儿童、少年的父母或者其他法定监护人应当依法保证其按时入学接受并完成义务教育。

3. 哪些人能够担任未成年人的监护人?

法律咨询

萌萌是一名小学二年级的学生,她的父母在一次意外事故中去世了,她的祖父母和外祖父母都愿意照顾她,两家为了孩子的抚养权产生争议。在这种情况下,孩子该由谁抚养?如何确定未成年人的监护人?

律师答疑

通常来说，父母是未成年子女的监护人，但本案中，未成年人的父母已经死亡，可由下列有监护能力的人按顺序担任监护人：(1)祖父母、外祖父母；(2)兄、姐；(3)其他愿意担任监护人的个人或者组织，但是须经未成年人住所地的居民委员会、村民委员会或者民政部门同意。没有依法具有监护资格的人的，监护人由民政部门担任，也可以由具备履行监护职责条件的被监护人住所地的居民委员会、村民委员会担任。

上述案例中，萌萌的父母去世，若她的祖父母或外祖父母有抚养能力的，一般应当由她的祖父母或者外祖父母抚养。祖父母与外祖父母都具备抚养条件且都有抚养的意愿的，双方可以协商解决；双方不能协商一致，任何一方可以起诉，由法院对抚养权作出判决。

法律依据

《中华人民共和国民法典》

第二十七条 父母是未成年子女的监护人。

未成年人的父母已经死亡或者没有监护能力的，由下列有监护能力的人按顺序担任监护人：

（一）祖父母、外祖父母；

（二）兄、姐；

（三）其他愿意担任监护人的个人或者组织，但是须经未成年人住所地的居民委员会、村民委员会或者民政部门同意。

第三十二条 没有依法具有监护资格的人的，监护人由民政部门担任，也可以由具备履行监护职责条件的被监护人住所地的居民委员会、村民委员会担任。

4. 父母因故不能履行监护职责的应该怎么办？

法律咨询

宁宁是一名小学生，他的父母因外出打工，不能再继续照顾他。因此，宁宁的父母很担心宁宁以后的生活。那么，在父母因故不能履行监护职责时，应该怎么办？

律师答疑

未成年人和父母长期分离时，由于亲情缺失、监护不力，容易导致未成年人在生活、教育、心理、道德、安全等方面出现问题。《未成年人保护法》第 22 条规定："未成年人的父母或者其他监护人因外出务工等原因在一定期限内不能完全履行监护职责的，应当委托具有照护能力的完全民事行为能力人代为照护；无正当理由的，不得委托他人代为照护。未成年人的父母或者其他监护人在确定被委托人时，应当综合考虑其道德品质、家庭状况、身心健康状况、与未成年人生活情感上的联系等情况，并听取有表达意愿能力未成年人的意见。具有下列情形之一的，不得作为被委托人：（一）曾实施性侵害、虐待、遗弃、拐卖、暴力伤害等违法犯罪行为；（二）有吸毒、酗酒、赌博等恶习；（三）曾拒不履行或者长期怠于履行监护、照护职责；（四）其他不适宜担任被委托人的情形。"

因此，父母无正当理由的，应当自己抚养孩子、履行监护职责，因外出务工或者其他原因不能履行对未成年人的监护职责时，应当委托有监护能力的其他完全民事行为能力人代为监护，不能由不适宜担任被委托人的人照顾孩子。父母可以根据约定内容，将监护职责部分或者全部委托给他人。委托有监护能力的其他成年人代为监护，并不消灭监护人资格，不是监护人资格的转移。受托人因监护人的委托而代行监护的职责，其本身并不一定在法律规定的监护人范围之内。

法律依据

《中华人民共和国未成年人保护法》

第二十二条 未成年人的父母或者其他监护人因外出务工等原因在一定期限内不能完全履行监护职责的，应当委托具有照护能力的完全民事行为能力人代为照护；无正当理由的，不得委托他人代为照护。

未成年人的父母或者其他监护人在确定被委托人时，应当综合考虑其道德品质、家庭状况、身心健康状况、与未成年人生活情感上的联系等情况，并听取有表达意愿能力未成年人的意见。

具有下列情形之一的，不得作为被委托人：

（一）曾实施性侵害、虐待、遗弃、拐卖、暴力伤害等违法犯罪行为；

（二）有吸毒、酗酒、赌博等恶习；

（三）曾拒不履行或者长期怠于履行监护、照护职责；

（四）其他不适宜担任被委托人的情形。

5. 父母殴打未成年子女违法吗?

法律咨询

小冯是一名小学四年级的学生,他的母亲去世之后,父亲经常喝酒,喝醉了就往死里打他。小冯的老师在得知后,告诉小冯的父亲,父母殴打子女是违法的,小冯的父亲想不明白,为啥教育自己的孩子还违法。

律师答疑

教育子女应当采取适当的措施,动辄打骂的方式显然不当,既容易造成孩子的身体损伤,还会打击孩子的自尊心,不利于未成年人健康成长。《未成年人保护法》第 17 条规定:“未成年人的父母或者其他监护人不得实施下列行为:(一)虐待、遗弃、非法送养未成年人或者对未成年人实施家庭暴力……”家庭暴力严重损害未成年人的身心健康,有些父母奉行“棍棒底下出孝子”的教育方法,在教育未成年人时,采用简单、粗暴的方法,不仅损害父母与子女的感情,而且达不到教育目的。

父母或其他监护人要妥善履行监护职责,不得虐待、遗弃未成年人。父母或其他监护人应当履行下列监护职责:为未成年人提供生活、健康、安全等方面的保障;关注未成年人的生理、心理状况和情感需求;教育和引导未成年人遵纪守法、勤俭节约,养成良好的思想品德和行为习惯;对未成年人进行安全教育,提高未成年人的自我保护意识和能力;尊重未成年人受教育的权利,保障适龄未成年人依法接受并完成义务教育;保障未成年人休息、娱乐和体育锻炼的时间,引导未成年人进行有益身心健康的活动;妥善管理和保护未成年人的财产；依法代理未成年人实施民事法律行为；预防和制止未成年人的不良行为和违法犯罪行为，并进行合理管教等监护职责。

《刑法》第260条之一规定，对未成年人、老年人、患病的人、残疾人等负有监护、看护职责的人虐待被监护、看护的人，情节恶劣的，处3年以下有期徒刑或者拘役。父母或其他监护人不得溺婴或残害婴儿。有些父母错误地认为子女是其“私有财产”，可以自行处置。父母或其他监护人虐待、遗弃、非法送养未成年人或者对未成年人实施家庭暴力等行为，情节恶劣的，将受到法律的制裁。

父母或其他监护人不得歧视女性未成年人或者有残疾的未成年人。平等权是《宪法》赋予每个公民的权利，男女平等，健康人和残疾人平等。在家庭教育环境中，父母或其他监护人要平等对待男性未成年人和女性未成年人，平等对待健康未成年人和残疾未成年人。

法律依据

《中华人民共和国未成年人保护法》

第十七条　未成年人的父母或者其他监护人不得实施下列行为：

（一）虐待、遗弃、非法送养未成年人或者对未成年人实施家庭暴力；

（二）放任、教唆或者利用未成年人实施违法犯罪行为；

（三）放任、唆使未成年人参与邪教、迷信活动或者接受恐怖主义、分裂主义、极端主义等侵害；

（四）放任、唆使未成年人吸烟（含电子烟，下同）、饮酒、赌博、流浪乞讨或者欺凌他人；

（五）放任或者迫使应当接受义务教育的未成年人失学、辍学；

（六）放任未成年人沉迷网络，接触危害或者可能影响其身心健康的图书、报刊、电影、广播电视节目、音像制品、电子出版物和网络信息等；

（七）放任未成年人进入营业性娱乐场所、酒吧、互联网上网服务营业场所等不适宜未成年人活动的场所；

（八）允许或者迫使未成年人从事国家规定以外的劳动；

（九）允许、迫使未成年人结婚或者为未成年人订立婚约；

（十）违法处分、侵吞未成年人的财产或者利用未成年人牟取不正当利益；

（十一）其他侵犯未成年人身心健康、财产权益或者不依法履行未成年人保护义务的行为。

《中华人民共和国刑法》

第二百六十条之一第一款 对未成年人、老年人、患病的人、残疾人等负有监护、看护职责的人虐待被监护、看护的人，情节恶劣的，处三年以下有期徒刑或者拘役。

6. 对未成年人实施家庭暴力要承担什么责任？

法律咨询

小梦是一名小学三年级的学生，母亲很早就去世了，继母经常殴打她，所以总是遍体鳞伤。小梦的老师发现之后，准备帮助小梦。那么，对未成年人实施家庭暴力要承担什么责任？

律师答疑

对未成年人实施家庭暴力违反法律规定，居民委员会、村民委员会以及所在单位应当予以劝阻、调解，实施严重不当家暴行为的父母还会受到行政处罚或要承担刑事责任。《反家庭暴力法》第 2 条规定，本法所称家庭暴力，是指家庭成员之间以殴打、捆绑、残害、限制人身自由以及经常性谩骂、恐吓等方式实施的身体、精神等侵害行为。对未成年人实施的家庭暴力有以下特点：(1)社会容忍度高。许多人认为父母打孩子是正常的教育方式。(2)行为具有隐蔽性。家庭暴力发生在家庭中，很少被外人知晓。未成年人心智尚不成熟，并与施暴者存在紧密的亲情、经济联系，一般不愿意公开。(3)过程具有反复性。一般来说，家庭暴力从第一次发生后，往往持续发生。(4)后果具有不确定性。家庭暴力的后果有轻有重，危害程度不一。较轻的有罚站、扇巴掌等，严重的可能导致未成年人重伤或死亡。

《未成年人保护法》第 17 条第 1 项规定：未成年人的父母或者其他监护人不得虐待、遗弃、非法送养未成年人或者对未成年人实施家庭暴力；《民法典》第 1042 条第 3 款规定：禁止家庭暴力。根据相关规定，任何人如果发现未成年人身心健康受到侵害、疑似受到侵害或者其他合法权益受到侵犯的，应当及时了解情况并采取保护措施；情况严重的，应当立即向公安、民政、教育等部门报告。县级以上人民政府有全国统一的未成年人保护热线，能够及时受理、转接侵犯未成年人合法权益的投诉、举报。公安机关、人民检察院、人民法院应当与其他相关政府部门、人民团体、社会组织互相配合，为遭受性侵害或者暴力伤害的未成年被害人及其家庭提供必要的心理干预、经济救助、法律援助、转学安置等保护措施。

法律依据

《中华人民共和国民法典》

第一千零四十二条第三款 禁止家庭暴力。禁止家庭成员间的虐待和遗弃。

《中华人民共和国反家庭暴力法》

第二条 本法所称家庭暴力，是指家庭成员之间以殴打、捆绑、残害、限制人身自由以及经常性谩骂、恐吓等方式实施的身体、精神等侵害行为。

《中华人民共和国未成年人保护法》

第十七条 未成年人的父母或者其他监护人不得实施下列行为：

（一）虐待、遗弃、非法送养未成年人或者对未成年人实施家庭暴力；

（二）放任、教唆或者利用未成年人实施违法犯罪行为；

（三）放任、唆使未成年人参与邪教、迷信活动或者接受恐怖主义、分裂主义、极端主义等侵害；

（四）放任、唆使未成年人吸烟（含电子烟，下同）、饮酒、赌博、流浪乞讨或者欺凌他人；

（五）放任或者迫使应当接受义务教育的未成年人失学、辍学；

（六）放任未成年人沉迷网络，接触危害或者可能影响其身心健康的图书、报刊、电影、广播电视节目、音像制品、电子出版物和网络信息等；

（七）放任未成年人进入营业性娱乐场所、酒吧、互联网上网服务营业场所等不适宜未成年人活动的场所；

（八）允许或者迫使未成年人从事国家规定以外的劳动；

（九）允许、迫使未成年人结婚或者为未成年人订立婚约；

（十）违法处分、侵吞未成年人的财产或者利用未成年人牟取不正当利益；

（十一）其他侵犯未成年人身心健康、财产权益或者不依法履行未成年人保护义务的行为。

《中华人民共和国刑法》

第二百六十条 虐待家庭成员，情节恶劣的，处二年以下有期徒刑、拘役或者管制。

犯前款罪，致使被害人重伤、死亡的，处二年以上七年以下有期徒刑。

……

7. 父母不履行监护职责，可以撤销他的监护人资格吗？

法律咨询

小范的父亲性格暴躁，经常在酒后辱骂家人，甚至对家人拳打脚踢，母亲由于不能忍受，通过起诉离婚离开了这个家庭，小范由父亲抚养，父亲就把全部的怒火发泄到小范身上。未成年的小范不仅身体上伤痕累累，心理上也受到很大的影响，性格懦弱、胆小怕事，不敢与人交往。小范的母亲知道后，咨询能否申请撤销小范父亲的监护权。

律师答疑

小范父亲的行为严重危害子女的身心健康，依照法律规定，可以申请撤销其监护权。《民法典》第27条规定，父母是未成年子女的监护人。第1084条规定，父母与子女间的关系，不因父母离婚而消除。离婚后，子女无论由父或者母直接抚养，仍是父母双方的子女。离婚后，父母对于子女仍有抚养、教育、保护的权利和义务。父母离婚后，双方仍然是孩子的监护人，应当履行监护职责和抚养义务，如果监护人存在严重损害被监护人身心健康的行为；怠于履行监护职责，或者无法履行监护职责且拒绝将监护职责部分或者全部委托给他人，导致被监护人处于危困状态；或者实施严重侵害被监护人合法权益的其他行为的，依据《民法典》第36条的规定，有关个人或者组织可以申请撤销其监护人资格。法院撤销其监护人资格后，其应当继续履行对未成年人的抚养义务。

法律依据

《中华人民共和国民法典》

第二十七条 父母是未成年子女的监护人。

未成年人的父母已经死亡或者没有监护能力的，由下列有监护能力的人按顺序担任监护人：

（一）祖父母、外祖父母；

（二）兄、姐；

（三）其他愿意担任监护人的个人或者组织，但是须经未成年人住所地的居民委员会、村民委员会或者民政部门同意。

第三十六条 监护人有下列情形之一的，人民法院根据有关个人或者组织的申请，撤销其监护人资格，安排必要的临时监护措施，并按照最有利于被监护人的原则依法指定监护人：

（一）实施严重损害被监护人身心健康的行为；

（二）怠于履行监护职责，或者无法履行监护职责且拒绝将监护职责部分或者全部委托给他人，导致被监护人处于危困状态；

（三）实施严重侵害被监护人合法权益的其他行为。

本条规定的有关个人、组织包括：其他依法具有监护资格的人，居民委员会、村民委员会、学校、医疗机构、妇女联合会、残疾人联合会、未成年人保护组织、依法设立的老年人组织、民政部门等。

前款规定的个人和民政部门以外的组织未及时向人民法院申请撤销监护人资格的，民政部门应当向人民法院申请。

第一千零八十四条 父母与子女间的关系，不因父母离婚而消除。离婚后，子女无论由父或者母直接抚养，仍是父母双方的子女。

离婚后，父母对于子女仍有抚养、教育、保护的权利和义务。

……

8. 父母离婚后，未成年人由谁抚养？

法律咨询

冬冬是一名小学一年级的学生，他的父母因感情不和，准备协议离婚。但是，关于冬冬应当由谁来抚养，他的父母不知如何决定。那么，父母离婚后，未成年人应当由谁来抚养？

律师答疑

父母离婚后，一般要根据孩子的年龄、性别，父母双方的经济能力以及孩子意愿等多方面因素确定孩子的抚养权。《民法典》第1084条第3款规定，离婚后，不满2周岁的子女，以由母亲直接抚养为原则。已满2周岁的子女，父母双方对抚养问题协议不成的，由人民法院根据双方的具体情况，按照最有利于未成年子女的原则判决。子女已满8周岁的，应当尊重其真实意愿。

根据上述规定，法院在离婚案件中处理子女抚养问题时，应具体问题具体分析。如果是不满2周岁的子女，因处于哺乳期内，为保证婴儿的发育成长，除非有法定情形，一般应随母亲生活。如果是已满2周岁的未成年人，可以考虑父母双方的经济状况、个人素质、生活环境、对子女的责任感以及与子女的感情亲密程度等因素选择最有利于未成年人成长的一方。如果父母双方抚养条件基本相同，而子女一直同祖父母或外祖父母生活，可以考虑祖父母、外祖父母的能力，作为子女随父或母生活的优先条件。8周岁以上的未成年子女还需要考虑本人的意见。当然，父母双方也可以协议轮流抚养子女，但是不管孩子跟随父母哪一方生活，另一方都要给付适当的抚养费。

法律依据

《中华人民共和国民法典》

第一千零八十四条第三款　离婚后，不满两周岁的子女，以由母亲直接抚养为原则。已满两周岁的子女，父母双方对抚养问题协议不成的，由人民法院根据双方的具体情况，按照最有利于未成年子女的原则判决。子女已满八周岁的，应当尊重其真实意愿。

《中华人民共和国未成年人保护法》

第二十四条　未成年人的父母离婚时，应当妥善处理未成年子女的抚养、教育、探望、财产等事宜，听取有表达意愿能力未成年人的意见。不得以抢夺、藏匿未成年子女等方式争夺抚养权。

未成年人的父母离婚后，不直接抚养未成年子女的一方应当依照协议、人民法院判决或者调解确定的时间和方式，在不影响未成年人学习、生活的情况下探望未成年子女，直接抚养的一方应当配合，但被人民法院依法中止探望权的除外。

9. 父母离婚后，可以不让对方探望孩子吗？

法律咨询

赵先生和李女士经法院判决离婚，孩子由李女士抚养，赵先生每周末可以带走孩子。赵先生每月按照判决书支付抚养费，但是每次赵先生去探望孩子，李女士都推诿拖延，认为赵先生的探望影响了孩子的身心健康。那么，李女士可以此为由不让赵先生探望孩子吗？

律师答疑

在孩子的成长过程中,父爱和母爱同样重要,不能因为夫妻双方离婚让孩子被动地缺失父爱或母爱。因此,为了尽量弱化离婚对子女带来的负面影响,法律设立了探望权的制度。

《民法典》第1086条规定,离婚后,不直接抚养子女的父或者母,有探望子女的权利,另一方有协助的义务。行使探望权利的方式、时间由当事人协议;协议不成的,由人民法院判决。父或者母探望子女,不利于子女身心健康的,由人民法院依法中止探望;中止的事由消失后,应当恢复探望。根据上述法律规定,夫妻离婚后,除非有不利于子女身心健康情形,否则不抚养孩子一方有法定的探望子女的权利,另一方应当予以协助。如果有抚养权一方无理由拒绝另一方正常探望,根据最高人民法院《关于适用〈中华人民共和国民法典〉婚姻家庭编的解释(一)》第68条规定,对于拒不协助另一方行使探望权的有关个人或者组织,可以由人民法院依法采取拘留、罚款等强制措施,但是不能对子女的人身、探望行为进行强制执行。

法律依据

《中华人民共和国民法典》

第一千零八十六条 离婚后,不直接抚养子女的父或者母,有探望子女的权利,另一方有协助的义务。

行使探望权利的方式、时间由当事人协议;协议不成的,由人民法院判决。

父或者母探望子女,不利于子女身心健康的,由人民法院依法中止探望;中止的事由消失后,应当恢复探望。

最高人民法院《关于适用〈中华人民共和国民法典〉婚姻家庭编的解释（一）》

第六十八条　对于拒不协助另一方行使探望权的有关个人或者组织，可以由人民法院依法采取拘留、罚款等强制措施，但是不能对子女的人身、探望行为进行强制执行。

第二节　学校保护

10. 学校、幼儿园的教职员工不得对未成年学生和儿童实施哪些行为？

法律咨询

李某是一名新入职的小学教师，平时经常因为学生不遵守纪律而对他们实施体罚。后来，李某的同事告诉她，不能对学生进行体罚。李某想知道，学校、幼儿园的教职员工不得对未成年学生和儿童实施哪些行为。

律师答疑

学校、幼儿园的教职员工不得对未成年学生和儿童实施体罚等侮辱孩子人格尊严的行为。《未成年人保护法》第 27 条规定，学校、幼儿园的教职员工应当尊重未成年人人格尊严，不得对未成年人实施体罚、变相体罚或者其他侮辱人格尊严的行为。师德是每个教职员需具备的素养，教师要尊重学生独立人格，维护学生合法权益,平等对待每一个学生;不讽刺、挖苦、歧视学生,不体罚或变相体罚学生。未成年人正处在身体发育时期,很容易受到伤害,而伤害一旦产生,便容易造成终生的影响,体罚或变相体罚损伤未成年人自尊心,对其造成生理伤害;讽刺挖苦、训斥辱骂等是对未成年学生自尊心的严重挫伤,会让未成年学生产生对立情绪。

法律依据

《中华人民共和国未成年人保护法》

第二十七条 学校、幼儿园的教职员工应当尊重未成年人人格尊严,不得对未成年人实施体罚、变相体罚或者其他侮辱人格尊严的行为。

11. 遇到校园暴力,应该怎么办?

法律咨询

壮壮是一名初中一年级的学生,有一天放学后,几个高年级的同学把他拦住,并让他把所有的钱交出来,不然就打他。壮壮对此十分害怕,不知道该怎么办。那么,未成年人在遇到校园暴力时,应该怎么办?

律师答疑

学校应当依照《未成年人保护法》第39条的规定,建立学生欺凌防控工作制度,对教职员工、学生等开展防治学生欺凌的教育和培训。学校发现学生欺凌行为应当立即制止,通知实施欺凌和被欺凌未成年学生的父母或者其他监护人参与欺凌行为的认定和处理；对相关未成年学生及时给予心理辅导、教育和引导；对相关未成年学生的父母或者其他监护人给予必要的家庭教育指导。学校对实施欺凌的未成年学生，应当根据欺凌行为的性质和程度，依法加强管教。对严重的欺凌行为，学校不得隐瞒，应当及时向公安机关、教育行政部门报告，并配合相关部门依法处理。

未成年人在遇到校园暴力时，应当第一时间向学校或者老师报告。如果受到严重的伤害，还应当及时报警，后续要及时做伤情鉴定，评估受伤程度，为下一步的刑事或民事程序奠定基础。

法律依据

《中华人民共和国未成年人保护法》

第三十九条　学校应当建立学生欺凌防控工作制度，对教职员工、学生等开展防治学生欺凌的教育和培训。

学校对学生欺凌行为应当立即制止，通知实施欺凌和被欺凌未成年学生的父母或者其他监护人参与欺凌行为的认定和处理；对相关未成年学生及时给予心理辅导、教育和引导；对相关未成年学生的父母或者其他监护人给予必要的家庭教育指导。

对实施欺凌的未成年学生，学校应当根据欺凌行为的性质和程度，依法加强管教。对严重的欺凌行为，学校不得隐瞒，应当及时向公安机关、教育行政部门报告，并配合相关部门依法处理。

12. 学校发生对未成年人性侵害、性骚扰事件，应该怎么办?

法律咨询

小馨是一名高二的女学生，她的一名老师经常给她发一些暧昧的短信，后来该老师以辅导功课的名义将她叫到办公室，故意发生肢体上的接触。小馨很恐慌，但是慑于老师的威严，不知道该怎么保护自己。

律师答疑

遇到此类情况，小馨可以向父母、学校反映，情节严重的可以由家长代为报案处理。学校、幼儿园应当建立预防性侵害、性骚扰未成年人工作制度，主要包括以下三个方面:

第一，开展相关教育工作。学校、幼儿园应当对未成年人开展适合其年龄的性教育，让未成年学生了解隐私权、身体权、性侵害和性骚扰的含义。使未成年人在面对性侵害、性骚扰时能够及时告诉父母和学校，提高未成年人防范性侵害、性骚扰的自我保护意识和能力。

第二，保护未成年人的隐私。如果发生性侵害、性骚扰事件，学校、幼儿园应当及时对受害未成年人采取相关的保护措施，注意保护受害学生的隐私，不能随意泄露受害学生的姓名和案件信息。

第三，报告义务。对性侵害、性骚扰未成年人等违法犯罪行为，学校、幼儿园不得隐瞒，应当及时向公安机关、教育行政部门报告，并配合相关部门依法处理。

除了学校、幼儿园建立相关制度以外，家庭教育也必不可少。

对于未成年人来说，父母是最亲近、最信任的人，父母也应当加强对孩子的教育、引导，教会未成年人如何保护自己的隐私权、身体权，确保未成年人在面对自己不能接受的行为时能够及时告知父母。父母应当帮助孩子判断并及早介入，从家、校两个层面保护未成年人。

法律依据

《中华人民共和国未成年人保护法》

第四十条　学校、幼儿园应当建立预防性侵害、性骚扰未成年人工作制度。对性侵害、性骚扰未成年人等违法犯罪行为，学校、幼儿园不得隐瞒，应当及时向公安机关、教育行政部门报告，并配合相关部门依法处理。

学校、幼儿园应当对未成年人开展适合其年龄的性教育，提高未成年人防范性侵害、性骚扰的自我保护意识和能力。对遭受性侵害、性骚扰的未成年人，学校、幼儿园应当及时采取相关的保护措施。

13. 学校可以开除未成年学生吗?

法律咨询

小西是一名初中三年级的学生，平时在学校经常和其他同学拉帮结伙打群架，欺负低年级的同学。小西的班主任得知此事后，认为学校应当对小西的不良行为进行管教。那么，学校可以开除小西吗?

律师答疑

学校不能开除小西。根据《未成年人保护法》第28条的规定,学校应当保障未成年学生受教育的权利,不能违反国家规定开除或者变相开除未成年学生。《义务教育法》第27条规定,对违反学校管理制度的学生,学校应当予以批评教育,不得开除。因此,对于在学校接受教育的有严重不良行为的未成年学生,学校和父母或者其他监护人应当互相配合加以管教,不能简单地以开除、变相开除或者停课等形式予以惩戒。另外,对于家庭困难、身心有障碍或者学习有困难的学生,学校应当提供关爱、耐心帮助。对于自行辍学的未成年学生,学校应当劝返复学,劝返无效的,应当及时向教育行政部门书面报告。

法律依据

《中华人民共和国未成年人保护法》

第二十八条 学校应当保障未成年学生受教育的权利,不得违反国家规定开除、变相开除未成年学生。

学校应当对尚未完成义务教育的辍学未成年学生进行登记并劝返复学;劝返无效的,应当及时向教育行政部门书面报告。

第二十九条 学校应当关心、爱护未成年学生,不得因家庭、身体、心理、学习能力等情况歧视学生。对家庭困难、身心有障碍的学生,应当提供关爱;对行为异常、学习有困难的学生,应当耐心帮助。

学校应当配合政府有关部门建立留守未成年学生、困境未成年学生的信息档案,开展关爱帮扶工作。

《中华人民共和国义务教育法》

第二十七条 对违反学校管理制度的学生，学校应当予以批评教育，不得开除。

14. 学生成绩不好，学校或者老师可以强制给学生补课吗？

法律咨询

凡凡是小学六年级的学生，由于性格孤僻，学习成绩很差，老师为了班里的成绩排名，想利用寒假的时间，给凡凡和另外几名学习差的学生补补课，学生家长也都表示支持，这样可以吗？

律师答疑

学生需要劳逸结合，学校不得占用国家法定节假日、休息日及寒暑假期，组织义务教育阶段的未成年学生集体补课，加重未成年人学习负担。《未成年人保护法》第33条规定，学校应当与未成年学生的父母或者其他监护人互相配合，合理安排未成年学生的学习时间，保障其休息、娱乐和体育锻炼的时间。学校不得占用国家法定节假日、休息日及寒暑假期，组织义务教育阶段的未成年学生集体补课，加重其学习负担。这是从法律的角度明确学校不能组织学生集体补课。对于学习差的学生，应在保障其休息、娱乐、体育锻炼的基础上，合理安排其学习时间，提升其学习质量。2021年7月24日中共中央办公厅、国务院办公厅印发《关于进一步减轻义务教育阶段学生作业负担和校外培训负担的意见》，要求减轻义务教育阶段学生过重作业负担和校外培训负担，规范学校课后服务时间、质量，严格落实《未成年人保护法》的规定。

法律依据

《中华人民共和国未成年人保护法》

第三十三条 学校应当与未成年学生的父母或者其他监护人互相配合，合理安排未成年学生的学习时间，保障其休息、娱乐和体育锻炼的时间。

学校不得占用国家法定节假日、休息日及寒暑假期，组织义务教育阶段的未成年学生集体补课，加重其学习负担。

……

15. 学校对未成年学生在校内或者本校组织的校外活动中发生的人身伤害事故，承担什么责任？

法律咨询

小同是某市小学三年级的学生，在一次学校举办的六一儿童节联欢会散场时由于大家相互拥挤，小同和其他几名同学被挤倒，并且受伤。那么，学校对未成年学生在校内或者本校组织的校外活动中发生的人身伤害事故，需要承担什么责任？

律师答疑

学生伤害事故大致可以分为教育活动事故、学校设施事故及学生间事故三种类型。学生在校内发生人身伤害事故的，应当采取以下措施：一是应当及时救护受伤害的学生。如发生的伤害事故人数众多、产生骚动和混乱，活动组织者应统一指挥，有秩序地依次疏散退场，以免互相冲撞拥挤，发生倒地踏伤、压伤事故；在发生饮食卫生安全事故时，学校应在医务人员的指导下，对食物中毒者做急救处理，然后迅速送往附近医院，进一步治疗。二是应当妥善处理学生伤害事故。发生学生伤害事故后，学校应配合有关部门查明事故原因及责任人。学校对学生伤害事故负有责任的，应当根据责任大小，适当予以经济赔偿。三是应当及时向有关主管部门报告。发生学生伤害事故后，学校应当及时将事故发生原因、师生伤亡等具体情况向有关主管部门报告。这里的主管部门主要是指教育行政部门。《未成年人保护法》第 37 条规定："学校、幼儿园应当根据需要，制定应对自然灾害、事故灾难、公共卫生事件等突发事件和意外伤害的预案，配备相应设施并定期进行必要的演练。未成年人在校内、园内或者本校、本园组织的校外、园外活动中发生人身伤害事故的，学校、幼儿园应当立即救护，妥善处理，及时通知未成年人的父母或者其他监护人，并向有关部门报告。"

学生伤害事故中，学校负有责任且情节严重的，教育行政部门应当根据有关规定，对学校的直接负责的主管人员和其他直接责任人员，分别给予相应的行政处分；有关责任人的行为触犯刑律的，应当移送司法机关依法追究刑事责任。对于学校管理混乱，存在重大安全隐患的，主管的教育行政部门或者其他有关部门应当责令其限期整顿；对情节严重或者拒不改正的，应当依据法律法规的有关规定，给予相应的行政处罚。

教育行政部门未履行相应职责，对学生伤害事故的发生负有责任的，由有关部门对直接负责的主管人员和其他直接责任人员分别给予相应的行政处分；有关责任人的行为触犯刑律的，应当移送司法机关依法追究刑事责任。

法律依据

《中华人民共和国未成年人保护法》

第三十七条 学校、幼儿园应当根据需要，制定应对自然灾害、事故灾难、公共卫生事件等突发事件和意外伤害的预案，配备相应设施并定期进行必要的演练。

未成年人在校内、园内或者本校、本园组织的校外、园外活动中发生人身伤害事故的，学校、幼儿园应当立即救护，妥善处理，及时通知未成年人的父母或者其他监护人，并向有关部门报告。

16. 学校可以安排学生参加表演活动吗？

法律咨询

某剧院因为节目的安排，需要几名小学生参加舞蹈演出，于是与某小学校长商量，请5名小学生参加演出活动，剧院可以支付一定的费用，校长应该答应吗？

律师答疑

校长应当了解剧院是否是公益性质的演出，如果有盈利目的，应当拒绝。根据《未成年人保护法》第38条的规定，校长应该跟对方沟通，表示学校、幼儿园不得安排未成年人参加商业性活动，不得向未成年人及其父母或者其他监护人推销或者要求其购买指定的商品和服务。如果演出是为商业宣传或有劳务报酬的话，校长应当拒绝演出邀请。

法律依据

《中华人民共和国未成年人保护法》

第三十八条　学校、幼儿园不得安排未成年人参加商业性活动，不得向未成年人及其父母或者其他监护人推销或者要求其购买指定的商品和服务。

学校、幼儿园不得与校外培训机构合作为未成年人提供有偿课程辅导。

第三节　社会保护

17. 国家、社会从哪些方面保护未成年人的合法权益？

法律咨询

小凡在参加学校的普法讲座时，学习了有关《未成年人保护法》的知识，听老师讲到国家对未成年人有多方面的保护，小凡想知道国家和社会从哪些方面保护未成年人的合法权益。

律师答疑

国家和社会主要通过各类社会活动及服务来保护未成年人的合法权益。《未成年人保护法》从国家、社会、村(居)民委员会、企事业单位、社会组织等多个层面,明确如何开展未成年人保护工作。从国家、社会层面,国家鼓励、支持和引导人民团体、企业事业单位、社会组织以及其他组织和个人,开展有利于未成年人健康成长的社会活动和服务;全社会树立关心、爱护未成年人的良好风尚。村(居)民委员会应当设置专人专岗负责未成年人保护工作,协助政府有关部门宣传未成年人保护方面的法律法规,指导、帮助和监督未成年人的父母或者其他监护人依法履行监护职责,建立留守未成年人、困境未成年人的信息档案并给予关爱帮扶。

法律依据

《中华人民共和国未成年人保护法》

第四十二条 全社会应当树立关心、爱护未成年人的良好风尚。

国家鼓励、支持和引导人民团体、企业事业单位、社会组织以及其他组织和个人,开展有利于未成年人健康成长的社会活动和服务。

第四十三条 居民委员会、村民委员会应当设置专人专岗负责未成年人保护工作,协助政府有关部门宣传未成年人保护方面的法律法规,指导、帮助和监督未成年人的父母或者其他监护人依法履行监护职责,建立留守未成年人、困境未成年人的信息档案并给予关爱帮扶。

居民委员会、村民委员会应当协助政府有关部门监督未成年人委托照护情况，发现被委托人缺乏照护能力、怠于履行照护职责等情况，应当及时向政府有关部门报告，并告知未成年人的父母或者其他监护人，帮助、督促被委托人履行照护职责。

18. 未成年人在使用公共文化设施方面享有哪些优惠政策？

法律咨询

潇潇是初中一年级的学生，一个周末的下午，潇潇准备去本市的青少年宫，便向父母要钱买门票。潇潇的爸爸称他是初中生，去青少年宫应该是免费的。那么，未成年人在使用公共文化设施方面享有哪些优惠政策？

律师答疑

未成年人在使用公共文化设施方面享有多类优惠政策，有利于未成年人身心健康成长的场所如博物馆、科技馆，都会有优惠或者免费的政策支持。《未成年人保护法》第44条规定：(1)爱国主义教育基地、图书馆、青少年宫、儿童活动中心、儿童之家应当对未成年人免费开放。(2)博物馆、纪念馆、科技馆、展览馆、美术馆、文化馆、社区公益性互联网上网服务场所以及影剧院、体育场馆、动物园、植物园、公园等场所，应当按照有关规定对未成年人免费或者优惠开放。(3)国家鼓励爱国主义教育基地、博物馆、科技馆、美术馆等公共场馆开设未成年人专场，为未成年人提供有针对性的服务。(4)国家鼓励国家机关、企业事业单位、部队等开发自身教育资源，设立未成年人开放日，为未成年人主题教育、社会实践、职业体验等提供支持。(5)国家鼓励科研机构和科技类社会组织对未成年人开展科学普及活动。

《公共文化体育设施条例》第 21 条规定："需要收取费用的公共文化体育设施管理单位，应当根据设施的功能、特点对学生、老年人、残疾人等免费或者优惠开放，具体办法由省、自治区、直辖市制定。"2004 年，原文化部、国家文物局下发了《关于公共文化设施向未成年人等社会群体免费开放的通知》，要求从 2004 年 5 月 1 日起，全国文化、文物系统各级博物馆、纪念馆、美术馆要对未成年人集体参观实行免票；对学生个人参观可实行半票；家长携带未成年子女参观的，对未成年子女免票。一些地方根据通知的要求，结合当地的实际情况，也作出了具体的规定。例如，根据北京市文化局发出的《关于贯彻落实文化部等部门〈关于公益性文化设施向未成年人免费开放的实施意见〉的通知》第 2 条第 1 项、第 2 项的规定，享受国家财政支持的各级各类公益性文化设施要坚决执行向未成年人免费或优惠开放的规定，各民办博物馆等文化设施可根据本馆经费及管理情况，创造条件逐步对未成年人参观优惠或免费开放。北京市所属各博物馆（院）、纪念馆、烈士纪念建筑物保护单位、美术馆、展览馆、科技馆、烈士纪念建筑物、名人故居除"对学校组织的未成年人集体参观实行免票，对家长携带未成年子女参观的，对未成年子女免票"外，对未成年人个人参观的也实行免票，但馆内单独收费项目及部分临时展览除外。

法律依据

《中华人民共和国未成年人保护法》

第四十四条　爱国主义教育基地、图书馆、青少年宫、儿童活动中心、儿童之家应当对未成年人免费开放；博物馆、纪念馆、科技馆、展览馆、美术馆、文化馆、社区公益性互联网上网服务场所以及影剧院、体育场馆、动物园、植物园、公园等场所，应当按照有关规定对未成年人免费或者优惠开放。

国家鼓励爱国主义教育基地、博物馆、科技馆、美术馆等公共场馆开设未成年人专场，为未成年人提供有针对性的服务。

国家鼓励国家机关、企业事业单位、部队等开发自身教育资源，设立未成年人开放日，为未成年人主题教育、社会实践、职业体验等提供支持。

国家鼓励科研机构和科技类社会组织对未成年人开展科学普及活动。

《公共文化体育设施条例》

第二十一条　需要收取费用的公共文化体育设施管理单位，应当根据设施的功能、特点对学生、老年人、残疾人等免费或者优惠开放，具体办法由省、自治区、直辖市制定。

北京市文化局《关于贯彻落实文化部等部门〈关于公益性文化设施向未成年人免费开放的实施意见〉的通知》

二、关于公益性文化设施免费开放的具体规定

（一）享受国家财政支持的各级各类公益性文化设施要坚决执行向未成年人免费或优惠开放的规定，尚未实行免费或优惠开放的，要于接到文件后尽快执行。各民办博物馆等文

化设施可根据本馆经费及管理情况,创造条件逐步对未成年人参观优惠或免费开放。

(二)北京市所属各博物馆(院)、纪念馆、烈士纪念建筑物保护单位、美术馆、展览馆、科技馆、烈士纪念建筑物、名人故居除“对学校组织的未成年人集体参观实行免票,对家长携带未成年子女参观的,对未成年子女免票”外,对未成年人个人参观的也实行免票,但馆内单独收费项目及部分临时展览除外。

……

19. 如何防范未成年人接触不适宜未成年人的书刊影视作品?

法律咨询

笑笑今年上五年级,他在学校附近的书店看到一本漫画书不错,于是买回了家,笑笑妈妈发现这本漫画书封面有暴力因素,翻开后发现整本漫画书都充斥着暴力血腥画面,这样的漫画书无疑对未成年人成长有不良影响。那么,如何防范未成年人接触不适宜未成年人的书刊影视作品?

律师答疑

防范未成年人接触不适宜未成年人的书刊影视作品需要社会各方力量的协助,新闻媒体、出版社、网络平台管理者、各个社会组织等都应当配合《未成年人保护法》的实施,从源头上杜绝可能影响未成年人身心健康的书籍影视作品随意进入未成年人的视线。法律禁止制作、复制、出版、发布、传播含有宣扬淫秽、色情、暴力、邪教、迷信、赌博、引诱自杀、恐怖主义、分裂主义、极端主义等危害未成年人身心健康内容的图书、报刊、电影、广播电视节目、舞台艺术作品、音像制品、电子出版物和网络信息等。同样也禁止制作、复制、发布、传播或者持有有关未成年人的淫秽色情物品和网络信息。

法律依据

《中华人民共和国未成年人保护法》

第四十九条　新闻媒体应当加强未成年人保护方面的宣传，对侵犯未成年人合法权益的行为进行舆论监督。新闻媒体采访报道涉及未成年人事件应当客观、审慎和适度，不得侵犯未成年人的名誉、隐私和其他合法权益。

第五十条　禁止制作、复制、出版、发布、传播含有宣扬淫秽、色情、暴力、邪教、迷信、赌博、引诱自杀、恐怖主义、分裂主义、极端主义等危害未成年人身心健康内容的图书、报刊、电影、广播电视节目、舞台艺术作品、音像制品、电子出版物和网络信息等。

第五十一条　任何组织或者个人出版、发布、传播的图书、报刊、电影、广播电视节目、舞台艺术作品、音像制品、电子出版物或者网络信息，包含可能影响未成年人身心健康内容的，应当以显著方式作出提示。

第五十二条　禁止制作、复制、发布、传播或者持有有关未成年人的淫秽色情物品和网络信息。

第五十三条　任何组织或者个人不得刊登、播放、张贴或者散发含有危害未成年人身心健康内容的广告；不得在学校、幼儿园播放、张贴或者散发商业广告；不得利用校服、教材等发布或者变相发布商业广告。

20. 对未成年人实施哪些行为构成犯罪？

法律咨询

刘女士有一天出门买菜，看到有一个成年人带着一个10岁左右的男孩沿街乞讨。刘女士觉得男孩好像受到了胁迫，眼睛一直盯着地面，于是报警处理，警察到现场带走了成年人和小男孩。那么，对未成年人实施哪些行为构成犯罪？

律师答疑

未成年人由于心智尚不成熟，很容易被人诱骗去从事违法犯罪活动或者加入一些非法组织，因此《未成年人保护法》明确规定了禁止以下几种行为：禁止拐卖、绑架、虐待、非法收养未成年人，禁止对未成年人实施性侵害、性骚扰；禁止胁迫、引诱、教唆未成年人参加黑社会性质组织或者从事违法犯罪活动；禁止胁迫、诱骗、利用未成年人乞讨。

法律依据

《中华人民共和国未成年人保护法》

第五十四条 禁止拐卖、绑架、虐待、非法收养未成年人，禁止对未成年人实施性侵害、性骚扰。

禁止胁迫、引诱、教唆未成年人参加黑社会性质组织或者从事违法犯罪活动。

禁止胁迫、诱骗、利用未成年人乞讨。

21. 生产、销售用于未成年人的食品、药品、玩具、用具和游乐设施等，国家有什么特别规定？

法律咨询

钟某准备和一个朋友成立一家儿童玩具公司，但在咨询之后，他们听说国家对生产儿童玩具有特别的规定。那么，生产、销售用于未成年人的食品、药品、玩具、用具和游乐设施等，国家有什么特别规定？

律师答疑

根据《未成年人保护法》第55条的规定，生产、销售用于未成年人的食品、药品、玩具、用具和游戏游艺设备、游乐设施等，应当符合国家或者行业标准，不得危害未成年人的人身安全和身心健康。上述产品的生产者应当在显著位置标明注意事项，未标明注意事项的不得销售。该规定强调两层含义：一是食品、药品、玩具、用具和游乐设施等不得危害未成年人的安全和健康；二是相关注意事项必须在显著位置标明。具体而言，包括以下几个方面：

（1）食品安全。食品质量的好坏直接关系到未成年人的安全和健康。《食品安全法》第81条第1款规定："婴幼儿配方食品生产企业应当实施从原料进厂到成品出厂的全过程质量控制，对出厂的婴幼儿配方食品实施逐批检验，保证食品安全。”另外，该法对婴幼儿食品的原料、添加剂以及生产过程中的备案、注册等程序进行了明确的规定，以确保婴幼儿食品的安全。

（2）药品安全。由于未成年人特别是幼儿的身体发育尚未成熟，脏器稚嫩，患病时应该使用专用的药品，未成年人专用药品要符合国家的相关规定。

（3）玩具安全。玩具在未成年人成长过程中占有非常重要的位置，玩具安全与否关系未成年人身体安全与否。

（4）用具安全。未成年人用具设计要考虑未成年人的特点，保证使用安全。

（5）游乐设施安全。未成年人游乐设施的设计、生产、安装单位，要考虑未成年人的安全和健康，预防损害未成年人安全和健康的事故发生。

法律依据

《中华人民共和国未成年人保护法》

第五十五条 生产、销售用于未成年人的食品、药品、玩具、用具和游戏游艺设备、游乐设施等，应当符合国家或者行业标准，不得危害未成年人的人身安全和身心健康。上述产品的生产者应当在显著位置标明注意事项，未标明注意事项的不得销售。

《中华人民共和国食品安全法》

第八十一条 婴幼儿配方食品生产企业应当实施从原料进厂到成品出厂的全过程质量控制，对出厂的婴幼儿配方食品实施逐批检验，保证食品安全。

生产婴幼儿配方食品使用的生鲜乳、辅料等食品原料、食品添加剂等，应当符合法律、行政法规的规定和食品安全国家标准，保证婴幼儿生长发育所需的营养成分。

婴幼儿配方食品生产企业应当将食品原料、食品添加剂、产品配方及标签等事项向省、自治区、直辖市人民政府食品安全监督管理部门备案。

婴幼儿配方乳粉的产品配方应当经国务院食品安全监督管理部门注册。注册时，应当提交配方研发报告和其他表明配方科学性、安全性的材料。

不得以分装方式生产婴幼儿配方乳粉，同一企业不得用同一配方生产不同品牌的婴幼儿配方乳粉。

22. 公共场所应该如何做好未成年人的安全保障工作？

法律咨询

小慧很喜欢阅读，因此希望周末可以去市里的图书馆读书，小慧的妈妈觉得小慧才上四年级，自己在图书馆待一天不安全，于是希望周末能陪在小慧身边，但小慧觉得自己在图书馆没有问题。那么，公共场所应该如何做好未成年人的安全保障工作？

律师答疑

未成年人经常出现的公众场所应当设置更为照顾未成年人的安全保护机制。对可能存在安全风险的设施，应当定期进行维护，在显著位置设置安全警示标志并标明适龄范围和注意事项；必要时应当安排专门人员看管。大型的商场、超市、医院、图书馆、博物馆、科技馆、游乐场、车站、码头、机场、旅游景区景点等场所运营单位应当设置搜寻走失未成年人的安全警报系统。场所运营单位接到求助后，应当立即启动安全警报系统，组织人员进行搜寻并向公安机关报告。

法律依据

《中华人民共和国未成年人保护法》

第五十六条 未成年人集中活动的公共场所应当符合国家或者行业安全标准，并采取相应安全保护措施。对可能存在安全风险的设施，应当定期进行维护，在显著位置设置安全警示标志并标明适龄范围和注意事项；必要时应当安排专门人员看管。

大型的商场、超市、医院、图书馆、博物馆、科技馆、游乐场、车站、码头、机场、旅游景区景点等场所运营单位应当设置搜寻走失未成年人的安全警报系统。场所运营单位接到求助后，应当立即启动安全警报系统，组织人员进行搜寻并向公安机关报告。

公共场所发生突发事件时，应当优先救护未成年人。

23. 未成年人如何办理酒店入住手续？

法律咨询

小秋今年刚上初一，学校组织学生到邻近城市春游踏青，小秋的妈妈担心小秋在办理酒店入住时遇到困难。那么，未成年人如何办理酒店入住手续？

律师答疑

首先，未成年人可以单独办理入住，但是旅馆、宾馆、酒店等住宿经营者接待未成年人入住，或者接待未成年人和成年人共同入住时，应当询问父母或者其他监护人的联系方式、入住人员的身份关系等有关情况；发现有违法犯罪嫌疑的，应当立即向公安机关报告，并及时联系未成年人的父母或者其他监护人。

法律依据

《中华人民共和国未成年人保护法》

第五十七条　旅馆、宾馆、酒店等住宿经营者接待未成年人入住，或者接待未成年人和成年人共同入住时，应当询问父母或者其他监护人的联系方式、入住人员的身份关系等有关情况；发现有违法犯罪嫌疑的，应当立即向公安机关报告，并及时联系未成年人的父母或者其他监护人。

24. 为避免未成年人进入一些不适宜未成年人活动的场所，国家有哪些特殊规定？

法律咨询

汪某最近常听同事说有的初中生经常进出网吧等娱乐场所，便很担心自己正在上初中的儿子也会进入这些娱乐场所。汪某和丈夫说了自己的顾虑，丈夫告诉她国家采取了措施避免未成年人进入这些场所。那么，国家为避免未成年人进入一些不适宜未成年人活动的场所有哪些特殊规定？

律师答疑

不适宜未成年人活动的场所，是指以成年人为服务对象，供成年人娱乐消遣而不利于未成年人身心健康发展的一些特定的娱乐场所，如营业性歌舞娱乐场所、互联网上网服务营业场所。这类场所，无论是环境，还是活动的内容都不适合未成年人。加强对不适宜未成年人活动的场所的管理是一项关系未成年人身心健康发展的重要工作，党和政府历来高度重视。

为避免未成年人进入不适宜未成年人活动的场所，《未成年人保护法》第 58 条规定，一是学校、幼儿园周边不得设置不适宜未成年人活动的场所。中小学校园是未成年人较为集中的地方，不适宜未成年人进入的场所对未成年人具有或多或少的诱惑力，而且涉足这些场所的人员复杂且流动性大，甚至有违法犯罪人员混迹其中，因此法律禁止在中小学校园周边设置营业性娱乐场所、酒吧、互联网上网服务营业场所等。二是经营者应当禁止未成年人进入不适宜未成年人活动的场所。有些经营者为追求经济利益，不仅不制止反而诱使未成年人进入不适宜未成年人活动的场所。针对这种情况，法律明确规定，经营者有义务在营业场所显著位置设置未成年人禁入的标志，禁止未成年人进入。如果经营者对进入场所的人难以判断是否已成年，有义务要求其出示身份证件，根据身份证的年龄判断其是否已成年，对未成年人要禁止其进入。经营者如果违反法律规定接纳未成年人进入不适宜未成年人活动的场所，要承担相应的法律后果。

法律依据

《中华人民共和国未成年人保护法》

第五十八条　学校、幼儿园周边不得设置营业性娱乐场所、酒吧、互联网上网服务营业场所等不适宜未成年人活动的场所。营业性歌舞娱乐场所、酒吧、互联网上网服务营业场所等不适宜未成年人活动场所的经营者，不得允许未成年人进入；游艺娱乐场所设置的电子游戏设备，除国家法定节假日外，不得向未成年人提供。经营者应当在显著位置设置未成年人禁入、限入标志；对难以判明是否是未成年人的，应当要求其出示身份证件。

25. 经营性场所向未成年人出售烟酒会承担什么责任？

法律咨询

小照是某小学五年级的学生，一天，家里来了客人，小照的妈妈便让小照到附近的超市买一瓶红酒，但是，该超市以小照是未成年人为由拒绝出售红酒。对此，小照的妈妈很生气。那么，经营性场所能否向未成年人出售烟酒？家长能否让未成年子女代替自己去购买这类商品？

律师答疑

经营性场所不能向未成年人出售烟酒，家长也不应当让未成年子女代替自己去购买这类商品。根据《未成年人保护法》第59条第1款的规定,法律禁止向未成年人出售烟酒,经营者应当在显著位置设置不向未成年人出售烟酒的标志;对难以判明是否是未成年人的,应当要求其出示身份证件。一旦发现经营性场所向未成年人出售烟酒,或者没有在显著位置设置不向未成年人出售烟酒标志的,主管部门会责令其改正,并依法给予其行政处罚。

法律依据

《中华人民共和国未成年人保护法》

第五十九条第一款 学校、幼儿园周边不得设置烟、酒、彩票销售网点。禁止向未成年人销售烟、酒、彩票或者兑付彩票奖金。烟、酒和彩票经营者应当在显著位置设置不向未成年人销售烟、酒或者彩票的标志;对难以判明是否是未成年人的,应当要求其出示身份证件。

26. 成年人可否在未成年人集中活动的场所吸烟、饮酒?

法律咨询

小南是小学四年级的学生,在一次家长会上,小南的爸爸在教室抽烟,被小南的老师阻止。对此,小南的爸爸很不理解。那么,成年人可否在未成年人集中活动的场所吸烟、饮酒?

律师答疑

根据《未成年人保护法》第59条第2款的规定，任何人不得在学校、幼儿园和其他未成年人集中活动的公共场所吸烟、饮酒。成年人吸烟、饮酒的形象会给未成年人造成负面影响，未成年人人生观、世界观尚未形成，很容易模仿成年人的行为习惯，在好奇心的驱动下，未成年人极易沾染吸烟、酗酒的恶习。此外，吸烟有害健康，二手烟的危害性也不容忽视，成年人吸烟，也会危害未成年人的身体健康。学校、幼儿园是未成年人集中活动的场所，为了保护未成年人的身心健康，成年人不得吸烟、饮酒。

法律依据

《中华人民共和国未成年人保护法》

第五十九条第二款　任何人不得在学校、幼儿园和其他未成年人集中活动的公共场所吸烟、饮酒。

27. 对于招用未成年人，国家有何规定？

法律咨询

小夏是某初中三年级的学生，今年15周岁。中考结束之后，小夏准备自己去打工挣钱。但是，小夏的父母告诉他，任何单位都不会招用未成年人。那么，对于招用未成年人，国家有何规定？

律师答疑

根据《未成年人保护法》第61条、第125条的规定：(1)任何组织或者个人不得招用未满16周岁的未成年人，国家另有规定的除外。（2）任何组织或者个人按照国家有关规定招用已满16周岁的未成年人的，应当执行国家在工种、劳动时间、劳动强度和保护措施等方面的规定，不得安排其从事过重、有毒、有害等危害未成年人身心健康的劳动或者危险作业。（3）任何组织或者个人不得组织未成年人进行危害其身心健康的表演等活动。经未成年人的父母或者其他监护人同意，未成年人参与演出、节目制作等活动，活动组织方应当根据国家有关规定，保障未成年人合法权益。（4）非法招用未满16周岁的未成年人，或者招用已满16周岁的未成年人从事过重、有毒、有害等危害未成年人身心健康的劳动或者危险作业的，由行政部门按照职责分工责令限期改正，给予警告，没收违法所得，可以并处十万元以下罚款；拒不改正或者情节严重的，责令停产停业或者吊销营业执照、吊销相关许可证，并处十万元以上一百万元以下罚款。

法律依据

《中华人民共和国未成年人保护法》

第六十一条 任何组织或者个人不得招用未满十六周岁未成年人，国家另有规定的除外。

营业性娱乐场所、酒吧、互联网上网服务营业场所等不适宜未成年人活动的场所不得招用已满十六周岁的未成年人。

招用已满十六周岁未成年人的单位和个人应当执行国家在工种、劳动时间、劳动强度和保护措施等方面的规定，不得安排其从事过重、有毒、有害等危害未成年人身心健康的劳动或者危险作业。

任何组织或者个人不得组织未成年人进行危害其身心健康的表演等活动。经未成年人的父母或者其他监护人同意，未成年人参与演出、节目制作等活动，活动组织方应当根据国家有关规定，保障未成年人合法权益。

第一百二十五条　违反本法第六十一条规定的，由文化和旅游、人力资源和社会保障、市场监督管理等部门按照职责分工责令限期改正，给予警告，没收违法所得，可以并处十万元以下罚款；拒不改正或者情节严重的，责令停产停业或者吊销营业执照、吊销相关许可证，并处十万元以上一百万元以下罚款。

28. 对于密切接触未成年人的单位招聘工作人员，国家有什么要求？

法律咨询

小娴今年马上要上幼儿园了，但小娴的妈妈因为总看负面新闻，担心自己女儿遭到幼儿园老师的虐待，因此一直忧心忡忡。那么，对于密切接触未成年人的单位招聘工作人员，国家有什么要求？

律师答疑

密切接触未成年人的单位招聘工作人员时，应当更加谨慎严格，具体做法是应当向公安机关、人民检察院查询应聘者是否具有性侵害、虐待、拐卖、暴力伤害等违法犯罪记录；发现其具有前述行为记录的，不得录用。

密切接触未成年人的单位应当每年定期对工作人员是否具有上述违法犯罪记录进行查询。通过查询或者其他方式发现其工作人员具有上述行为的，应当及时解聘。

法律依据

《中华人民共和国未成年人保护法》

第六十二条 密切接触未成年人的单位招聘工作人员时，应当向公安机关、人民检察院查询应聘者是否具有性侵害、虐待、拐卖、暴力伤害等违法犯罪记录；发现其具有前述行为记录的，不得录用。

密切接触未成年人的单位应当每年定期对工作人员是否具有上述违法犯罪记录进行查询。通过查询或者其他方式发现其工作人员具有上述行为的，应当及时解聘。

29. 父母可以查看未成年人的信件、日记或电子邮件吗？

法律咨询

小雨今年上初三了，喜欢写一些日记记录自己的生活。有一天小雨突然发现自己的妈妈偷偷翻看了自己的日记，于是和妈妈大吵一架，妈妈认为小雨小题大做，小雨觉得妈妈不够尊重自己的隐私。那么，父母可以查看未成年人的信件、日记或电子邮件吗？

律师答疑

未成年人的隐私也受法律保护。《未成年人保护法》规定，任何组织或者个人不得隐匿、毁弃、非法删除未成年人的信件、日记、电子邮件或者其他网络通讯内容。

除下列情形外，任何组织或者个人不得开拆、查阅未成年人的信件、日记、电子邮件或者其他网络通讯内容：无民事行为能力未成年人的父母或者其他监护人代未成年人开拆、查阅；因国家安全或者追查刑事犯罪依法进行检查；紧急情况下为了保护未成年人本人的人身安全。按照上述法律规定，除非特殊情形，一般情况下，他人包括父母不能随意开拆、查看未成年人的信件、日记、电子邮件或者其他网络通讯内容，未成年人的隐私权依法得到保护。

法律依据

《中华人民共和国未成年人保护法》

第六十三条　任何组织或者个人不得隐匿、毁弃、非法删除未成年人的信件、日记、电子邮件或者其他网络通讯内容。

除下列情形外，任何组织或者个人不得开拆、查阅未成年人的信件、日记、电子邮件或者其他网络通讯内容：

（一）无民事行为能力未成年人的父母或者其他监护人代未成年人开拆、查阅；

（二）因国家安全或者追查刑事犯罪依法进行检查；

（三）紧急情况下为了保护未成年人本人的人身安全。

第四节　网络保护

30. 国家如何为未成年人营造健康的网络环境?

法律咨询

小宇今年上初二，受同学影响，喜欢上了网络游戏和刷短视频网站，小宇的父母非常担心这会影响小宇的学习，也担心小宇会被一些不良信息误导。那么，国家如何为未成年人营造健康的网络环境？

律师答疑

一方面，国家鼓励和支持有利于未成年人健康成长的网络内容的创作与传播，鼓励和支持专门以未成年人为服务对象、适合未成年人身心健康特点的网络技术、产品、服务的研发、生产和使用。另一方面，国家重视对网络环境的监督，网信部门及其他有关部门应当加强对未成年人网络保护工作的监督检查，依法惩处利用网络从事危害未成年人身心健康的活动，为未成年人提供安全、健康的网络环境。网信部门会同公安、文化和旅游、新闻出版、电影、广播电视等部门根据保护不同年龄阶段未成年人的需要，确定可能影响未成年人身心健康网络信息的种类、范围和判断标准。

法律依据

《中华人民共和国未成年人保护法》

第六十五条　国家鼓励和支持有利于未成年人健康成长的网络内容的创作与传播，鼓励和支持专门以未成年人为服务对象、适合未成年人身心健康特点的网络技术、产品、服务的研发、生产和使用。

第六十六条　网信部门及其他有关部门应当加强对未成年人网络保护工作的监督检查，依法惩处利用网络从事危害未成年人身心健康的活动，为未成年人提供安全、健康的网络环境。

第六十七条　网信部门会同公安、文化和旅游、新闻出版、电影、广播电视等部门根据保护不同年龄阶段未成年人的需要，确定可能影响未成年人身心健康网络信息的种类、范围和判断标准。

31. 学校和家庭如何共同管理孩子使用网络的行为?

法律咨询

学校和家庭担负着孩子健康成长的重要责任，如今网络已经成为每个人生活中不可或缺的一部分。那么，学校和家庭如何共同管理孩子使用网络的行为?

律师答疑

对于学校，我国法律规定，学校、社区、图书馆、文化馆、青少年宫等场所为未成年人提供的互联网上网服务设施，应当安装未成年人网络保护软件或者采取其他安全保护技术措施。学校应当合理使用网络开展教学活动。未经学校允许，未成年学生不得将手机等智能终端产品带入课堂，带入学校的应当统一管理。学校发现未成年学生沉迷网络的，应当及时告知其父母或者其他监护人，共同对未成年学生进行教育和引导，帮助其恢复正常的学习生活。

对于家庭，我国法律规定，未成年人的父母或者其他监护人应当提高网络素养，规范自身使用网络的行为，加强对未成年人使用网络行为的引导和监督。

法律依据

《中华人民共和国未成年人保护法》

第六十六条 网信部门及其他有关部门应当加强对未成年人网络保护工作的监督检查，依法惩处利用网络从事危害未成年人身心健康的活动，为未成年人提供安全、健康的网络环境。

第六十八条 新闻出版、教育、卫生健康、文化和旅游、网信等部门应当定期开展预防未成年人沉迷网络的宣传教育，监督网络产品和服务提供者履行预防未成年人沉迷网络的义务，指导家庭、学校、社会组织互相配合，采取科学、合理的方式对未成年人沉迷网络进行预防和干预。

任何组织或者个人不得以侵害未成年人身心健康的方式对未成年人沉迷网络进行干预。

第六十九条 学校、社区、图书馆、文化馆、青少年宫等场所为未成年人提供的互联网上网服务设施，应当安装未成年年人网络保护软件或者采取其他安全保护技术措施。

智能终端产品的制造者、销售者应当在产品上安装未成年人网络保护软件，或者以显著方式告知用户未成年人网络保护软件的安装渠道和方法。

第七十条　学校应当合理使用网络开展教学活动。未经学校允许，未成年学生不得将手机等智能终端产品带入课堂，带入学校的应当统一管理。

学校发现未成年学生沉迷网络的，应当及时告知其父母或者其他监护人，共同对未成年学生进行教育和引导，帮助其恢复正常的学习生活。

第七十一条　未成年人的父母或者其他监护人应当提高网络素养，规范自身使用网络的行为，加强对未成年人使用网络行为的引导和监督。

未成年人的父母或者其他监护人应当通过在智能终端产品上安装未成年人网络保护软件、选择适合未成年人的服务模式和管理功能等方式，避免未成年人接触危害或者可能影响其身心健康的网络信息，合理安排未成年人使用网络的时间，有效预防未成年人沉迷网络。

32. 网络服务者如何为未成年人提供健康、安全的网络服务？

法律咨询

在网络时代，父母很难阻止自己的孩子玩手机、看电脑，也不能随时盯着孩子确保其没有浏览不良网站。那么，网络服务者如何为未成年人提供健康、安全的网络服务？

律师答疑

网络服务者一方面应当保护未成年人的隐私安全，《未成年人保护法》第73条规定，网络服务提供者发现未成年人通过网络发布私密信息的，应当及时提示，并采取必要的保护措施。另一方面要落实防沉迷政策，并保障网络游戏适龄化分类。《未成年人保护法》第75条规定，网络游戏经依法审批后方可运营。国家建立统一的未成年人网络游戏电子身份认证系统。网络游戏服务提供者应当要求未成年人以真实身份信息注册并登录网络游戏。网络游戏服务提供者应当按照国家有关规定和标准，对游戏产品进行分类，作出适龄提示，并采取技术措施，不得让未成年人接触不适宜的游戏或者游戏功能。网络游戏服务提供者不得在每日22时至次日8时向未成年人提供网络游戏服务。《未成年人保护法》第76条规定，网络直播服务提供者不得为未满16周岁的未成年人提供网络直播发布者账号注册服务；为年满16周岁的未成年人提供网络直播发布者账号注册服务时，应当对其身份信息进行认证，并征得其父母或者其他监护人同意。

法律依据

《中华人民共和国未成年人保护法》

第七十三条 网络服务提供者发现未成年人通过网络发布私密信息的，应当及时提示，并采取必要的保护措施。

第七十四条 网络产品和服务提供者不得向未成年人提

供诱导其沉迷的产品和服务。

网络游戏、网络直播、网络音视频、网络社交等网络服务提供者应当针对未成年人使用其服务设置相应的时间管理、权限管理、消费管理等功能。

以未成年人为服务对象的在线教育网络产品和服务，不得插入网络游戏链接，不得推送广告等与教学无关的信息。

第七十五条　网络游戏经依法审批后方可运营。

国家建立统一的未成年人网络游戏电子身份认证系统。网络游戏服务提供者应当要求未成年人以真实身份信息注册并登录网络游戏。

网络游戏服务提供者应当按照国家有关规定和标准，对游戏产品进行分类，作出适龄提示，并采取技术措施，不得让未成年人接触不适宜的游戏或者游戏功能。

网络游戏服务提供者不得在每日二十二时至次日八时向未成年人提供网络游戏服务。

第七十六条　网络直播服务提供者不得为未满十六周岁的未成年人提供网络直播发布者账号注册服务；为年满十六周岁的未成年人提供网络直播发布者账号注册服务时，应当对其身份信息进行认证，并征得其父母或者其他监护人同意。

33. 为预防未成年人沉迷网络，国家采取了哪些措施？

法律咨询

强强是一名小学六年级的学生，最近因沉迷网络游戏而学习成绩下降。强强的父母发现后非常着急,觉得国家和社会应当采取必要的措施,预防未成年人沉迷网络。那么,应当如何预防未成年人沉迷网络?

律师答疑

沉迷网络,又称网络成瘾症,是一种过度使用、依赖互联网的心理疾病。未成年人自制力较差,好奇心强,患有网络成瘾症的比例远远高于成年人。一些未成年人长时间沉迷于网络,严重影响身心健康,已经成为不容回避的社会问题。对此,《未成年人保护法》对国家在防止未成年人沉迷网络方面的责任作出了规定,国家采取措施,预防未成年人沉迷网络。根据《未成年人保护法》第四章、第五章的规定,主要有如下具体措施:一是学校、幼儿园周边不得设置互联网上网服务营业场所等不适宜未成年人活动的场所。互联网上网服务营业场所不得允许未成年人进入,经营者应当在显著位置设置未成年人禁入标志;对难以判明是否已成年的,应当要求其出示身份证件。二是国家鼓励研究开发有利于未成年人健康成长的网络产品,鼓励互联网企业承担保障未成年人成长权益的社会责任。三是国家推广用于阻止未成年人沉迷网络的新技术,从技术上使未成年人不可能长时间沉迷于网络。四是网信部门及其他有关部门应当加强对未成年人网络保护工作的监督检查,依法惩处利用网络从事危害未成年人身心健康的活动,为未成年人提供安全、健康的网络环境。此外,学校和家庭还应加强对未成年人的教育,为未成年人的健康成长创造良好的社会文化环境,为未成年人进行有益的课外活动提供更多的便利条件。

法律依据

《中华人民共和国未成年人保护法》

第五十八条　学校、幼儿园周边不得设置营业性娱乐场所、酒吧、互联网上网服务营业场所等不适宜未成年人活动的场所。营业性歌舞娱乐场所、酒吧、互联网上网服务营业场所等不适宜未成年人活动场所的经营者，不得允许未成年人进入；游艺娱乐场所设置的电子游戏设备，除国家法定节假日外，不得向未成年人提供。经营者应当在显著位置设置未成年人禁入、限入标志；对难以判明是否是未成年人的，应当要求其出示身份证件。

第六十五条　国家鼓励和支持有利于未成年人健康成长的网络内容的创作与传播，鼓励和支持专门以未成年人为服务对象、适合未成年人身心健康特点的网络技术、产品、服务的研发、生产和使用。

第六十六条　网信部门及其他有关部门应当加强对未成年人网络保护工作的监督检查，依法惩处利用网络从事危害未成年人身心健康的活动，为未成年人提供安全、健康的网络环境。

34. 未成年人遭受网络欺凌、侮辱该怎么办？

法律咨询

小文今年刚上初二，有一次在网络平台互动中，他因为发表了一些对于社会新闻的看法，被陌生网友谩骂，导致小文一度情绪低落，影响了他平时的学习生活。那么，未成年人遭受网络欺凌、侮辱该怎么办？

律师答疑

未成年人遇到网络欺凌、侮辱应当拿起法律武器保护自己。我国《未成年人保护法》规定，任何组织或者个人不得通过网络以文字、图片、音视频等形式，对未成年人实施侮辱、诽谤、威胁或者恶意损害形象等网络欺凌行为。

遭受网络欺凌的未成年人及其父母或者其他监护人有权通知网络服务提供者采取删除、屏蔽、断开链接等措施。网络服务提供者接到通知后，应当及时采取必要的措施制止网络欺凌行为，防止信息扩散。

法律依据

《中华人民共和国未成年人保护法》

第七十二条　信息处理者通过网络处理未成年人个人信息的，应当遵循合法、正当和必要的原则。处理不满十四周岁未成年人个人信息的，应当征得未成年人的父母或者其他监护人同意，但法律、行政法规另有规定的除外。

未成年人、父母或者其他监护人要求信息处理者更正、删除未成年人个人信息的，信息处理者应当及时采取措施予以更正、删除，但法律、行政法规另有规定的除外。

第七十七条　任何组织或者个人不得通过网络以文字、

图片、音视频等形式，对未成年人实施侮辱、诽谤、威胁或者恶意损害形象等网络欺凌行为。

遭受网络欺凌的未成年人及其父母或者其他监护人有权通知网络服务提供者采取删除、屏蔽、断开链接等措施。网络服务提供者接到通知后，应当及时采取必要的措施制止网络欺凌行为，防止信息扩散。

35. 发现网络上有危害未成年人身心健康的信息怎么办？

法律咨询

小明今年10岁，有一天他在浏览某网站时，发现有一些暴力图片，小明觉得很害怕就跟父母说了。那么，发现网络上有危害未成年人身心健康的信息怎么办？

律师答疑

任何组织或者个人发现网络产品、服务含有危害未成年人身心健康的信息，有权向网络产品和服务提供者或者网信、公安等部门投诉、举报。网络服务提供者发现用户发布、传播可能影响未成年人身心健康的信息且未作显著提示的，应当作出提示或者通知用户予以提示；未作出提示的，不得传输相关信息。网络服务提供者发现用户发布、传播含有危害未成年人身心健康内容的信息的，应当立即停止传输相关信息，采取删除、屏蔽、断开链接等处置措施，保存有关记录，并向网信、公安等部门报告。网络服务提供者发现用户利用其网络服务对未成年人实施违法犯罪行为的，应当立即停止向该用户提供网络服务，保存有关记录，并向公安机关报告。

法律依据

《中华人民共和国未成年人保护法》

第七十八条 网络产品和服务提供者应当建立便捷、合理、有效的投诉和举报渠道，公开投诉、举报方式等信息，及时受理并处理涉及未成年人的投诉、举报。

第七十九条 任何组织或者个人发现网络产品、服务含有危害未成年人身心健康的信息，有权向网络产品和服务提供者或者网信、公安等部门投诉、举报。

第八十条 网络服务提供者发现用户发布、传播可能影响未成年人身心健康的信息且未作显著提示的，应当作出提示或者通知用户予以提示；未作出提示的，不得传输相关信息。

网络服务提供者发现用户发布、传播含有危害未成年人身心健康内容的信息的，应当立即停止传输相关信息，采取删除、屏蔽、断开链接等处置措施，保存有关记录，并向网信、公安等部门报告。

网络服务提供者发现用户利用其网络服务对未成年人实施违法犯罪行为的，应当立即停止向该用户提供网络服务，保存有关记录，并向公安机关报告。

第五节　政府保护

36. 负责未成年人保护工作的政府机构有哪些?

法律咨询

小萧今年读小学四年级,有一天老师发现其情绪很不对劲,就给小萧的父母打电话询问。之后老师得知小萧的父母长期冷战,对小萧的关心也不够。老师想咨询政府是否有负责未成年人保护工作的专门机构,能否对父母的家庭教育作出指导。

律师答疑

我国有专门的政府机构负责未成年人的保护,比如,县级以上人民政府承担未成年人保护协调机制具体工作的职能部门应当明确相关内设机构或者专门人员,负责承担未成年人保护工作。

乡镇人民政府和街道办事处应当设立未成年人保护工作站或者指定专门人员,及时办理未成年人相关事务;支持、指导居民委员会、村民委员会设立专人专岗,做好未成年人保护工作。针对未成年人的家庭教育,也规定各级人民政府应当将家庭教育指导服务纳入城乡公共服务体系,开展家庭教育知识宣传,鼓励和支持有关人民团体、企业事业单位、社会组织开展家庭教育指导服务。

法律依据

《中华人民共和国未成年人保护法》

第八十一条 县级以上人民政府承担未成年人保护协调机制具体工作的职能部门应当明确相关内设机构或者专门人员，负责承担未成年人保护工作。

乡镇人民政府和街道办事处应当设立未成年人保护工作站或者指定专门人员，及时办理未成年人相关事务；支持、指导居民委员会、村民委员会设立专人专岗，做好未成年人保护工作。

第八十二条 各级人民政府应当将家庭教育指导服务纳入城乡公共服务体系，开展家庭教育知识宣传，鼓励和支持有关人民团体、企业事业单位、社会组织开展家庭教育指导服务。

37. 共青团、妇联、工会、青联、学联、少先队等在未成年人保护工作中的职责定位是怎样的？

法律咨询

杜某大学毕业之后考入某市妇女联合会（以下简称妇联）从事行政工作。杜某听说，妇联、工会等社会团体有保护未成年人的职责。那么，共产主义青年团（以下简称共青团）、妇联、工会、青年联合会（以下简称青联）、学生联合会（以下简称学联）、少年先锋队（以下简称少先队）等社会团体在未成年人保护工作中的职责定位是怎样的？

律师答疑

共青团、妇联、工会、青联、学联、少先队等社会团体在未成年人保护工作中有各自的职责定位。根据《未成年人保护法》第10条的规定，承担帮助、保护未成年人和协助各级人民政府及其有关部门、人民检察院、人民法院做好未成年人保护工作职责的社会团体主要有共青团、妇联、工会、残疾人联合会（以下简称残联）、关心下一代工作委员会、青联、学联、少先队等。共青团在未成年人保护工作中的主要职责是：参与未成年人保护立法工作，参与有关未成年人工作方针政策的制定；积极创造条件，为未成年人参加文化、娱乐、体育活动等提供机会；帮助未成年人树立远大理想和形成良好品德；依法维护未成年人的合法权益等。妇联在未成年人保护工作中的主要职责是：参与有关儿童法律、法规的制定；维护未成年人的合法权益等。工会在保护未成年人工作中的主要职责是：积极维护有关法律法规赋予未成年工人的特殊权利，加强对未成年工人的劳动保护、开展定期体检等。残联就未成年残疾人康复、教育、维权、社会保障等方面开展工作，为未成年残疾人提供服务。关心下一代工作委员会是以关心、教育、培养青少年健康成长为目的的群众性组织，为青少年健康成长创造良好的社会环境。青联有维护青年的合法权益、反映各族各界青年意见和要求的义务。学联有团结和引导同学、帮助党和政府联系同学、表达和维护同学的具体利益的义务。因此学联和青联在未成年人保护工作中有相应的协助职责。少先队是由未成年人参加的全国性少年组织，是未成年人自己的组织，主要职责是通过各种集体活动，团结、教育少年儿童，培养他们成为爱祖国、爱人民、爱劳动、爱科学、爱社会主义，有理想、有道德、有纪律、有文化的社会主义新人。

法律依据

《中华人民共和国未成年人保护法》

第十条 共产主义青年团、妇女联合会、工会、残疾人联合会、关心下一代工作委员会、青年联合会、学生联合会、少年先锋队以及其他人民团体、有关社会组织，应当协助各级人民政府及其有关部门、人民检察院、人民法院做好未成年人保护工作，维护未成年人合法权益。

38. 各级人民政府如何保证未成年人受教育的权利？

法律咨询

小美是某市中学初中三年级的学生，在一次政治课上，老师说各级人民政府应采取措施保证未成年人受教育的权利。为此，小美感到很疑惑，各级人民政府是如何保证未成年人受教育的权利的？

律师答疑

各级人民政府应当制定政策落实法律规定，保护未成年人的受教育权，并对学校进行监督，同时合理配置教育资源，促进义务教育均衡发展，改善薄弱学校的办学条件，尽量保证家庭经济困难的未成年人接受公平的义务教育。《宪法》第46条规定了公民的受教育权。《未成年人保护法》和《义务教育法》规定了未成年人平等地享有受教育的权利，强调了政府在保障未成年人受教育权方面的责任，明确了国家实行九年义务教育制度，国家建立义务教育经费保障机制，将义务教育全面纳入财政保障范围。实施义务教育，不收学费、杂费。同时，《义务教育法》第6条、第12条、第19条针对现实问题，对家庭经济困难的、残疾的和流动人口中的未成年人接受义务教育作出专门规定：一是国务院和县级以上地方人民政府应当合理配置教育资源，促进义务教育均衡发展，改善薄弱学校的办学条件，尽量保证家庭经济困难的未成年人接受公平的义务教育。各级人民政府对家庭经济困难的未成年人免费提供教科书并补助寄宿生生活费。二是县级以上地方人民政府根据需要设置相应的实施特殊教育的学校（班），对视力残疾、听力语言残疾和智力残疾的适龄儿童、少年实施义务教育；普通学校应当接收具有接受普通教育能力的残疾适龄儿童、少年随班就读，并为其学习、康复提供帮助，保障残疾的未成年人接受义务教育的权利。三是父母或者法定监护人在非户籍所在地工作或居住的适龄儿童、少年居住地人民政府应当为其提供平等接受义务教育的条件，允许其在父母或者其他法定监护人工作地或居住地就近入学，具体办法由省、自治区、直辖市规定。

法律依据

《中华人民共和国宪法》

第四十六条　中华人民共和国公民有受教育的权利和义务。

国家培养青年、少年、儿童在品德、智力、体质等方面全面发展。

《中华人民共和国未成年人保护法》

第八十三条 各级人民政府应当保障未成年人受教育的权利,并采取措施保障留守未成年人、困境未成年人、残疾未成年人接受义务教育。

对尚未完成义务教育的辍学未成年学生,教育行政部门应当责令父母或者其他监护人将其送入学校接受义务教育。

《中华人民共和国义务教育法》

第六条 国务院和县级以上地方人民政府应当合理配置教育资源,促进义务教育均衡发展,改善薄弱学校的办学条件,并采取措施,保障农村地区、民族地区实施义务教育,保障家庭经济困难的和残疾的适龄儿童、少年接受义务教育。

国家组织和鼓励经济发达地区支援经济欠发达地区实施义务教育。

第十二条 适龄儿童、少年免试入学。地方各级人民政府应当保障适龄儿童、少年在户籍所在地学校就近入学。

父母或者其他法定监护人在非户籍所在地工作或者居住的适龄儿童、少年,在其父母或者其他法定监护人工作或者居住地接受义务教育的,当地人民政府应当为其提供平等接受义务教育的条件。具体办法由省、自治区、直辖市规定。

县级人民政府教育行政部门对本行政区域内的军人子女接受义务教育予以保障。

第十九条 县级以上地方人民政府根据需要设置相应的实施特殊教育的学校(班),对视力残疾、听力语言残疾和智力残疾的适龄儿童、少年实施义务教育。特殊教育学校(班)应当具备适应残疾儿童、少年学习、康复、生活特点的场所和设施。

普通学校应当接收具有接受普通教育能力的残疾适龄儿童、少年随班就读，并为其学习、康复提供帮助。

39. 政府和相关部门从哪些方面保障未成年人的安全？

法律咨询

有一天放学，小新从校门口出来后差点儿被一辆飞速行使的轿车撞到，小新的妈妈看到这一幕十分担心，想问政府和相关部门从哪些方面保障未成年人的安全？

律师答疑

根据《未成年人保护法》第 87 条的规定，地方各级人民政府及其有关部门应当保障校园安全，监督、指导学校、幼儿园等单位落实校园安全责任，建立突发事件的报告、处置和协调机制。此外，公安机关和其他有关部门应当依法维护校园周边的治安和交通秩序，设置监控设备和交通安全设施，预防和制止侵害未成年人的违法犯罪行为。

法律依据

《中华人民共和国未成年人保护法》

第八十七条　地方人民政府及其有关部门应当保障校园

安全,监督、指导学校、幼儿园等单位落实校园安全责任,建立突发事件的报告、处置和协调机制。

第八十八条 公安机关和其他有关部门应当依法维护校园周边的治安和交通秩序,设置监控设备和交通安全设施,预防和制止侵害未成年人的违法犯罪行为。

40. 未成年人必须接种疫苗吗?

法律咨询

小童今年上初三了,学校组织接种流感疫苗,但小童正值叛逆期,跟老师表示不想接种疫苗。那么,未成年人必须得接种疫苗吗?

律师答疑

未成年人有必要按照国家政策规定接种疫苗,《疫苗管理法》第6条第3款规定,县级以上人民政府及有关部门应当保障适龄儿童接种免疫规划疫苗。监护人应当依法保证适龄儿童按时接种免疫规划疫苗。其目的是预防和控制疾病的发生、流行。《未成年人保护法》第90条规定,各级人民政府及其有关部门应当对未成年人进行卫生保健和营养指导,提供卫生保健服务。卫生健康部门应当依法对未成年人的疫苗预防接种进行规范,防治未成年人常见病、多发病,加强传染病防治和监督管理,做好伤害预防和干预,指导和监督学校、幼儿园、婴幼儿照护服务机构开展卫生保健工作。

法律依据

《中华人民共和国未成年人保护法》

第九十条 各级人民政府及其有关部门应当对未成年人进行卫生保健和营养指导，提供卫生保健服务。

卫生健康部门应当依法对未成年人的疫苗预防接种进行规范，防治未成年人常见病、多发病，加强传染病防治和监督管理，做好伤害预防和干预，指导和监督学校、幼儿园、婴幼儿照护服务机构开展卫生保健工作。

……

《中华人民共和国疫苗管理法》

第六条第三款 县级以上人民政府及其有关部门应当保障适龄儿童接种免疫规划疫苗。监护人应当依法保证适龄儿童按时接种免疫规划疫苗。

41. 政府和有关部门有义务救助陷入困境的未成年人吗？

法律咨询

小燕的父母因为车祸去世，小燕在伤心之余也十分担心自己的生活面临困难。那么，政府和有关部门有义务救助陷入困境的未成年人吗？

律师答疑

根据《未成年人保护法》第91条的规定，政府和有关部门有义务救助陷入困境的未成年人，各级人民政府及其有关部门对困境未成年人实施分类保障，采取措施满足其生活、教育、安全、医疗康复、住房等方面的基本需要。因此，当未成年人在生活教育等各方面面临困难时，可以积极寻求政府的帮助。

法律依据

《中华人民共和国未成年人保护法》

第九十一条 各级人民政府及其有关部门对困境未成年人实施分类保障，采取措施满足其生活、教育、安全、医疗康复、住房等方面的基本需要。

42. 对于没有亲人的未成年人，民政部门有哪些监护义务？

法律咨询

小琳今年刚满14周岁，双亲因为意外去世，并且没有其他近亲属可以收养小琳。那么，对于没有亲人的未成年人，民政部门有哪些监护义务？

律师答疑

对于没有亲人的未成年人，民政部门可以采取委托亲属抚养、家庭寄养等方式进行安置，也可以交由未成年人救助保护机构或者儿童福利机构进行收留、抚养。临时监护期间，经民政部门评估，监护人重新具备履行监护职责条件的，民政部门可以将未成年人送回监护人抚养。此外，民政部门进行收养评估后，可以依法将其长期监护的未成年人交由符合条件的申请人收养。收养关系成立后，民政部门与未成年人的监护关系终止。

法律依据

《中华人民共和国未成年人保护法》

第九十二条　具有下列情形之一的，民政部门应当依法对未成年人进行临时监护：

（一）未成年人流浪乞讨或者身份不明，暂时查找不到父母或者其他监护人；

（二）监护人下落不明且无其他人可以担任监护人；

（三）监护人因自身客观原因或者因发生自然灾害、事故灾难、公共卫生事件等突发事件不能履行监护职责，导致未成年人监护缺失；

（四）监护人拒绝或者怠于履行监护职责，导致未成年人处于无人照料的状态；

（五）监护人教唆、利用未成年人实施违法犯罪行为，未成年人需要被带离安置；

（六）未成年人遭受监护人严重伤害或者面临人身安全威胁，需要被紧急安置；

（七）法律规定的其他情形。

第九十三条　对临时监护的未成年人，民政部门可以采取委托亲属抚养、家庭寄养等方式进行安置，也可以交由未成年人救助保护机构或者儿童福利机构进行收留、抚养。

临时监护期间，经民政部门评估，监护人重新具备履行监护职责条件的,民政部门可以将未成年人送回监护人抚养。

第九十四条 具有下列情形之一的,民政部门应当依法对未成年人进行长期监护:

(一)查找不到未成年人的父母或者其他监护人;

(二)监护人死亡或者被宣告死亡且无其他人可以担任监护人;

(三)监护人丧失监护能力且无其他人可以担任监护人;

(四)人民法院判决撤销监护人资格并指定由民政部门担任监护人;

(五)法律规定的其他情形。

第九十五条 民政部门进行收养评估后,可以依法将其长期监护的未成年人交由符合条件的申请人收养。收养关系成立后,民政部门与未成年人的监护关系终止。

第九十六条 民政部门承担临时监护或者长期监护职责的,财政、教育、卫生健康、公安等部门应当根据各自职责予以配合。

县级以上人民政府及其民政部门应当根据需要设立未成年人救助保护机构、儿童福利机构,负责收留、抚养由民政部门监护的未成年人。

43. 未成年人的合法权益受到侵害时,是否只有被害人及其监护人才有权向有关部门投诉?

法律咨询

小坤是一名小学五年级的学生,因为父母很早去世,一直跟随爷爷奶奶生活，因此，经常被小区的几个小男孩欺负。但是，小坤不敢和爷爷奶奶说，也不知道应该怎样保护自己。那么，未成年人的合法权益受到侵害时，是否只有被害人及其监护人才有权向有关部门投诉？

律师答疑

不是的，根据《未成年人保护法》第 97 条的规定，发现未成年人的合法权益受到侵害的任何人都可以拨打县级以上人民政府开通的全国统一的未成年人保护热线，政府应及时受理、转介侵犯未成年人合法权益的投诉、举报；鼓励和支持人民团体、企业事业单位、社会组织参与建设未成年人保护服务平台、服务热线、服务站点，提供未成年人保护方面的咨询、帮助。此外，《未成年人保护法》第 98 条规定，国家建立性侵害、虐待、拐卖、暴力伤害等违法犯罪人员信息查询系统，向密切接触未成年人的单位提供免费查询服务。

法律依据

《中华人民共和国未成年人保护法》

第九十七条 县级以上人民政府应当开通全国统一的未成年人保护热线，及时受理、转介侵犯未成年人合法权益的投诉、举报；鼓励和支持人民团体、企业事业单位、社会组织参与建设未成年人保护服务平台、服务热线、服务站点，提供未成年人保护方面的咨询、帮助。

第九十八条 国家建立性侵害、虐待、拐卖、暴力伤害等违法犯罪人员信息查询系统，向密切接触未成年人的单位提供免费查询服务。

第六节　司法保护

44. 法院如何审理未成年人案件？对需要法律援助或者司法救助的未成年人，相关部门应当怎么办？

法律咨询

小刚是一名初二的学生，因故意杀人而被提起公诉。由于其家庭非常困难，小刚的父母无力为其请律师。之后，小刚的父母听说，未成年人刑事案件不仅在法院审理方面比较特殊，而且可以申请法律援助或司法救助。那么，法院如何审理未成年人案件？对需要法律援助或者司法救助的未成年人，相关部门应当怎么办？

律师答疑

由于受到年龄、智力、社会经验等方面的限制，同成年人相比，未成年人的自我保护能力差，合法权益更容易受到侵犯和损害。司法是正义的最后一道防线，如果未成年人的合法权益受到侵害，其是有权依法向人民法院提起诉讼的。根据《未成年人保护法》第 102 条的规定，公安机关、人民检察院、人民法院和司法行政部门在办理涉及未成年人案件时，应当考虑未成年人身心特点和健康成长的需要，使用未成年人能够理解的语言和表达方式，听取未成年人的意见。以上规定从涉及未成年人案件的办案人员到办理案件的方式、程序等方面，都充分保护未成年人的合法权益。例如，在审判时采取适合未成年人的措施、手段等，以切实保障未成年人的合法权益。

根据《未成年人保护法》第 104 条的规定，在司法活动中，对需要法律援助或者司法救助的未成年人，法律援助机构或者人民法院应当给予帮助，依法为其提供法律援助或者司法救助。法律援助是指对于经济困难的公民给予必要的法律服务，包括法律咨询、代理、刑事辩护等无偿法律服务。司法救助，是指人民法院对于为维护自己的合法权益，向人民法院提起民事、行政诉讼，但经济确有困难的当事人，实行诉讼费的缓交、减交、免交。未成年人需要法律援助或者司法救助的，应提交身份证明、经济困难证明等文件。

法律依据

《中华人民共和国未成年人保护法》

第一百零二条　公安机关、人民检察院、人民法院和司法行政部门办理涉及未成年人案件，应当考虑未成年人身心特点和健康成长的需要，使用未成年人能够理解的语言和表达方式，听取未成年人的意见。

第一百零四条　对需要法律援助或者司法救助的未成年人，法律援助机构或者公安机关、人民检察院、人民法院和司法行政部门应当给予帮助，依法为其提供法律援助或者司法救助。

法律援助机构应当指派熟悉未成年人身心特点的律师为未成年人提供法律援助服务。

法律援助机构和律师协会应当对办理未成年人法律援助案件的律师进行指导和培训。

《中华人民共和国刑事诉讼法》

第二百七十八条 未成年犯罪嫌疑人、被告人没有委托辩护人的，人民法院、人民检察院、公安机关应当通知法律援助机构指派律师为其提供辩护。

最高人民法院《关于适用〈中华人民共和国刑事诉讼法〉的解释》

第五百六十五条 未成年被害人及其法定代理人因经济困难或者其他原因没有委托诉讼代理人的，人民法院应当帮助其申请法律援助。

45. 国家对办理未成年人犯罪案件的办案机关和人员有什么要求？

法律咨询

根据《刑事诉讼法》第281条的规定，对于涉及未成年人的刑事案件，法院应当严格按照法律规定进行审理。小司是一名初三的学生，因涉嫌故意伤害罪被检察院提起公诉。对此，小司的父母非常担心，害怕审理案件的法官会影响小司的健康成长。之后，司法机关告诉小司的父母办理未成年人案件会有特殊要求。那么，国家对办理未成年人犯罪案件的办案机关和人员方面有什么要求吗？

律师答疑

根据《未成年人保护法》第101条的规定，公安机关、人民检察院、人民法院和司法行政部门应当确定专门机构或者指定专门人员，负责办理涉及未成年人案件。办理涉及未成年人案件的人员应当经过专门培训，熟悉未成年人身心特点。专门机构或者专门人员中，应当有女性工作人员。

专门机构是指在公安机关、检察院、法院设立的专门机构，比如公安机关成立未成年人预审队，检察机关设立未成年人检察处，法院设立未成年人案件审判组织。

指定专人办理是指因为条件暂时不具备而没有成立专门机构的公安机关、检察院、法院，要指定具有犯罪学、社会学、心理学、教育学等知识，法律水平高，工作经验丰富，责任心强的人员来办理未成年人犯罪案件。指定人员要熟悉未成年人身心特点，了解未成年人犯罪规律，能够落实对涉案未成年人的帮教措施。

《未成年人保护法》特别规定了办理涉及未成年人案件的专门机构或者专门人员中，应当有女性工作人员。通过充分发挥女性的心理、性格、性别优势，在充分保护未成年人合法权益的同时，推动案件顺利进行。

法律依据

《中华人民共和国未成年人保护法》

第一百条　公安机关、人民检察院、人民法院和司法行政部门应当依法履行职责，保障未成年人合法权益。

第一百零一条　公安机关、人民检察院、人民法院和司法行政部门应当确定专门机构或者指定专门人员，负责办理涉及未成年人案件。办理涉及未成年人案件的人员应当经过专门培训，熟悉未成年人身心特点。专门机构或者专门人员中，应当有女性工作人员。

公安机关、人民检察院、人民法院和司法行政部门应当对上述机构和人员实行与未成年人保护工作相适应的评价考核标准。

46. 在离婚案件中，未成年人有哪些合法权益需要保护？

法律咨询

小刘今年刚上初中，但其父母因感情破裂已在法院起诉离婚，小刘担心父母离婚后没人照顾自己，也不知道父母诉讼离婚会对自己产生什么影响。那么，在离婚案件中，未成年人有哪些合法权益需要保护？

律师答疑

法律保护未成年人的各项权益，特别是在离婚案件中，法律也特别关照了未成年子女的权益。

人民法院审理离婚案件，涉及未成年子女抚养问题的，应当尊重已满 8 周岁未成年子女的真实意愿，根据双方具体情况，按照最有利于未成年子女的原则依法处理。审理离婚、抚养、收养、监护、探望等案件涉及未成年人的，为查明案件事实，保护未成年人的合法权益，法院可以自行或者委托社会组织对未成年人的相关情况进行社会调查。

法律依据

《中华人民共和国未成年人保护法》

第一百零七条　人民法院审理继承案件，应当依法保护未成年人的继承权和受遗赠权。

人民法院审理离婚案件，涉及未成年子女抚养问题的，应当尊重已满八周岁未成年子女的真实意愿，根据双方具体情况，按照最有利于未成年子女的原则依法处理。

第一百零九条　人民法院审理离婚、抚养、收养、监护、探望等案件涉及未成年人的，可以自行或者委托社会组织对未成年人的相关情况进行社会调查。

47. 法院审理涉及未成年人的继承案件时，有哪些需要特别注意的事项？

法律咨询

徐某的丈夫石某去世之后，徐某因遗产纠纷被石某父母诉至法院。在诉讼过程中，徐某担心自己的儿子只有5周岁，可能无法表达自己的意愿，以致无法得到自己应有的继承份额。但徐某的代理律师告诉她，法律对法院审理涉及未成年人的继承案件有特别要求。那么，法院审理涉及未成年人的继承案件时，有哪些需要特别注意的事项？

律师答疑

对未成年人的继承权和受遗赠权依法给予保护，是保障未成年人具有必要的生活和物质条件、促进其健康成长的重要手段。根据《未成年人保护法》第107条的规定,法院在审理继承案件时,应当依法保护未成年人的继承权:(1)在法定继承中依法对未成年人的继承份额予以特殊照顾。(2)在遗嘱继承中,依法保护未成年人的继承权;对于以遗嘱剥夺未成年法定继承人应当继承的遗产份额的,应当宣告遗嘱无效或部分无效。(3)依法保护胎儿的继承权。在遗产分割时,应当保留胎儿的继承份额。(4)以强制力确保未成年人的合法继承权。对于侵犯未成年人继承权的行为,涉及未成年人继承权的纠纷案件,受诉法院应当在查清事实的基础上,正确适用法律,依法作出判决;在其他当事人不履行判决内容的情况下,人民法院可依申请依法强制执行,确保未成年人合法继承权的享有和实现。(5)父母离婚后,未成年子女仍然依法享有对父母双方遗产的继承权,且该继承权的实现受到法律的保障。

法律依据

《中华人民共和国未成年人保护法》

第一百零七条第一款 人民法院审理继承案件,应当依法保护未成年人的继承权和受遗赠权。

48. 未成年人的父母不履行监护职责怎么办?

法律咨询

小王今年刚上小学五年级,父母在两年前离婚时约定将一套房产写到了小王名下，但是对小王有监护权的老王却故意将房屋卖出去，用卖房的钱供自己吃喝玩乐，请问未成年人的父母不履行监护职责怎么办？

律师答疑

父母应当履行监护职责，维护未成年子女的合法权益，如果父母不履行监护职责或严重侵犯被监护未成年人的合法权益，人民法院可以根据有关人员或者单位的申请，依法作出人身安全保护令或者撤销监护人资格。小王的父母离婚时约定房产归小王所有，则该房产属于小王的个人财产，老王即使是小王的监护人，也不能私自出售不属于自己的房产。老王将房屋出售，房款供自己挥霍，严重侵犯了小王的财产权，小王的母亲可以申请撤销老王的监护人资格，变更抚养权人。

法律依据

《中华人民共和国未成年人保护法》

第一百零八条　未成年人的父母或者其他监护人不依法履行监护职责或者严重侵犯被监护的未成年人合法权益的，人民法院可以根据有关人员或者单位的申请，依法作出人身安全保护令或者撤销监护人资格。

被撤销监护人资格的父母或者其他监护人应当依法继续负担抚养费用。

49. 未成年人犯罪的刑罚适用有何特殊性?

法律咨询

小峰是一名高中二年级的学生,刚过16岁生日,一天放学后,他和同学打群架,失手导致一名同学死亡。之后,小峰被提起公诉,并被判处刑罚。那么,未成年人犯罪的刑罚适用有何特殊性?

律师答疑

根据《刑法》第17条的规定,不满12周岁的人不负刑事责任。已满12周岁不满14周岁的人,犯故意杀人、故意伤害罪,致人死亡或者以特别残忍手段致人重伤造成严重残疾,情节恶劣,经最高人民检察院核准追诉的,应当负刑事责任。已满14周岁不满16周岁的人,犯故意杀人、故意伤害致人重伤或者死亡、强奸、抢劫、贩卖毒品、放火、爆炸、投放危险物质罪的,应当负刑事责任。已满16周岁的人犯罪,应当负刑事责任。对依照上述规定追究刑事责任的不满18周岁的人,应当从轻或者减轻处罚。犯罪的时候不满18周岁的人不适用死刑,即最高处罚可适用无期徒刑,但不能判处死刑立即执行或者死刑缓期2年执行。

除《刑法》规定“应当”附加剥夺政治权利外,对未成年罪犯一般不判处附加剥夺政治权利,如果对未成年罪犯判处附加剥夺政治权利的,应当依法从轻判处。

对未成年罪犯实施《刑法》规定的“并处”没收财产或者罚金的犯罪,应当依法判处相应的财产刑;对未成年罪犯实施《刑法》规定的“可以并处”没收财产或者罚金的犯罪,一般不判处财产刑。对未成年罪犯判处罚金刑时,应当依法从轻或者减轻判处,并根据犯罪情节，综合考虑其缴纳罚金的能力，确定罚金数额。但罚金的最低数额不得少于人民币 500 元。对被判处罚金刑的未成年罪犯，其监护人或者其他人自愿代为垫付罚金的，人民法院应当允许。

法律依据

《中华人民共和国刑法》

第十七条　已满十六周岁的人犯罪，应当负刑事责任。

已满十四周岁不满十六周岁的人，犯故意杀人、故意伤害致人重伤或者死亡、强奸、抢劫、贩卖毒品、放火、爆炸、投放危险物质罪的，应当负刑事责任。

已满十二周岁不满十四周岁的人，犯故意杀人、故意伤害罪，致人死亡或者以特别残忍手段致人重伤造成严重残疾，情节恶劣，经最高人民检察院核准追诉的，应当负刑事责任。

对依照前三款规定追究刑事责任的不满十八周岁的人，应当从轻或者减轻处罚。

因不满十六周岁不予刑事处罚的，责令其父母或者其他监护人加以管教；在必要的时候，依法进行专门矫治教育。

50. 对犯罪的未成年人可以免予刑事处罚吗？

法律咨询

小张是一名初中三年级的学生，因故意伤害致人重伤而被检察院提起诉讼。对此，小张的父母非常着急，四处找人咨询。后来，小张的父母听说未成年人犯罪可以免予刑事处罚。那么，对犯罪的未成年人是否可以免予刑事处罚?

律师答疑

对犯罪的未成年人是否可以免予刑事处罚要看未成年人自身的状况、所犯罪行以及是否有良好的悔罪表现。根据最高人民法院《关于审理未成年人刑事案件具体应用法律若干问题的解释》第17条的规定,未成年罪犯根据其所犯罪行,可能被判处拘役、3年以下有期徒刑,如果悔罪表现好,并具有下列情形之一的,应当依照《刑法》第37条的规定免予刑事处罚:(1)系又聋又哑的人或者盲人;(2)防卫过当或者避险过当;(3)犯罪预备、中止或者未遂;(4)共同犯罪中从犯、胁从犯;(5)犯罪后自首或者有立功表现;(6)其他犯罪情节轻微不需要判处刑罚的。

被告人的行为已经构成犯罪,但犯罪情节轻微,或者未成年人、在校学生实施的犯罪较轻,或者被告人具有犯罪预备、犯罪中止、从犯、胁从犯、防卫过当、避险过当等情节,依法不需要判处刑罚的,可以免予刑事处罚。对免予刑事处罚的,应当根据《刑法》第37条的规定做好善后、帮教工作或者交由有关部门进行处理,争取更好的社会效果。对于罪行较轻的,可以依法适用缓刑或者判处管制、单处罚金等非监禁刑;依法可免予刑事处罚的,应当免予刑事处罚。

法律依据

最高人民法院《关于审理未成年人刑事案件具体应用法律若干问题的解释》

第十七条 未成年罪犯根据其所犯罪行,可能被判处拘役、三年以下有期徒刑，如果悔罪表现好，并具有下列情形之一的，应当依照刑法第三十七条的规定免予刑事处罚：

（一）系又聋又哑的人或者盲人；

（二）防卫过当或者避险过当；

（三）犯罪预备、中止或者未遂；

（四）共同犯罪中从犯、胁从犯；

（五）犯罪后自首或者有立功表现；

（六）其他犯罪情节轻微不需要判处刑罚的。

51. 未成年人犯罪会构成累犯吗？

法律咨询

小放是一名高中二年级的学生（年满 16 周岁），因故意杀人被提起公诉，而小放两年前（年满 14 周岁）曾因故意伤害致人重伤而被提起公诉，判决免予刑事处罚。小放的父母非常担心儿子会构成累犯。那么，未成年人会构成累犯吗？

律师答疑

为了保护未成年人的合法权益，未成年人不会构成累犯。根据《刑法》第 65 条第 1 款的规定，被判处有期徒刑以上刑罚的犯罪分子，刑罚执行完毕或者赦免以后，在 5 年以内再犯应当判处有期徒刑以上刑罚之罪的，是累犯，应当从重处罚，但是过失犯罪和不满 18 周岁的人犯罪的除外，即不满 18 周岁的人不会构成累犯。

法律依据

《中华人民共和国刑法》

第六十五条第一款 被判处有期徒刑以上刑罚的犯罪分子,刑罚执行完毕或者赦免以后,在五年以内再犯应当判处有期徒刑以上刑罚之罪的,是累犯,应当从重处罚,但是过失犯罪和不满十八周岁的人犯罪的除外。

52. 法院在对未成年人刑事案件进行量刑的时候需要考虑哪些因素?

法律咨询

小路在 15 周岁时,因犯抢劫罪而被检察院提起公诉。小路的父母为了让儿子能够减轻处罚,便四处咨询对未成年人进行量刑时的考量因素。那么,法院在对未成年人刑事案件进行量刑的时候需要考虑哪些因素?

律师答疑

根据最高人民法院《关于审理未成年人刑事案件具体应用法律若干问题的解释》第 11 条的规定,对未成年罪犯适用刑罚,应当充分考虑是否有利于未成年罪犯的教育和矫正。对未成年罪犯量刑应当依照《刑法》的相关规定,并充分考虑未成年人实施犯罪行为的动机和目的、犯罪时的年龄、是否初次犯罪、犯罪后的悔罪表现、个人成长经历和一贯表现等因素。对符合管制、缓刑、单处罚金或者免予刑事处罚适用条件的未成年罪犯，应当依法适用管制、缓刑、单处罚金或者免予刑事处罚。

法律依据

最高人民法院《关于审理未成年人刑事案件具体应用法律若干问题的解释》

第十一条　对未成年罪犯适用刑罚，应当充分考虑是否有利于未成年罪犯的教育和矫正。

对未成年罪犯量刑应当依照刑法第六十一条的规定，并充分考虑未成年人实施犯罪行为的动机和目的、犯罪时的年龄、是否初次犯罪、犯罪后的悔罪表现、个人成长经历和一贯表现等因素。对符合管制、缓刑、单处罚金或者免予刑事处罚适用条件的未成年罪犯，应当依法适用管制、缓刑、单处罚金或者免予刑事处罚。

53. 我国对未成年人犯罪在适用缓刑或非监禁刑方面有什么规定？

法律咨询

年仅15周岁的小栋因故意伤害而被提起公诉。在小栋犯罪之后，小栋的妈妈便咨询她当律师的表哥，想知道小栋是否可以适用缓刑。那么，我国对未成年人犯罪在适用缓刑或非监禁刑方面有什么规定？

律师答疑

根据《刑法》第 72 条的规定，对于被判处拘役、3 年以下有期徒刑的犯罪分子，同时符合以下条件的，可以宣告缓刑，对于未满 18 周岁的人应当宣告缓刑：（1）犯罪情节较轻；（2）有悔罪表现；（3）没有再犯罪的危险；（4）宣告缓刑对所居住的社区没有重大不良影响。同时，最高人民法院《关于审理未成年人刑事案件具体应用法律若干问题的解释》第 16 条指出，对未成年罪犯适用缓刑确实不致再危害社会的，有以下情况之一应当宣告缓刑：（1）初次犯罪；（2）积极退赃或者赔偿被害人经济损失；（3）具备监护、帮教条件。对于罪行较轻的，可以依法适用缓刑或者判处管制、单处罚金等非监禁刑。

法律依据

《中华人民共和国刑法》

第七十二条 对于被判处拘役、三年以下有期徒刑的犯罪分子，同时符合下列条件的，可以宣告缓刑，对其中不满十八周岁的人、怀孕的妇女和已满七十五周岁的人，应当宣告缓刑：

（一）犯罪情节较轻；

（二）有悔罪表现；

（三）没有再犯罪的危险；

（四）宣告缓刑对所居住社区没有重大不良影响。

宣告缓刑，可以根据犯罪情况，同时禁止犯罪分子在缓刑考验期限内从事特定活动，进入特定区域、场所，接触特定的人。

被宣告缓刑的犯罪分子，如果被判处附加刑，附加刑仍须执行。

最高人民法院《关于审理未成年人刑事案件具体应用法律若干问题的解释》

第十六条　对未成年罪犯符合刑法第七十二条第一款规定的，可以宣告缓刑。如果同时具有下列情形之一，对其适用缓刑确实不致再危害社会的，应当宣告缓刑：

（一）初次犯罪；

（二）积极退赃或赔偿被害人经济损失；

（三）具备监护、帮教条件。

54. 未成年人刑事案件在减刑、假释方面有什么从宽的规定？

法律咨询

小夏是一名法学专业的大二学生，他一个亲戚家的孩子因为故意伤害致人重伤而被检察院提起公诉，该亲戚向小夏咨询，想了解未成年人犯罪在减刑、假释方面是否可以从宽。

律师答疑

根据最高人民法院《关于审理未成年人刑事案件具体应用法律若干问题的解释》第 18 条的规定，对未成年罪犯的减刑、假释，在掌握标准上可以比照成年罪犯依法适度放宽。未成年罪犯能认罪服法，遵守监规，积极参加学习、劳动的，即可视为“确有悔改表现”予以减刑，其减刑的幅度可以适当放宽，间隔的时间可以相应缩短。符合《刑法》第 81 条第 1 款规定的，可以假释。

法律依据

最高人民法院《关于审理未成年人刑事案件具体应用法律若干问题的解释》

第十八条 对未成年罪犯的减刑、假释，在掌握标准上可以比照成年罪犯依法适度放宽。

未成年罪犯能认罪服法，遵守监规，积极参加学习、劳动的，即可视为“确有悔改表现”予以减刑，其减刑的幅度可以适当放宽，间隔的时间可以相应缩短。符合刑法第八十一条第一款规定的，可以假释。

未成年罪犯在服刑期间已经成年的，对其减刑、假释可以适用上述规定。

《中华人民共和国刑法》

第八十一条第一款 被判处有期徒刑的犯罪分子，执行原判刑期二分之一以上，被判处无期徒刑的犯罪分子，实际执行十三年以上，如果认真遵守监规，接受教育改造，确有悔改表现，没有再犯罪的危险的，可以假释。如果有特殊情况，经最高人民法院核准，可以不受上述执行刑期的限制。

55. 新闻报道、影视节目、公开出版物涉及未成年人犯罪案件，不得披露哪些信息？

法律咨询

15周岁的小华因涉嫌一起故意杀人案，在当地引起很大风波，很多新闻媒体对此案都进行了报道。然而，由于一个电视台披露了小华的照片等相关个人信息，严重影响了小华父母等亲属的生活，小华的父母认为他们这种行为是违法的。那么，新闻报道、影视节目、公开出版物涉及未成年人犯罪案件，不得披露哪些信息？

律师答疑

根据《未成年人保护法》第49条规定，新闻媒体应当加强未成年人保护方面的宣传，对侵犯未成年人合法权益的行为进行舆论监督。新闻媒体采访报道涉及未成年人事件应当客观、审慎和适度，不得侵犯未成年人的名誉、隐私和其他合法权益。因犯罪记录会给未成年人造成很大的负面影响，他可能因此失去上学或就业的机会。为了使未成年人顺利回归社会，《未成年人保护法》第103条规定，公安机关、人民检察院、人民法院、司法行政部门以及其他组织和个人不得披露有关案件中未成年人的姓名、影像、住所、就读学校以及其他可能识别出其身份的信息，但查找失踪、被拐卖未成年人等情形除外。

法律依据

《中华人民共和国未成年人保护法》

第四十九条　新闻媒体应当加强未成年人保护方面的宣传，对侵犯未成年人合法权益的行为进行舆论监督。新闻媒体采访报道涉及未成年人事件应当客观、审慎和适度，不得侵犯未成年人的名誉、隐私和其他合法权益。

第一百零三条　公安机关、人民检察院、人民法院、司法行政部门以及其他组织和个人不得披露有关案件中未成年人的姓名、影像、住所、就读学校以及其他可能识别出其身份的信息，但查找失踪、被拐卖未成年人等情形除外。

56. 前科报告制度对未成年人适用吗？

法律咨询

小严是一名高中二年级（已满18周岁）的学生，13周岁时因故意伤害罪被判处刑罚。为此，小严的父母担心犯罪记录会影响他的前途，害怕以后就业时用人单位会看到他的前科。那么，前科报告制度对未成年人是否适用？

律师答疑

部分情况下不适用，犯罪的时候不满18周岁，被判处5年以下有期徒刑刑罚的，应当对相关犯罪记录予以封存。根据《刑法》第100条的规定，依法受过刑事处罚的人，在入伍、就业的时候，应当如实向有关单位报告自己曾受过刑事处罚，不得隐瞒。但犯罪时不满18周岁被判处5年有期徒刑以下刑罚的人，在入伍、就业时免除向有关单位报告自己曾受过刑事处罚的义务。

《刑事诉讼法》第286条还特别规定，犯罪的时候不满18周岁，被判处5年有期徒刑以下刑罚的，应当对相关犯罪记录予以封存。犯罪记录被封存的，不得向任何单位和个人提供，但司法机关为办案需要或者有关单位根据国家规定进行查询的除外。依法进行查询的单位，应当对被封存的犯罪记录的情况予以保密。

可见，《刑法》和《刑事诉讼法》都对这个问题进行了规定，并且内容是一致的，即出于对未成年人的特殊保护，免除其前科报告义务，这对于未成年人顺利回归社会是一个非常有利的举措。

法律依据

《中华人民共和国刑法》

第一百条　依法受过刑事处罚的人，在入伍、就业的时候，应当如实向有关单位报告自己曾受过刑事处罚，不得隐瞒。

犯罪的时候不满十八周岁被判处五年有期徒刑以下刑罚的人，免除前款规定的报告义务。

《中华人民共和国刑事诉讼法》

第二百八十六条　犯罪的时候不满十八周岁，被判处五年有期徒刑以下刑罚的，应当对相关犯罪记录予以封存。

犯罪记录被封存的，不得向任何单位和个人提供，但司法机关为办案需要或者有关单位根据国家规定进行查询的除外。依法进行查询的单位，应当对被封存的犯罪记录的情况予以保密。

57. 在讯问和询问未成年人时有什么特殊规定？

法律咨询

小政是一名小学六年级的学生，被几名初中生殴打致伤。在对案件进行调查的过程中，某市公安机关准备询问一下小政当时的具体情况。但是，小政的父母担心小政会再次受到惊吓。于是小政的父母便向律师咨询，公检法办理刑事案件过程中讯问和询问未成年人时是否会有保护未成年人的特殊规定？

律师答疑

公检法办理刑事案件过程中讯问和询问未成年人时有保护未

成年人的特殊规定。《刑事诉讼法》第281条第1款规定，对于未成年人刑事案件，在讯问和审判的时候，应当通知未成年犯罪嫌疑人、被告人的法定代理人到场。无法通知、法定代理人不能到场或者法定代理人是共犯的，也可以通知未成年犯罪嫌疑人、被告人的其他成年亲属，所在学校、单位、居住地基层组织或者未成年人保护组织的代表到场，并将有关情况记录在案。到场的法定代理人可以代为行使未成年犯罪嫌疑人、被告人的诉讼权利。“应当通知”的意思是必须通知未成年人的法定代理人，这是对未成年人合法权利的一种特殊保护。《刑事诉讼法》第281条、第2～5款规定，到场的法定代理人或者其他人员认为办案人员在讯问、审判中侵犯未成年人合法权益的，可以提出意见。讯问笔录、法庭笔录应当交给到场的法定代理人或者其他人员阅读或者向他宣读。讯问女性未成年犯罪嫌疑人，应当有女工作人员在场。审判未成年人刑事案件，未成年被告人最后陈述后，其法定代理人可以进行补充陈述。询问未成年被害人、证人，适用该法第1款、第2款、第3款的规定。《未成年人保护法》对此进一步细化，第110条对询问未成年人的方式、地点、参加人员、隐私保护等作出规定；第111条细化规定对未成年被害人的保护措施；第112条规定询问未成年人时，应当采取录音录像的措施，以上规定都显示了法律对未成年人身心健康影响最小化的考虑。

法律依据

《中华人民共和国未成年人保护法》

第一百一十条 公安机关、人民检察院、人民法院讯问未成年犯罪嫌疑人、被告人，询问未成年被害人、证人，应当依法通知其法定代理人或者其成年亲属、所在学校的代表等合适成年人到场，并采取适当方式，在适当场所进行，保障未成年人的名誉权、隐私权和其他合法权益。

人民法院开庭审理涉及未成年人案件，未成年被害人、证人一般不出庭作证；必须出庭的，应当采取保护其隐私的技术手段和心理干预等保护措施。

第一百一十一条　公安机关、人民检察院、人民法院应当与其他有关政府部门、人民团体、社会组织互相配合，对遭受性侵害或者暴力伤害的未成年被害人及其家庭实施必要的心理干预、经济救助、法律援助、转学安置等保护措施。

第一百一十二条　公安机关、人民检察院、人民法院办理未成年人遭受性侵害或者暴力伤害案件，在询问未成年被害人、证人时，应当采取同步录音录像等措施，尽量一次完成；未成年被害人、证人是女性的，应当由女性工作人员进行。

《中华人民共和国刑事诉讼法》

第二百八十一条　对于未成年人刑事案件，在讯问和审判的时候，应当通知未成年犯罪嫌疑人、被告人的法定代理人到场。无法通知、法定代理人不能到场或者法定代理人是共犯的，也可以通知未成年犯罪嫌疑人、被告人的其他成年亲属，所在学校、单位、居住地基层组织或者未成年人保护组织的代表到场，并将有关情况记录在案。到场的法定代理人可以代为行使未成年犯罪嫌疑人、被告人的诉讼权利。

到场的法定代理人或者其他人员认为办案人员在讯问、审判中侵犯未成年人合法权益的，可以提出意见。讯问笔录、法庭笔录应当交给到场的法定代理人或者其他人员阅读或者向他宣读。

讯问女性未成年犯罪嫌疑人,应当有女工作人员在场。

审判未成年人刑事案件,未成年被告人最后陈述后,其法定代理人可以进行补充陈述。

询问未成年被害人、证人,适用第一款、第二款、第三款的规定。

58. 未成年人犯罪案件可以旁听吗?

法律咨询

小佳是一名初中二年级的学生,因涉嫌故意伤害罪被提起公诉。在法院依法审理案件时,小佳的老师想去旁听。对此,小佳的父母称对于未成年人犯罪案件法院不允许旁听。那么,未成年人犯罪案件是否可以旁听?

律师答疑

原则上是不能旁听的,被告人所在学校和未成年人保护组织在经未成年被告人及其法定代理人同意的情况下,才可以旁听。根据《刑事诉讼法》第285条的规定,审判的时候被告人不满18周岁的案件,不公开审理。但是,经未成年被告人及其法定代理人同意,未成年被告人所在学校和未成年人保护组织可以派代表到场。即被告人不满18周岁的案件原则上是不能旁听的,仅限于被告人所在学校和未成年人保护组织在经未成年被告人及其法定代理人同意的情况下,才可以旁听。这样的做法是出于对未成年人的特殊保护和对待:相关代表到场可以了解案情,结合未成年人的背景和各方面情况，深入分析犯罪的成因，便于庭后对未成年人展开有针对性的教育，加强对他们的约束，配合完成帮教的一系列工作，帮助未成年人树立正确的人生观、价值观，帮助他们完成学业或者更好地进行改造，培养他们遵纪守法的意识，使他们更好地回归社会。

法律依据

《中华人民共和国刑事诉讼法》

第二百八十五条　审判的时候被告人不满十八周岁的案件，不公开审理。但是，经未成年被告人及其法定代理人同意，未成年被告人所在学校和未成年人保护组织可以派代表到场。

59. 可以对未成年人使用械具吗？

法律咨询

年仅15周岁的小吉因涉嫌故意杀人罪而被公安机关逮捕。在逮捕时，由于小吉准备自杀，因此，公安机关使用了手铐。对此，小吉的父母认为公安机关的这种行为是违法的。那么，公安机关是否可以对未成年人使用械具？

律师答疑

在办理未成年人涉罪案件时，对于未成年人尽可能采取柔和的方式，给他们改过自新的机会。根据《公安机关办理未成年人违法犯罪案件的规定》第22条的规定，公安机关在办理未成年人犯罪案件时，原则上不使用械具，除非未成年人确有行凶、逃跑、自杀、自伤等现实危险行为。在这些危险消除后，应当立即停止使用械具。办理未成年人违法案件时，绝对不能使用械具。

法律依据

《公安机关办理未成年人违法犯罪案件的规定》

第二十二条 办理未成年人犯罪案件原则上不得使用械具。对确有行凶、逃跑、自杀、自伤、自残等现实危险，必须使用械具的，应当以避免和防止危害结果的发生为限度，现实危险消除后，应当立即停止使用。

办理未成年人违法案件严禁使用械具。

第七节 法律责任

60. 对违法犯罪的未成年人应如何处罚？

法律咨询

肖某正在上初中的弟弟因涉嫌强奸罪而被提起公诉，对此，肖某非常着急。于是，肖某便向自己一位法学专业的同学咨询，对于违法犯罪的未成年人会如何进行处罚？

律师答疑

对违法犯罪的未成年人追究法律责任时，实行教育、感化、挽救的方针，坚持教育为主、惩罚为辅的原则。这是我国司法审判活动中一贯坚持的方针和原则，适合我国国情，适宜于惩罚犯罪的未成年人的实际需要。对此，我国《未成年人保护法》第 113 条作出了明确规定。

我国非常重视违法犯罪的未成年人的矫治工作，法律对未成年人犯罪有明确规定。《刑法》第 17 条规定，已满 14 周岁不满 16 周岁的人，只对故意杀人、故意伤害致人重伤或者死亡、强奸、抢劫、贩卖毒品、放火、爆炸、投放危险物质罪承担刑事责任。已满 12 周岁不满 14 周岁的人，犯故意杀人、故意伤害罪，致人死亡或者以特别残忍手段致人重伤造成严重残疾，情节恶劣，经最高人民检察院核准追诉的，应当负刑事责任。不满 12 周岁的未成年人，实施任何危害社会的行为都不承担责任。12 周岁是未成年人对重大刑事犯罪承担责任的最低年龄。

针对未成年人犯罪，法律规定了从宽处罚。《刑法》第 17 条第 4 款规定："对依照前三款规定追究刑事责任的不满十八周岁的人，应当从轻或者减轻处罚。"从轻处罚是指在法定刑的幅度内选择较轻的刑种或者确定较短的刑期。减轻处罚是指在法定最低刑以下判处刑罚。在这里，法律采取了必减的方式，即是"应当"而不是"可以"，司法工作人员只能在从轻或减轻的方式上选择，而不能不选择。从轻、减轻处罚的结果是未成年人犯罪承担的刑事责任要比成年人轻。

另外，我国《刑法》还规定了对未成年人不适用死刑。死刑是剥夺犯罪分子生命的刑罚，是最严重的刑罚。我国《刑法》规定的死刑只适用于罪行极其严重的犯罪分子,但犯罪的时候不满 18 周岁的人,不适用死刑。对于不满 18 周岁的未成年人,不论其罪行多么严重,都绝对不能判处死刑,更不能执行死刑。

除《刑法》的相关规定外,其他法律同样规定了对未成年人犯罪应当从轻、减轻或者免除处罚。例如,《治安管理处罚法》第 12 条规定:"已满十四周岁不满十八周岁的人违反治安管理的,从轻或者减轻处罚;不满十四周岁的人违反治安管理的,不予处罚,但是应当责令其监护人严加管教。"第 21 条规定:"违反治安管理行为人有下列情形之一,依照本法应当给予行政拘留处罚的,不执行行政拘留处罚:(一)已满十四周岁不满十六周岁的;(二)已满十六周岁不满十八周岁,初次违反治安管理的……"这些规定有利于违法犯罪的未成年人尽快意识到自己的错误,有利于未成年人认识到对他的宽大处理,从而主动改正错误,正常步入社会,重新做人。

法律依据

《中华人民共和国未成年人保护法》

第一百一十三条 对违法犯罪的未成年人,实行教育、感化、挽救的方针,坚持教育为主、惩罚为辅的原则。

对违法犯罪的未成年人依法处罚后,在升学、就业等方面不得歧视。

《中华人民共和国刑法》

第十七条 已满十六周岁的人犯罪,应当负刑事责任。

已满十四周岁不满十六周岁的人,犯故意杀人、故意伤害致人重伤或者死亡、强奸、抢劫、贩卖毒品、放火、爆炸、投放危险物质罪的,应当负刑事责任。

已满十二周岁不满十四周岁的人，犯故意杀人、故意伤害罪，致人死亡或者以特别残忍手段致人重伤造成严重残疾，情节恶劣，经最高人民检察院核准追诉的，应当负刑事责任。

对依照前三款规定追究刑事责任的不满十八周岁的人，应当从轻或者减轻处罚。

因不满十六周岁不予刑事处罚的，责令其父母或者其他监护人加以管教；在必要的时候，依法进行专门矫治教育。

《中华人民共和国治安管理处罚法》

第十二条　已满十四周岁不满十八周岁的人违反治安管理的，从轻或者减轻处罚；不满十四周岁的人违反治安管理的，不予处罚，但是应当责令其监护人严加管教。

第二十一条　违反治安管理行为人有下列情形之一，依照本法应当给予行政拘留处罚的，不执行行政拘留处罚：

（一）已满十四周岁不满十六周岁的；

（二）已满十六周岁不满十八周岁，初次违反治安管理的；

（三）七十周岁以上的；

（四）怀孕或者哺乳自己不满一周岁婴儿的。

61. 与不满14周岁的幼女发生性关系，是否构成犯罪？

法律咨询

年仅13周岁的小莲是某市中学初中一年级的学生，她与同一学校高三年级的高某谈恋爱，并与其发生性关系。事后，高某听说自己的行为构成了强奸罪,心里非常害怕。那么,与不满14周岁的幼女发生性关系,是否构成犯罪?

律师答疑

鉴于不满14周岁的幼女缺乏性自主意识,法律规定与不满14周岁的幼女发生性关系的,无论其是否自愿,均构成犯罪。我国《刑法》第236条规定,奸淫不满14周岁的幼女的,以强奸论,从重处罚。

但是,此种情形存有例外。最高人民法院《关于审理未成年人刑事案件具体应用法律若干问题的解释》规定,若行为实施人已满14周岁不满16周岁,仅是偶尔与幼女发生性行为,并且情节轻微、未造成严重后果的,不构成犯罪。

法律依据

《中华人民共和国刑法》

第二百三十六条 以暴力、胁迫或者其他手段强奸妇女的,处三年以上十年以下有期徒刑。

奸淫不满十四周岁的幼女的,以强奸论,从重处罚。

强奸妇女、奸淫幼女,有下列情形之一的,处十年以上有期徒刑、无期徒刑或者死刑:

(一)强奸妇女、奸淫幼女情节恶劣的;

(二)强奸妇女、奸淫幼女多人的;

(三)在公共场所当众强奸妇女、奸淫幼女的;

(四)二人以上轮奸的;

(五)奸淫不满十周岁的幼女或者造成幼女伤害的;

（六）致使被害人重伤、死亡或者造成其他严重后果的。

最高人民法院《关于审理未成年人刑事案件具体应用法律若干问题的解释》

第六条　已满十四周岁不满十六周岁的人偶尔与幼女发生性行为，情节轻微、未造成严重后果的，不认为是犯罪。

62. 已满14周岁不满16周岁的人抢劫低年级学生或其他未成年人财物，数量不大的，如何处理？

法律咨询

小龙是一名年仅15周岁的中学生，他经常和其他同学一起欺负低年级同学，并且在放学时抢劫低年级同学的财物。对此，学校认为小龙等人的行为已经构成犯罪。那么，已满14周岁不满16周岁的人抢劫低年级学生或其他未成年人财物，数量不大的，如何处理？

律师答疑

一般不触犯刑法，建议由家长或学校进行教育。根据最高人民法院《关于审理未成年人刑事案件具体应用法律若干问题的解释》第7条的规定，出现这种情况，如果行为人只是使用轻微暴力或者威胁，强行索要低年级学生或其他未成年人随身携带的生活、学习用品或者钱财数量不大，且未造成被害人轻微伤以上或者不敢正常到校学习、生活等严重后果的，不认为是犯罪。已满16周岁不满18周岁的人有以上情形的，一般也不认为是犯罪。当然以上标准一定要严格把握，以免被个别人恶意利用。

法律依据

最高人民法院《关于审理未成年人刑事案件具体应用法律若干问题的解释》

第七条 已满十四周岁不满十六周岁的人使用轻微暴力或者威胁，强行索要其他未成年人随身携带的生活、学习用品或者钱财数量不大，且未造成被害人轻微伤以上或者不敢正常到校学习、生活等危害后果的，不认为是犯罪。

已满十六周岁不满十八周岁的人具有前款规定情形的，一般也不认为是犯罪。

63. 雇用或强迫未成年人从事危重劳动的，怎么处理？

法律咨询

某玩具制造厂雇用不满16周岁的未成年人，并且违反规定要求未成年人日夜加班，从事超强度的体力劳动。之后，该玩具制造厂雇用未成年人从事危重劳动的行为被举报，其应承担什么法律责任？

律师答疑

雇用未成年人从事危重劳动的行为被举报会受到行政处罚，情节严重会构成犯罪，受到刑事处罚。《未成年人保护法》从未成年人的父母或者监护人、用工单位或个人等不同角度规定不得违反劳动管理法规。未成年人的父母或者其他监护人不得允许或迫使未成年人从事国家规定以外的劳动；组织或个人不得招用未满16周岁的未成年人，并对未成年人可从事的行业或强度进行限制性规定。对于违反相关法律的单位或者个人，行政机关有相应的行政处罚措施。

根据《刑法》第244条之一的规定，如果违反劳动管理法规，雇用未满16周岁的未成年人从事超强度体力劳动的，或者从事高空、井下作业的，或者在爆炸性、易燃性、放射性、毒害性等危险环境下从事劳动的，构成雇用童工从事危重劳动罪。情节严重的，对直接责任人员，处3年以下有期徒刑或者拘役，并处罚金；情节特别严重的，处3年以上7年以下有期徒刑，并处罚金。有以上行为，造成事故，又构成其他犯罪的，依照数罪并罚的规定处罚。

法律依据

《中华人民共和国未成年人保护法》

第十七条　未成年人的父母或者其他监护人不得实施下列行为：

……

（八）允许或者迫使未成年人从事国家规定以外的劳动；

……

第六十一条　任何组织或者个人不得招用未满十六周岁未成年人，国家另有规定的除外。

营业性娱乐场所、酒吧、互联网上网服务营业场所等不适宜未成年人活动的场所不得招用已满十六周岁的未成年人。

招用已满十六周岁未成年人的单位和个人应当执行国家在工种、劳动时间、劳动强度和保护措施等方面的规定，不得安排其从事过重、有毒、有害等危害未成年人身心健康的劳动或者危险作业。

任何组织或者个人不得组织未成年人进行危害其身心健康的表演等活动。经未成年人的父母或者其他监护人同意，未成年人参与演出、节目制作等活动，活动组织方应当根据国家有关规定，保障未成年人合法权益。

第一百二十五条 违反本法第六十一条规定的，由文化和旅游、人力资源和社会保障、市场监督管理等部门按照职责分工责令限期改正，给予警告，没收违法所得，可以并处十万元以下罚款；拒不改正或者情节严重的，责令停产停业或者吊销营业执照、吊销相关许可证，并处十万元以上一百万元以下罚款。

《中华人民共和国刑法》

第二百四十四条之一 违反劳动管理法规，雇用未满十六周岁的未成年人从事超强度体力劳动的，或者从事高空、井下作业的，或者在爆炸性、易燃性、放射性、毒害性等危险环境下从事劳动，情节严重的，对直接责任人员，处三年以下有期徒刑或者拘役，并处罚金；情节特别严重的，处三年以上七年以下有期徒刑，并处罚金。

有前款行为，造成事故，又构成其他犯罪的，依照数罪并罚的规定处罚。

64. 营业性舞厅等活动场所允许未成年人进入的，依法如何处理？

法律咨询

小陈是一名小学五年级的学生，一次，他和几个同学一起到一家营业性舞厅去玩。小陈的父母知道后，认为该舞厅允许未成年人进入的行为是违法的。那么，营业性舞厅等活动场所允许未成年人进入的，依法如何处理？

律师答疑

在学校、幼儿园周边设置营业性歌舞娱乐场所、互联网上网服务营业场所等不适宜未成年人活动的场所的，主管部门会予以关闭，并依法行政处罚。

营业性歌舞娱乐场所、互联网上网服务营业场所等不适宜未成年人活动的场所允许未成年人进入，或者没有在显著位置设置未成年人禁入标志的，主管部门责令改正，并依法给予行政处罚。

法律依据

《中华人民共和国未成年人保护法》

第五十八条　学校、幼儿园周边不得设置营业性娱乐场所、酒吧、互联网上网服务营业场所等不适宜未成年人活动的场所。营业性歌舞娱乐场所、酒吧、互联网上网服务营业场所等不适宜未成年人活动场所的经营者，不得允许未成年人进入；游艺娱乐场所设置的电子游戏设备，除国家法定节假日外，不得向未成年人提供。经营者应当在显著位置设置未成年人禁入、限入标志；对难以判明是否是未成年人的，应当要求其出示身份证件。

第一百二十三条 相关经营者违反本法第五十八条、第五十九条第一款、第六十条规定的，由文化和旅游、市场监督管理、烟草专卖、公安等部门按照职责分工责令限期改正，给予警告，没收违法所得，可以并处五万元以下罚款；拒不改正或者情节严重的，责令停业整顿或者吊销营业执照、吊销相关许可证，可以并处五万元以上五十万元以下罚款。

65. 对于拐卖未成年人的行为人，法律将如何惩处？

法律咨询

方某因涉嫌拐卖儿童而被公安机关依法逮捕。经过调查，公安机关发现，方某还曾多次作案。于是，在侦查终结后，检察院向法院提起公诉。那么，拐卖未成年人的行为人，应该承担何种法律责任？

律师答疑

方某的行为构成了《刑法》第240条规定的拐卖儿童罪。根据该条规定，拐卖妇女、儿童的，处5年以上10年以下有期徒刑，并处罚金；有下列情形之一的，处10年以上有期徒刑或者无期徒刑，并处罚金或者没收财产；情节特别严重的，处死刑，并处没收财产：(1)拐卖妇女、儿童集团的首要分子；(2)拐卖妇女、儿童3人以上的；(3)奸淫被拐卖的妇女的；(4)诱骗、强迫被拐卖的妇女卖淫或者将被拐卖的妇女卖给他人迫使其卖淫的；(5)以出卖为目的，使用暴力、胁迫或者麻醉方法绑架妇女、儿童的；(6)以出卖为目的，偷盗婴幼儿的；(7)造成被拐卖的妇女、儿童或者其亲属重伤、死亡或者其他严重后果的；(8)将妇女、儿童卖往境外的。

法律依据

《中华人民共和国刑法》

第二百四十条　拐卖妇女、儿童的，处五年以上十年以下有期徒刑，并处罚金；有下列情形之一的，处十年以上有期徒刑或者无期徒刑，并处罚金或者没收财产；情节特别严重的，处死刑，并处没收财产：

(一)拐卖妇女、儿童集团的首要分子；

(二)拐卖妇女、儿童三人以上的；

(三)奸淫被拐卖的妇女的；

(四)诱骗、强迫被拐卖的妇女卖淫或者将被拐卖的妇女卖给他人迫使其卖淫的；

(五)以出卖为目的，使用暴力、胁迫或者麻醉方法绑架妇女、儿童的；

(六)以出卖为目的，偷盗婴幼儿的；

(七)造成被拐卖的妇女、儿童或者其亲属重伤、死亡或者其他严重后果的；

(八)将妇女、儿童卖往境外的。

拐卖妇女、儿童是指以出卖为目的，有拐骗、绑架、收买、贩卖、接送、中转妇女、儿童的行为之一的。

66. 收买被拐卖的妇女、儿童犯法吗?

法律咨询

余某和妻子结婚后一直没有孩子，余某打算收买一个被拐卖的儿童。余某的妻子告诉他这种行为是违法的，但余某认为自己并未拐卖儿童，并不违法。那么，收买被拐卖的妇女、儿童犯法吗?

律师答疑

根据《刑法》第241条的规定，收买被拐卖的妇女、儿童的，处3年以下有期徒刑、拘役或者管制。收买被拐卖的妇女、儿童，非法剥夺、限制其人身自由或者有伤害、侮辱等犯罪行为的，依照《刑法》的有关规定定罪处罚，并应数罪并罚。收买被拐卖的妇女、儿童又出卖的，按照拐卖妇女、儿童罪定罪处罚。收买被拐卖的妇女、儿童，按照被买妇女的意愿，不阻碍其返回原居住地的；对被买儿童没有虐待行为，不阻碍对其进行解救的，按照2011年修正的《刑法》第241条的规定，可以不追究刑事责任，而《刑法修正案（九）》修改了这一规定，对于收买被拐卖妇女、儿童的行为将一律追究刑事责任。

法律依据

《中华人民共和国刑法》

第二百四十一条 收买被拐卖的妇女、儿童的，处三年以下有期徒刑、拘役或者管制。

收买被拐卖的妇女，强行与其发生性关系的，依照本法第二百三十六条的规定定罪处罚。

收买被拐卖的妇女、儿童，非法剥夺、限制其人身自由或者有伤害、侮辱等犯罪行为的，依照本法的有关规定定罪处罚。

收买被拐卖的妇女、儿童，并有第二款、第三款规定的犯罪行为的，依照数罪并罚的规定处罚。

收买被拐卖的妇女、儿童又出卖的，依照本法第二百四十条的规定定罪处罚。

收买被拐卖的妇女、儿童，对被买儿童没有虐待行为，不阻碍对其进行解救的，可以从轻处罚；按照被买妇女的意愿，不阻碍其返回原居住地的，可以从轻或者减轻处罚。

67. 我国法律针对虐待未成年人的行为规定了哪些惩罚措施？

法律咨询

小齐的母亲在他刚出生时就难产去世了，父亲经常虐待小齐。小齐 4 岁时，父亲虐待他的行为被邻居发现，邻居向公安机关举报。那么，我国法律针对虐待未成年人的行为规定了哪些惩罚措施？

律师答疑

我国法律针对虐待未成年人的行为规定警告、拘留、管制、拘役或有期徒刑等惩罚措施。《治安管理处罚法》第 45 条规定，虐待家庭成员，被虐待人要求处理的，处 5 日以下拘留或者警告。

虐待家庭成员，情节恶劣的，依照《刑法》第 260 条的规定构成虐待罪，处 2 年以下有期徒刑、拘役或者管制。犯虐待罪，致使被害人重伤、死亡的，处 2 年以上 7 年以下有期徒刑。

还应当注意的是，虐待罪是《刑法》中适用“自诉”的罪名之一，也就是说，一般情况下，只有被虐待者自己去法院起诉才能启动诉讼程序。但如果遇到上述情形，即小齐年仅 4 岁，没有能力自行去法院起诉，或者是虐待者威胁、恐吓被虐待者，导致其无法去法院起诉的，根据最高人民法院、最高人民检察院、公安部、民政部《关于依法处理监护人侵害未成年人权益行为若干问题的意见》第 14 条的规定，公安机关应当告知未成年人及其近亲属有权告诉或者代为告诉，并通报所在地同级人民检察院。所以，面临这种情况，人民检察院可向人民法院提起公诉，不再强行要求必须由被虐待者自己起诉。

法律依据

《中华人民共和国治安管理处罚法》

第四十五条 有下列行为之一的，处五日以下拘留或者警告：

（一）虐待家庭成员，被虐待人要求处理的；

（二）遗弃没有独立生活能力的被扶养人的。

《中华人民共和国刑法》

第二百六十条 虐待家庭成员，情节恶劣的，处二年以下有期徒刑、拘役或者管制。

犯前款罪，致使被害人重伤、死亡的，处二年以上七年以下有期徒刑。

第一款罪，告诉的才处理，但被害人没有能力告诉，或者因受到强制、威吓无法告诉的除外。

最高人民法院、最高人民检察院、公安部、民政部《关于依法处理监护人侵害未成年人权益行为若干问题的意见》

14. 监护侵害行为可能构成虐待罪的，公安机关应当告知未成年人及其近亲属有权告诉或者代为告诉，并通报所在地同级人民检察院。

未成年人及其近亲属没有告诉的，由人民检察院起诉。

68. 嫖宿不满 14 周岁幼女的，如何处理？

法律咨询

年仅 13 周岁的小芳为了给母亲赚钱治病，与程某发生了性关系。之后，程某被公安机关逮捕。对此，程某认为，小芳是自愿的，因此，自己的行为并不构成犯罪。那么，嫖宿不满 14 周岁幼女的，如何处理？

律师答疑

这种行为在《刑法修正案（九）》出台以前构成《刑法》第 360 条第 2 款规定的嫖宿幼女罪，但是该款规定被《刑法修正案（九）》删除而被列入强奸罪的加重情节中，故行为人如果知道被害人是或者可能是不满 14 周岁幼女而嫖宿的，不再按照嫖宿幼女罪进行定罪量刑，而是按照强奸罪定罪量刑，而且要从重处罚。

法律依据

《中华人民共和国刑法》

第二百三十六条 以暴力、胁迫或者其他手段强奸妇女的，处三年以上十年以下有期徒刑。

奸淫不满十四周岁的幼女的，以强奸论，从重处罚。

强奸妇女、奸淫幼女，有下列情形之一的，处十年以上有期徒刑、无期徒刑或者死刑：

（一）强奸妇女、奸淫幼女情节恶劣的；

（二）强奸妇女、奸淫幼女多人的；

（三）在公共场所当众强奸妇女、奸淫幼女的；

（四）二人以上轮奸的；

（五）奸淫不满十周岁的幼女或者造成幼女伤害的；

（六）致使被害人重伤、死亡或者造成其他严重后果的。

69. 对于胁迫、诱骗、利用未成年人乞讨的行为人，法律将如何惩处？

法律咨询

成成是一名年仅 6 岁的儿童，由于父母很早去世了，一直由叔叔照顾。但是，成成的叔叔经常让成成去乞讨为自己赚钱。后来，成成叔叔的这种行为被邻居举报。那么，对于胁迫、诱骗、利用未成年人乞讨的行为人，法律将如何惩处？

律师答疑

《治安管理处罚法》第41条规定，胁迫、诱骗或者利用他人乞讨的，处10日以上15日以下拘留，可以并处1000元以下罚款。《刑法》第262条之一规定，以暴力、胁迫手段组织残疾人或者不满14周岁的未成年人乞讨的，处3年以下有期徒刑或者拘役，并处罚金；情节严重的，处3年以上7年以下有期徒刑，并处罚金。所以，胁迫、诱骗、利用未成年人乞讨的行为人将面临3年以下有期徒刑或拘役并处罚金的刑法处罚，情节严重的，将处3年以上7年以下有期徒刑并处罚金。

法律依据

《中华人民共和国治安管理处罚法》

第四十一条　胁迫、诱骗或者利用他人乞讨的，处十日以上十五日以下拘留，可以并处一千元以下罚款。

反复纠缠、强行讨要或者以其他滋扰他人的方式乞讨的，处五日以下拘留或者警告。

《中华人民共和国刑法》

第二百六十二条之一　以暴力、胁迫手段组织残疾人或者不满十四周岁的未成年人乞讨的，处三年以下有期徒刑或者拘役，并处罚金；情节严重的，处三年以上七年以下有期徒刑，并处罚金。

70. 违法向未成年人提供网络游戏服务的，如何处理？

法律咨询

某游戏公司在公开发售某款游戏时，没有依据法律规定对未成年人作出时间管理限制，导致很多未成年人沉迷该款游戏无法自拔。那么，违法向未成年人提供网络游戏服务的如何处理？

律师答疑

网络游戏经依法审批后方可运营，网络游戏服务提供者应当按照国家有关规定和标准提供服务。违法向未成年人提供网络游戏服务会受到法律制裁：由公安、网信、电信、新闻出版、广播电视、文化和旅游等有关部门按照职责分工责令改正，给予警告，没收违法所得，违法所得 100 万元以上的，并处违法所得 1 倍以上 10 倍以下罚款，没有违法所得或者违法所得不足 100 万元的，并处 10 万元以上 100 万元以下罚款，对直接负责的主管人员和其他责任人员处 1 万元以上 10 万元以下罚款；拒不改正或者情节严重的，并可以责令暂停相关业务、停业整顿、关闭网站、吊销营业执照或者吊销相关许可证。

法律依据

《中华人民共和国未成年人保护法》

第七十四条 网络产品和服务提供者不得向未成年人提供诱导其沉迷的产品和服务。

网络游戏、网络直播、网络音视频、网络社交等网络服务提供者应当针对未成年人使用其服务设置相应的时间管理、权限管理、消费管理等功能。

以未成年人为服务对象的在线教育网络产品和服务，不得插入网络游戏链接，不得推送广告等与教学无关的信息。

第七十五条　网络游戏经依法审批后方可运营。

国家建立统一的未成年人网络游戏电子身份认证系统。网络游戏服务提供者应当要求未成年人以真实身份信息注册并登录网络游戏。

网络游戏服务提供者应当按照国家有关规定和标准，对游戏产品进行分类，作出适龄提示，并采取技术措施，不得让未成年人接触不适宜的游戏或者游戏功能。

网络游戏服务提供者不得在每日二十二时至次日八时向未成年人提供网络游戏服务。

第一百二十七条　信息处理者违反本法第七十二条规定，或者网络产品和服务提供者违反本法第七十三条、第七十四条、第七十五条、第七十六条、第七十七条、第八十条规定的，由公安、网信、电信、新闻出版、广播电视、文化和旅游等有关部门按照职责分工责令改正，给予警告，没收违法所得，违法所得一百万元以上的，并处违法所得一倍以上十倍以下罚款，没有违法所得或者违法所得不足一百万元的，并处十万元以上一百万元以下罚款，对直接负责的主管人员和其他责任人员处一万元以上十万元以下罚款；拒不改正或者情节严重的，并可以责令暂停相关业务、停业整顿、关闭网站、吊销营业执照或者吊销相关许可证。

71. 向未成年人传播淫秽物品的行为如何处理?

法律咨询

李某是一位大学生,为了牟利向某市中学的初中生传播淫秽视频,并给他们介绍专门的色情网站。后来,李某的行为被公安机关发现。那么,向未成年人传播淫秽物品需要承担何种法律责任?

律师答疑

向未成年人传播淫秽物品的行为受到警告、罚款、吊销营业执照等处罚,如果情节严重的,还会承担刑事责任。《未成年人保护法》第50条、第121条规定,禁止制作、复制、出版、发布、传播含有宣扬淫秽、色情、暴力、邪教、迷信、赌博、引诱自杀、恐怖主义、分裂主义、极端主义等危害未成年人身心健康内容的图书、报刊、电影、广播电视节目、舞台艺术作品、音像制品、电子出版物和网络信息等,否则会受到警告、罚款、吊销营业执照等处罚。这属于行政处罚的措施,如果情节严重的,还需承担刑事责任。根据《刑法》第364条的规定,传播淫秽的书刊、影片、音像、图片或者其他淫秽物品,情节严重的,处2年以下有期徒刑、拘役或者管制。组织播放淫秽的电影、录像等音像制品的,处3年以下有期徒刑、拘役或者管制,并处罚金;情节严重的,处3年以上10年以下有期徒刑,并处罚金。向不满18周岁的未成年人传播淫秽物品的,从重处罚。不满16周岁的未成年人传抄、传看淫秽的图片、书刊或者其他淫秽物品的,家长、学校要加强管教。

法律依据

《中华人民共和国未成年人保护法》

第五十条 禁止制作、复制、出版、发布、传播含有宣扬淫秽、色情、暴力、邪教、迷信、赌博、引诱自杀、恐怖主义、分裂主义、极端主义等危害未成年人身心健康内容的图书、报刊、电影、广播电视节目、舞台艺术作品、音像制品、电子出版物和网络信息等。

第五十一条 任何组织或者个人出版、发布、传播的图书、报刊、电影、广播电视节目、舞台艺术作品、音像制品、电子出版物或者网络信息，包含可能影响未成年人身心健康内容的，应当以显著方式作出提示。

第一百二十一条 违反本法第五十条、第五十一条规定的，由新闻出版、广播电视、电影、网信等部门按照职责分工责令限期改正，给予警告，没收违法所得，可以并处十万元以下罚款；拒不改正或者情节严重的，责令暂停相关业务、停产停业或者吊销营业执照、吊销相关许可证，违法所得一百万元以上的，并处违法所得一倍以上十倍以下的罚款，没有违法所得或者违法所得不足一百万元的，并处十万元以上一百万元以下罚款。

《中华人民共和国刑法》

第三百六十四条 传播淫秽的书刊、影片、音像、图片或者其他淫秽物品，情节严重的，处二年以下有期徒刑、拘役或者管制。

组织播放淫秽的电影、录像等音像制品的，处三年以下有期徒刑、拘役或者管制，并处罚金；情节严重的，处三年以上十年以下有期徒刑，并处罚金。

制作、复制淫秽的电影、录像等音像制品组织播放的，依照第二款的规定从重处罚。

向不满十八周岁的未成年人传播淫秽物品的，从重处罚。

72. 父母或者其他监护人不履行监护职责或者侵害被监护人合法权益的，怎么办？

法律咨询

新新是一个年仅5周岁的儿童，但其父母经常对她进行虐待，每次都让她拿着几毛钱出去买很多东西，只要买不回来就对她拳打脚踢，导致她身上经常带伤。那么，父母或者其他监护人不履行监护职责或者侵害被监护人合法权益的，怎么办？

律师答疑

监护是指对限制民事行为能力人、无民事行为能力人的人身和财产权益进行监督和保护的一项民事制度。根据我国《民法典》第34条的规定，监护人依法履行监护职责产生的权利，受法律保护。监护人应当认真履行监护职责，如果不履行监护职责或者侵害被监护人的合法权益，则应依法承担责任。同时，根据《民法典》第36条的规定，当父母或其他监护人不履行监护职责或侵害被监护未成年人的合法权益时，人民法院可以根据有关人员或者组织的申请，撤销其监护人的资格，并另行指定监护人。监护人的撤销，是指从法律上消灭监护人承担监护职责的资格。撤销监护人产生的直接法律后果是监护人和被监护人之间的权利义务关系消灭。《未成年人保护法》亦对此有具体规定，未成年人的父母或者其他监护人不依法履行监护职责或者侵犯未成年人合法权益的，由其居住地的居民委员会、村民委员会予以劝诫、制止；情节严重的，居民委员会、村民委员会应当及时向公安机关报告。公安机关接到报告或者公安机关、人民检察院、人民法院在办理案件过程中发现未成年人的父母或者其他监护人存在上述情形的，应当予以训诫，并可以责令其接受家庭教育指导。

法律依据

《中华人民共和国未成年人保护法》

第一百一十八条　未成年人的父母或者其他监护人不依法履行监护职责或者侵犯未成年人合法权益的，由其居住地的居民委员会、村民委员会予以劝诫、制止；情节严重的，居民委员会、村民委员会应当及时向公安机关报告。

公安机关接到报告或者公安机关、人民检察院、人民法院在办理案件过程中发现未成年人的父母或者其他监护人存在上述情形的，应当予以训诫，并可以责令其接受家庭教育指导。

《中华人民共和国民法典》

第三十四条　监护人的职责是代理被监护人实施民事法律行为，保护被监护人的人身权利、财产权利以及其他合法权益等。

监护人依法履行监护职责产生的权利，受法律保护。

监护人不履行监护职责或者侵害被监护人合法权益的，

应当承担法律责任。

……

第三十六条 监护人有下列情形之一的,人民法院根据有关个人或者组织的申请,撤销其监护人资格,安排必要的临时监护措施,并按照最有利于被监护人的原则依法指定监护人:

(一)实施严重损害被监护人身心健康的行为;

(二)怠于履行监护职责,或者无法履行监护职责且拒绝将监护职责部分或者全部委托给他人,导致被监护人处于危困状态;

(三)实施严重侵害被监护人合法权益的其他行为。

本条规定的有关个人、组织包括:其他依法具有监护资格的人,居民委员会、村民委员会、学校、医疗机构、妇女联合会、残疾人联合会、未成年人保护组织、依法设立的老年人组织、民政部门等。

前款规定的个人和民政部门以外的组织未及时向人民法院申请撤销监护人资格的,民政部门应当向人民法院申请。

Chapter 2

第二章

老年人权益保障

第一节　家庭赡养与扶养

73. 只要在物质上供养了老人就是履行了赡养义务吗？

法律咨询

汪某是一位年过七旬的老人，其儿女都在外地上班，很少回来看望他。当地的居委会知道后找到汪某的子女，希望他们可以多回来看看老人。但是，汪某的子女却说，他们每月都会给老人钱，已经履行了赡养义务。请问只要在物质上供养了老人就是履行了赡养义务吗？

律师答疑

不是。根据《老年人权益保障法》第14条第1款的规定，赡养人赡养老年人时，不仅要在住房、医疗及护理等物质上供养老人，还需要在生活上照料、精神上慰藉老人，根据老年人的需要，照顾老年人的生活起居，丰富他们的精神文化生活。钱寄得再多，却从来不看望老人，这样只会造成老人在精神上的痛苦。因此，每月支付赡养费并不等于尽了赡养义务，子女应当在物质、精神等多方面照顾好老年人。对此该法第18条明确规定，家庭成员应当关心老年人的精神需求，不得忽视、冷落老年人。与老年人分开居住的家庭成员，应当经常看望或者问候老年人。用人单位应当按照国家有关规定保障赡养人探亲休假的权利。

法律依据

《中华人民共和国老年人权益保障法》

第十三条　老年人养老以居家为基础，家庭成员应当尊重、关心和照料老年人。

第十四条　赡养人应当履行对老年人经济上供养、生活上照料和精神上慰藉的义务，照顾老年人的特殊需要。

赡养人是指老年人的子女以及其他依法负有赡养义务的人。

赡养人的配偶应当协助赡养人履行赡养义务。

第十五条　赡养人应当使患病的老年人及时得到治疗和护理；对经济困难的老年人，应当提供医疗费用。

对生活不能自理的老年人，赡养人应当承担照料责任；不能亲自照料的，可以按照老年人的意愿委托他人或者养老机构等照料。

第十六条　赡养人应当妥善安排老年人的住房，不得强迫老年人居住或者迁居条件低劣的房屋。

老年人自有的或者承租的住房，子女或者其他亲属不得侵占，不得擅自改变产权关系或者租赁关系。

老年人自有的住房，赡养人有维修的义务。

第十八条　家庭成员应当关心老年人的精神需求，不得忽视、冷落老年人。

与老年人分开居住的家庭成员，应当经常看望或者问候老年人。

用人单位应当按照国家有关规定保障赡养人探亲休假的权利。

74. 如何理解将“常回家看看”写入《老年人权益保障法》？

法律咨询

易某是某企业的一名经理，很少回家看望父母。一次，在和同事聊天时，他听同事说现在“常回家看看”写入了法律。对此，易某感到非常困惑，便向一位律师朋友请教如何理解将“常回家看看”写入《老年人权益保障法》？

律师答疑

1999年春节联欢晚会的一首《常回家看看》火遍大江南北，这首歌也道出了大部分老年人的心声。2012年12月28日《老年人权益保障法》修订，便将“常回家看看”纳入。《老年人权益保障法》第18条规定，家庭成员应当关心老年人的精神需求，不得忽视、冷落老年人。与老年人分开居住的赡养人，应当经常看望或者问候老年人。用人单位应当按照国家有关规定保障赡养人探亲休假的权利。该条规定中看望与问候并列，使“常回家看看”更具现实意义。该条规定就是为了突出老年人精神方面的需求，虽然说老年人不再是社会财富的创造者，但是他们的精神需求尤其是想得到家庭成员探望的意愿却越来越强烈，这与整个社会对老年人越来越忽视之间存在现实矛盾。所以立法者专门把“常回家看看”写入法律，就是想通过法律的强制约束性来推动这个矛盾的解决，引发人们对这个问题的高度重视，同时也要求用人单位认真落实国家相关的探亲休假制度，为这一规定的实施与落地提供保障。

法律依据

《中华人民共和国老年人权益保障法》

第十八条 家庭成员应当关心老年人的精神需求，不得忽视、冷落老年人。

与老年人分开居住的家庭成员，应当经常看望或者问候老年人。

用人单位应当按照国家有关规定保障赡养人探亲休假的权利。

75. 有的子女以不继承父母财产为由，拒绝履行对父母的赡养义务，这样做可以吗？

法律咨询

董某因家庭琐事与父母发生纠纷，认为父母偏向弟弟。于是，董某告诉父母自己以后不会继承他们的财产，同时也不会赡养他们。有的子女以不继承父母财产为由，拒绝履行对父母的赡养义务，那么，这样做可以吗？

律师答疑

父母有抚养子女的义务，子女对父母的赡养亦是不可推卸的责任。赡养父母是一种法定义务，是无条件的，是必须履行的，与是否继承父母遗产无关。我国《老年人权益保障法》规定，赡养人不得以放弃继承权或者其他理由，拒绝履行赡养义务。继承权是法定的权利，权利人对自己享有的权利有处分权，可以享有，也可以放弃。赡养义务与继承权没有必然联系,子女放弃继承权,并不导致赡养义务的解除。子女在年幼时,父母承担了抚养义务,权利义务是对等的,当父母年老时,子女要承担赡养义务。根据该条规定,本案中董某以不继承父母遗产作为对价,不履行赡养父母的义务是违法的,被赡养人有权要求赡养人支付赡养费,并且赡养人不得要求被赡养人承担力不能及的劳动。

法律依据

《中华人民共和国老年人权益保障法》

第十九条 赡养人不得以放弃继承权或者其他理由,拒绝履行赡养义务。

赡养人不履行赡养义务,老年人有要求赡养人付给赡养费等权利。

赡养人不得要求老年人承担力不能及的劳动。

76. 女儿出嫁后,仍有赡养父母的义务吗?

法律咨询

张老太有一儿一女,然而,张老太的女儿李某自从出嫁之后,一直没有对母亲尽过赡养义务。张老太住院后,她的儿子要求李某和他一起照顾张老太。但是,李某却说她已经结婚,不再有赡养父母的义务。那么,女儿出嫁后,仍有赡养父母的义务吗?

律师答疑

女儿出嫁后仍应赡养父母。我国的传统思想是养儿防老,重男轻女。尤其是有些农村地区的老人，认为赡养老人是儿子的事，在遗产继承上和家庭财产的分割上都是儿子有份，女儿没份，这种观念是错误的。在错误观念支配下，农村地区有些女儿尤其是已经出嫁的女儿，往往忽视对父母的赡养。但女儿同样得到了父母的抚养，应平等地享有权利、承担义务。无论是赡养父母，还是遗产继承，女儿均应与儿子同等地履行法定义务并享有继承权。根据《民法典》第26条及《老年人权益保障法》第14条的规定，成年子女都有赡养父母的义务。也就是说，在履行赡养父母的义务上，男女是平等的，女儿不能因出嫁而不承担她的赡养义务。所以，李某即便已经结婚，也应当承担赡养父母的义务。

法律依据

《中华人民共和国民法典》

第二十六条第二款 成年子女对父母负有赡养、扶助和保护的义务。

《中华人民共和国老年人权益保障法》

第十四条第二款 赡养人是指老年人的子女以及其他依法负有赡养义务的人。

77. 除了亲生子女，还有哪些人也应该承担赡养义务？

法律咨询

郑某是一位年过八旬的老人，只有一个儿子。但他的儿子已经去世，留下三个孙子女。现在没人赡养郑某。于是，郑某四处咨询，想知道除了亲生子女，孙子女是否应该承担赡养义务。

律师答疑

赡养人是指老年人的子女以及其他负有赡养义务的人。子女包括婚生子女、非婚生子女、养子女和形成抚养关系的继子女；其他负有赡养义务的人包括孙子女、外孙子女。特别需要指出的是，基于婚姻关系的特殊性，赡养人的配偶应当协助赡养人履行赡养义务。此外，老年人与配偶有相互扶养的义务。由兄、姐扶养的弟、妹成年后，有负担能力的，对年老无赡养人的兄、姐有扶养的义务。因此，除了亲生子女外，老年人的养子女、形成抚养关系的继子女、孙子女、外孙子女以及前述赡养人的配偶、老年人的配偶、由老年人抚养的弟妹对老年人均有赡养、协助赡养以及扶养的义务。

法律依据

《中华人民共和国民法典》

第一千零七十四条 有负担能力的祖父母、外祖父母，对于父母已经死亡或者父母无力抚养的未成年孙子女、外孙子女，有抚养的义务。

有负担能力的孙子女、外孙子女，对于子女已经死亡或者子女无力赡养的祖父母、外祖父母，有赡养的义务。

《中华人民共和国老年人权益保障法》

第十四条 赡养人应当履行对老年人经济上供养、生活上照料和精神上慰藉的义务，照顾老年人的特殊需要。

赡养人是指老年人的子女以及其他依法负有赡养义务

的人。

赡养人的配偶应当协助赡养人履行赡养义务。

第二十三条 老年人与配偶有相互扶养的义务。

由兄、姐扶养的弟、妹成年后，有负担能力的，对年老无赡养人的兄、姐有扶养的义务。

78. 老年人再婚，双方子女的赡养义务有什么变化？

法律咨询

董某的妻子在很多年前就去世了，他一人将四个子女抚养长大。在子女都结婚之后，董某便和同村的孙某再婚。但董某的子女却称，只要董某再婚，他们就不再对董某履行赡养义务。那么，老年人再婚，双方子女的赡养义务有什么变化？

律师答疑

老年人再婚不影响其与子女的父母子女关系，也不影响相互之间抚养、赡养的义务和继承的权利。根据《老年人权益保障法》第 21 条的规定，老年人的婚姻自由受法律保护，子女不能干涉老年人的婚姻自由。在本案中，董某的子女不能以不赡养董某为由干涉董某再婚，董某再婚后其子女亦应当履行赡养义务。父母婚姻关系的变化不影响子女的赡养义务，子女对父母的赡养义务是无期限的。只要父母需要赡养，其子女就应当履行这一义务。

法律依据

《中华人民共和国老年人权益保障法》

第二十一条　老年人的婚姻自由受法律保护。子女或者其他亲属不得干涉老年人离婚、再婚及婚后的生活。

赡养人的赡养义务不因老年人的婚姻关系变化而消除。

79. 继子女对继父母有赡养义务吗？

法律咨询

朱某从小由其继父抚养长大，在继父年老时，朱某的继兄弟姐妹要求朱某也要对继父尽赡养义务。但朱某却认为继父并不是他的亲生父亲，因此，对其没有赡养义务。那么，继子女对继父母有赡养义务吗？

律师答疑

受到继父母抚养教育的继子女对继父母有赡养义务，因此朱某对其继父有赡养的义务。《民法典》第1072条第2款规定："继父或者继母和受其抚养教育的继子女间的权利义务关系，适用本法关于父母子女关系的规定。"故形成抚养关系的继子女与婚生子女地位相同，有赡养继父母的义务。我国法律规定权利与义务是对等的，继子女年幼时受过继父母的抚养，就应在继父母年老后赡养继父母，同样继子女也有继承继父母遗产的权利。

在继子女与继父母之间没有抚养关系的情况下，继子女对继父母有赡养义务吗？根据上述法律的规定，继父母与继子女之间只是一种因为生父(母)与继母(父)结婚而产生的姻亲关系,如果继子女从小不与继父母生活在一起,那就不存在被抚养的关系,也就没有赡养义务。

法律依据

《中华人民共和国民法典》

第一千零七十二条　继父母与继子女间,不得虐待或者歧视。

继父或者继母和受其抚养教育的继子女间的权利义务关系,适用本法关于父母子女关系的规定。

80. 解除收养关系的养子女仍要赡养养父母吗?

法律咨询

小亮是孤儿,在5周岁时被申某夫妇收养。然而,小亮结婚后,经常与养父母发生矛盾,于是,双方便协议解除收养关系。那么,解除收养关系的养子女仍要赡养养父母吗?

律师答疑

解除收养关系的养子女仍要履行赡养养父母的义务。小亮在与养父母解除收养关系时已经成年且独立,受养父母的抚养教育,与养父母形成抚养与被抚养的关系,根据我国《民法典》第1118条的规定,收养关系解除后,经养父母抚养的成年养子女,对缺乏劳动能力又缺乏生活来源的养父母,应当给付生活费。因此,解除收养关系并不代表可以不尽赡养义务。特别需要注意的是：因养子女成年后虐待、遗弃养父母而解除收养关系的，养父母可以要求养子女补偿收养期间支出的抚养费。

法律依据

《中华人民共和国民法典》

第一千一百一十八条第一款 收养关系解除后，经养父母抚养的成年养子女，对缺乏劳动能力又缺乏生活来源的养父母，应当给付生活费。因养子女成年后虐待、遗弃养父母而解除收养关系的，养父母可以要求养子女补偿收养期间支出的抚养费。

81. 多个赡养人怎么赡养老年人？

法律咨询

段某夫妇共有六个子女，平日里六个子女关系并不是很好。因此，段某夫妇一直担心六个子女以后会因为他们的赡养问题发生矛盾。那么，多个赡养人怎么赡养老年人？

律师答疑

多个赡养人可以在征求老人意见的基础上签订赡养协议，按照协议约定履行赡养义务。根据《老年人权益保障法》第 20 条第 1 款的规定，赡养人之间可以就履行赡养义务签订协议，协议内容不得违反法律的规定和老年人的意愿。之所以要考虑老年人的意愿，是因为有的子女不考虑老人意愿，将父母分开赡养，造成几十年的老夫妻分居生活，老人感情上难以接受；有的子女按月轮换赡养老人，遇到闰月或赶上节日便感到吃亏，越是这时老人越难过；还有的子女住房小，老人住不惯等。在这些情况下，如果强行赡养，老年人就不能安享晚年，不利于老年人的身心健康，所以，如何养老，要考虑老人的意愿。

法律依据

《中华人民共和国老年人权益保障法》

第二十条　经老年人同意，赡养人之间可以就履行赡养义务签订协议。赡养协议的内容不得违反法律的规定和老年人的意愿。

基层群众性自治组织、老年人组织或者赡养人所在单位监督协议的履行。

82. 子女不履行赡养协议，老人该怎么办？

法律咨询

曹某共有三个子女，就其养老问题，其三个子女签订了赡养协议。但是，曹某的大儿子却一直没有按照赡养协议的内容对曹某履行赡养义务。那么，子女不履行赡养协议，老人该怎么办？

律师答疑

赡养协议系赡养人之间或者被赡养人与赡养人之间签订的协议，各方应当按照协议约定履行各自的义务。《老年人权益保障法》赋予了居民委员会、村民委员会或者赡养人所在组织监督赡养协议履行的义务。子女不履行赡养协议，由居民委员会或村民委员会或组织进行说服教育，老年人协会也可出面协调。如果调解无果，老人可直接向法院起诉，依法维护自己被赡养的权益。

法律依据

《中华人民共和国老年人权益保障法》

第二十条第一款 经老年人同意，赡养人之间可以就履行赡养义务签订协议。赡养协议的内容不得违反法律的规定和老年人的意愿。

第二十四条 赡养人、扶养人不履行赡养、扶养义务的，基层群众性自治组织、老年人组织或者赡养人、扶养人所在单位应当督促其履行。

第七十五条第一款 老年人与家庭成员因赡养、扶养或者住房、财产等发生纠纷，可以申请人民调解委员会或者其他有关组织进行调解，也可以直接向人民法院提起诉讼。

83. 老年人如何用法律手段追索赡养费？

法律咨询

李大妈的丈夫很早就去世了，其一人将四个儿子抚养长大。然而，四个儿子长大后都在外地上班，且都不支付李大妈的赡养费。于是，李大妈准备诉至法院。那么，老年人如何用法律手段追索赡养费？

律师答疑

在现实中，如果子女不履行赡养义务，老年人可以通过诉讼的方式追索赡养费。老年人因追索赡养费引起的诉讼，主要涉及两个问题：起诉谁和在哪里起诉。

（1）起诉谁，即确定被告。如果只有一个子女，自然该子女为赡养费纠纷的被告。如果有多个子女，赡养费纠纷的被告应当是所有的子女，即使其中部分子女履行了赡养义务也应当被列为被告。这是因为赡养老人对于多个子女来说，是法定的、整体性的，诉讼中需要全面审查各赡养人赡养义务的履行能力和履行情况。如果老年人在起诉时，只起诉了其中一个或者一部分子女，则法院会依据《民事诉讼法》第 135 条的规定，依职权主动追加其他子女作为共同被告，参与诉讼。

（2）在哪里起诉，即确定管辖法院。按照《民事诉讼法》的相关规定，对于公民提起的民事诉讼，由被告住所地或经常居住地人民法院管辖，即原则上应当到被告的住所地或经常居住地法院起诉。如果只有一个子女，则可以到该子女的住所地或经常居住地法院起诉。如果有多个子女，依据《民事诉讼法》第 22 条第 3 款、第 36 条的相关规定，可以到任何一个被告的住所地或经常居住地法院起诉。此外，为了便于老年人追索赡养费，维护自身合法权益，最高人民法院《关于适用〈中华人民共和国民事诉讼法〉的解释》第 9 条规定，追索赡养费、扶养费、抚养费案件的几个被告住所地不在同一辖区的，可以由原告住所地人民法院管辖。即有多个子女且不在同一辖区的，老年人可以在自己住所地的法院起诉。

法律依据

《中华人民共和国民事诉讼法》

第二十二条第三款 同一诉讼的几个被告住所地、经常居住地在两个以上人民法院辖区的,各该人民法院都有管辖权。

第三十六条 两个以上人民法院都有管辖权的诉讼,原告可以向其中一个人民法院起诉;原告向两个以上有管辖权的人民法院起诉的,由最先立案的人民法院管辖。

第一百三十五条 必须共同进行诉讼的当事人没有参加诉讼的,人民法院应当通知其参加诉讼。

最高人民法院《关于适用〈中华人民共和国民事诉讼法〉的解释》

第九条 追索赡养费、扶养费、抚养费案件的几个被告住所地不在同一辖区的,可以由原告住所地人民法院管辖。

84. 在农村,老年人耕种不了承包的农田怎么办?

法律咨询

陈某是某村的一位老人,其因年老多病准备跟随儿子到城里生活。但是,陈某自己还承包了10亩农田。那么,在农村,老年人耕种不了承包的农田怎么办?

律师答疑

老年人耕种不了承包的农田,可以由赡养人耕种或者由赡养人委托他人进行耕种。老年人失去劳动能力且没有稳定收入的，赡养人应当履行赡养义务，并妥善安排老人承包的农田。《老年人权益保障法》第 17 条规定，赡养人有义务耕种或者委托他人耕种老年人承包的田地，照管或者委托他人照管老年人的林木和牲畜等，收益归老年人所有。第 19 条规定，赡养人不得要求老年人承担力不能及的劳动。所以，在陈某耕种不了承包的农田的情况下，陈某的儿子有义务耕种或委托他人耕种陈某承包的农田。

法律依据

《中华人民共和国老年人权益保障法》

第十七条　赡养人有义务耕种或者委托他人耕种老年人承包的田地，照管或者委托他人照管老年人的林木和牲畜等，收益归老年人所有。

第十九条第三款　赡养人不得要求老年人承担力不能及的劳动。

85. 对于老年人的婚姻问题，法律有何规定？

法律咨询

沈大妈的丈夫多年前因车祸去世，其在两个儿子都成家立业后准备再婚，但其两个儿子坚决反对。沈大妈的同事告诉她，老年人的婚姻也是受法律保护的。那么，对于老年人的婚姻问题，法律有何规定？

律师答疑

老年人的婚姻自由受法律保护，任何人不得干涉。根据《老年人权益保障法》第 21 条第 1 款的规定，老年人结婚、再婚及婚后生活不受他人干涉，老年人的婚姻自由受法律保护。子女或者其他亲属不得干涉老年人离婚、再婚及婚后的生活。婚姻自由包含多项内容：一是老年人恋爱、结婚自由。换句话说就是老年人跟谁谈恋爱，与谁结婚，别人无权干涉。二是离婚自由。老夫妻两人感情破裂，不能在一起生活了，法律是允许离婚的，当然也同样需要履行离婚登记手续。三是老年人再婚自由。这方面问题比较多，主要是子女担心父母的财产被再婚的配偶或继子女分得而干预其父亲或母亲再婚，但子女无权干涉父母再婚，且赡养人的赡养义务不因老年人婚姻关系的变化而消除。

法律依据

《中华人民共和国老年人权益保障法》

第二十一条 老年人的婚姻自由受法律保护。子女或者其他亲属不得干涉老年人离婚、再婚及婚后的生活。

赡养人的赡养义务不因老年人的婚姻关系变化而消除。

86. 怎样保护老年人的合法财产权益?

法律咨询

楚奶奶退休多年，但自己不太擅长理财，所以她将财产交给几个子女打理，但是子女之间逐渐产生矛盾，楚奶奶就自己的财产去向询问几个子女，他们都表示自己会打理好财产，但拒不告诉楚奶奶财产状况。那么，怎样保护老年人的合法财产权益？

律师答疑

老年人对于自己的财产有占有、使用、收益和处分的权利，楚奶奶的子女不能侵占、隐匿、转移甚至私自处分楚奶奶的财产。此外，根据《老年人权益保障法》第22条的规定，老年人有继承遗产、接受赠与的权利，由此取得的财产同样受到法律保护。子女及其他近亲属不能因为老年人年纪大、行动不便、头脑不清楚就窃取、骗取、强行索取老年人的财产。老年人的财产权利被侵犯，可以寻求村民委员会、居民委员会或法律工作人员的帮助，也可以起诉到法院，维护自身合法权益。

法律依据

《中华人民共和国老年人权益保障法》

第二十二条　老年人对个人的财产，依法享有占有、使用、收益和处分的权利，子女或者其他亲属不得干涉，不得以窃取、骗取、强行索取等方式侵犯老年人的财产权益。

老年人有依法继承父母、配偶、子女或者其他亲属遗产的权利，有接受赠与的权利。子女或者其他亲属不得侵占、抢夺、转移、隐匿或者损毁应当由老年人继承或者接受赠与的财产。

老年人以遗嘱处分财产，应当依法为老年配偶保留必要的份额。

87. 老年人该怎样维护自己的身体健康权？

法律咨询

钱某是某村的一位老人，由于年老多病，他的儿子觉得照顾他很麻烦，因此，经常殴打他。之后，钱某的一个朋友告诉他，他应该采取相应的措施，不能再纵容自己的儿子。那么，老年人该怎样维护自己的身体健康权？

律师答疑

自然人的生命权、身体权、健康权受法律保护，任何组织或者个人不得侵害他人的生命权、身体权、健康权。老年人体弱多病，更应该得到照顾和保护。若老年人的生命权、身体权、健康权受到侵害或者处于其他危难情形，负有法定救助义务的组织或者个人尤其是赡养人应当及时施救。对于赡养人及其他家庭成员来说，他们应当履行赡养义务，照顾老年人的身体、生活，不得对老年人实施家庭暴力。老年人的生命权、身体权、健康权受到侵犯后，应当在 24 小时以内向公安部门报案，根据《刑事诉讼法》第 210 条第 2 项的规定，被打老人构成轻伤，而且自己有证据证明的，老人可以直接向法院提起刑事自诉，同时要求被告进行民事赔偿。另《刑法》第 234 条规定，老人被打伤势严重的，可以向公安部门报案，之后将由检察机关提起公诉。所以，钱某在受到儿子暴力殴打时应当及时向公安机关报案，如情节严重可追究儿子的刑事责任。

法律依据

《中华人民共和国民法典》

第一千零二条　自然人享有生命权。自然人的生命安全和生命尊严受法律保护。任何组织或者个人不得侵害他人的生命权。

第一千零三条　自然人享有身体权。自然人的身体完整和行动自由受法律保护。任何组织或者个人不得侵害他人的身体权。

第一千零四条　自然人享有健康权。自然人的身心健康受法律保护。任何组织或者个人不得侵害他人的健康权。

第一千零五条　自然人的生命权、身体权、健康权受到侵害或者处于其他危难情形的，负有法定救助义务的组织或者个人应当及时施救。

《中华人民共和国老年人权益保障法》

第二十五条　禁止对老年人实施家庭暴力。

《中华人民共和国刑法》

第二百三十四条　故意伤害他人身体的，处三年以下有期徒刑、拘役或者管制。

犯前款罪，致人重伤的，处三年以上十年以下有期徒刑；致人死亡或者以特别残忍手段致人重伤造成严重残疾的，处十年以上有期徒刑、无期徒刑或者死刑。本法另有规定的，依照规定。

《中华人民共和国刑事诉讼法》

第二百一十条　自诉案件包括下列案件：

（一）告诉才处理的案件；

（二）被害人有证据证明的轻微刑事案件；

（三）被害人有证据证明对被告人侵犯自己人身、财产权利的行为应当依法追究刑事责任，而公安机关或者人民检察院不予追究被告人刑事责任的案件。

88. 老年人与子女关系恶化，能否与子女解除关系？

法律咨询

范某是某企业的退休职工，在妻子去世后，一直是独自生活。范某的儿子认为母亲是因范某而病故的，对其怀恨在心，两人的关系不断恶化。所以，范某决定与儿子解除父子关系。那么，老年人与子女关系恶化，能否与子女解除关系？

律师答疑

父母与亲生子女的关系以及任何有血缘关系的亲属关系都不能通过法律行为来解除。有些老人发表的与亲生子女脱离关系的声明，在法律上是无效的。即使分开居住或分割了家庭财产，其父母与子女的关系仍存在，相互间的赡养、抚养义务仍然存在，将来的法定继承关系仍然存在。

所以，范某无法与儿子解除父子关系。如果子女不赡养父母，父母除了向子女主张履行赡养义务之外，还可以通过遗嘱的方式排除该子女的继承权，并提前指定监护人，在自己失去民事行为能力后，由指定的监护人照顾自己。

法律依据

《中华人民共和国民法典》

第二十六条　父母对未成年子女负有抚养、教育和保护的义务。

成年子女对父母负有赡养、扶助和保护的义务。

89. 老年人可以提前指定自己的监护人吗?

法律咨询

李叔是某单位的退休职工，因早年与妻子离异，一直独居生活。李叔的侄子小李对李叔十分关心，李叔近几年体检发现自己有脑梗风险，担心自己有一天卧病在床无人照看，因此希望能提前指定小李作为自己失去意识后的监护人照顾自己。那么，老年人可以提前指定自己的监护人吗?

律师答疑

老年人可以提前指定自己的监护人，《民法典》第 33 条规定，具有完全民事行为能力的成年人，可以与其近亲属、其他愿意担任监护人的个人或者组织事先协商，以书面形式确定自己的监护人，在自己丧失或者部分丧失民事行为能力时，由该监护人履行监护职责。《老年人权益保障法》第 26 条也有同样的规定。因此，老年人如果担心自己病后无人照看或者更愿意跟随某个近亲属生活，可以与其协商后，以提前签署意定监护协议的方式确定自己的监护人。本案中，李叔可以通过与小李提前签订意定监护协议的方式,指定小李为自己的监护人。

法律依据

《中华人民共和国民法典》

第三十三条 具有完全民事行为能力的成年人,可以与其近亲属、其他愿意担任监护人的个人或者组织事先协商,以书面形式确定自己的监护人,在自己丧失或者部分丧失民事行为能力时,由该监护人履行监护职责。

《中华人民共和国老年人权益保障法》

第二十六条 具备完全民事行为能力的老年人,可以在近亲属或者其他与自己关系密切、愿意承担监护责任的个人、组织中协商确定自己的监护人。监护人在老年人丧失或者部分丧失民事行为能力时,依法承担监护责任。

老年人未事先确定监护人的,其丧失或者部分丧失民事行为能力时,依照有关法律的规定确定监护人。

第二节　社会保障

90. 哪些老年人医保个人缴费部分可以由国家补贴?

法律咨询

张某是某村的一位孤寡老人,靠低保生活。每次参加医疗保险时，张某都没有钱来缴费。后来，张某的朋友告诉他，有的老年人医保个人缴费部分可以由国家补贴。那么，哪些老年人医保个人缴费部分可以由国家补贴？

律师答疑

根据《老年人权益保障法》第29条的规定，国家通过基本医疗保险制度，保障老年人的基本医疗需要。在下列情况下，老年人参加新型农村合作医疗和城镇居民基本医疗保险所需个人缴费部分，将由政府给予补贴：(1)享受最低生活保障的老年人；(2)符合条件的低收入家庭中的老年人。此外，政府部门在制定医疗保险办法时，应当对老年人给予照顾。

法律依据

《中华人民共和国老年人权益保障法》

第二十九条　国家通过基本医疗保险制度，保障老年人的基本医疗需要。享受最低生活保障的老年人和符合条件的低收入家庭中的老年人参加新型农村合作医疗和城镇居民基本医疗保险所需个人缴费部分，由政府给予补贴。

有关部门制定医疗保险办法，应当对老年人给予照顾。

91. "三无"老人和"五保"供养制度是怎么回事？

法律咨询

石某夫妇是某村的村民，两人一直没有子女，年老后，又都体弱多病，也没有生活来源。邻居看到之后，觉得石某夫妇非常可怜，都很热心地帮助他们。后来，大家听说国家对“三无”老人有“五保”供养制度。那么，“三无”老人和“五保”供养制度是怎么回事？

律师答疑

“三无”是指无劳动能力、无生活来源，无赡养人和扶养人，或者虽有赡养人和扶养人，但赡养人和扶养人确无赡养能力或者扶养能力。“五保”是指保吃、保穿、保住、保医、保葬。对“三无”老人，国家给予“五保”供养。石某夫妇符合“三无”老人的条件，可以向村民委员会申请“五保”供养，由村民委员会进行民主评议，并将评议意见和有关材料报送乡、民族乡、镇人民政府审核。乡、民族乡、镇人民政府对申请人的家庭状况和经济条件进行调查核实，并将审核意见和有关材料报送县级人民政府民政部门审批决定。此外，国家逐步开展长期护理保障工作，保障老年人的护理需求。对生活长期不能自理、经济困难的老年人，地方各级人民政府应当根据其失能程度等情况给予护理补贴。

法律依据

《中华人民共和国老年人权益保障法》

第三十条 国家逐步开展长期护理保障工作，保障老年人的护理需求。

对生活长期不能自理、经济困难的老年人，地方各级人民政府应当根据其失能程度等情况给予护理补贴。

第三十一条 国家对经济困难的老年人给予基本生活、

医疗、居住或者其他救助。

老年人无劳动能力、无生活来源、无赡养人和扶养人，或者其赡养人和扶养人确无赡养能力或者扶养能力的，由地方各级人民政府依照有关规定给予供养或者救助。

对流浪乞讨、遭受遗弃等生活无着的老年人，由地方各级人民政府依照有关规定给予救助。

《农村五保供养工作条例》

第二条　本条例所称农村五保供养，是指依照本条例规定，在吃、穿、住、医、葬方面给予村民的生活照顾和物质帮助。

第六条　老年、残疾或者未满16周岁的村民，无劳动能力、无生活来源又无法定赡养、抚养、扶养义务人，或者其法定赡养、抚养、扶养义务人无赡养、抚养、扶养能力的，享受农村五保供养待遇。

第七条　享受农村五保供养待遇，应当由村民本人向村民委员会提出申请；因年幼或者智力残疾无法表达意愿的，由村民小组或者其他村民代为提出申请。经村民委员会民主评议，对符合本条例第六条规定条件的，在本村范围内公告；无重大异议的，由村民委员会将评议意见和有关材料报送乡、民族乡、镇人民政府审核。

乡、民族乡、镇人民政府应当自收到评议意见之日起20日内提出审核意见，并将审核意见和有关材料报送县级人民政府民政部门审批。县级人民政府民政部门应当自收到审核意见和有关材料之日起20日内作出审批决定。对批准给予农村五保供养待遇的，发给《农村五保供养证书》；对不符合条件不予批准的,应当书面说明理由。

乡、民族乡、镇人民政府应当对申请人的家庭状况和经济条件进行调查核实;必要时,县级人民政府民政部门可以进行复核。申请人、有关组织或者个人应当配合、接受调查,如实提供有关情况。

92. 政府在实施保障房政策时对老人是否有照顾?

法律咨询

叶某是某村的村民,因无子女且生活困难,一直居住在破旧的老房子里。邻居们都认为叶某居住的房子属于危房,随时都有坍塌的可能。那么,政府在实施保障房政策时对老人是否有照顾?

律师答疑

政府在实施保障房政策时对老人有照顾。《老年人权益保障法》第32条规定,地方各级人民政府在实施廉租住房、公共租赁住房等住房保障制度或者进行危旧房屋改造时,应当优先照顾符合条件的老年人。根据上述法律规定,在城市中居住的老年人,可以享受廉租住房、公共租赁住房等政策性住房,在危旧房改造时也应当优先照顾老年人。此外,在农村地区居住的老年人,可以向当地民政部门申请危旧房屋改造补助资金。

法律依据

《中华人民共和国老年人权益保障法》

第三十二条　地方各级人民政府在实施廉租住房、公共租赁住房等住房保障制度或者进行危旧房屋改造时，应当优先照顾符合条件的老年人。

93. 法律对高龄津贴是如何规定的？

法律咨询

史某是某市一位年近八旬的老人。一次，史某的儿子听同事说，国家对高龄老人是发放津贴的，而且史某的父亲可以领取高龄津贴。于是，史某的儿子便想知道法律对高龄津贴是如何规定的。

律师答疑

各省市根据各自的经济条件制定了不同标准的高龄津贴制度，符合条件的老年人可以到当地民政部门咨询具体的政策。《老年人权益保障法》第33条第1～2款规定：国家建立和完善老年人福利制度，根据经济社会发展水平和老年人的实际需要，增加老年人的社会福利。国家鼓励地方建立八十周岁以上低收入老年人高龄津贴制度。各省市根据各自的经济条件制定了不同标准的高龄津贴制度，符合条件的老年人可以到当地民政部门咨询具体的政策。此外，为了保障老年人的基本生活、医疗需求，《老年人权益保障法》第34条规定，老年人依法享有的养老金、医疗待遇和其他待遇应当得到保障,有关机构必须按时足额支付,不得克扣、拖欠或者挪用。国家根据经济发展以及职工平均工资增长、物价上涨等情况,适时提高养老保障水平。

法律依据

《中华人民共和国老年人权益保障法》

第三十三条第一款、第二款 国家建立和完善老年人福利制度,根据经济社会发展水平和老年人的实际需要,增加老年人的社会福利。

国家鼓励地方建立八十周岁以上低收入老年人高龄津贴制度。

第三十四条 老年人依法享有的养老金、医疗待遇和其他待遇应当得到保障,有关机构必须按时足额支付,不得克扣、拖欠或者挪用。

国家根据经济发展以及职工平均工资增长、物价上涨等情况,适时提高养老保障水平。

94. 何谓遗赠扶养协议?

法律咨询

季某是某国有企业的一名退休职工,一直未婚,因此,年老之后没人照顾,只有一个侄子经常来看望他。后来,季某的一个朋友建议他与其侄子签订一个遗赠扶养协议。那么,什么是遗赠扶养协议?

律师答疑

遗赠扶养协议，是遗赠人与扶养人之间订立的，由扶养人承担遗赠人生养死葬的义务，遗赠人将自己合法财产的一部分或全部于其死后转移给扶养人所有的协议。这里的“扶养人”是指法定继承人以外的其他公民或集体所有制组织。根据协议约定，扶养人承担遗赠人生养死葬的义务，并于遗赠人死后取得其遗产。

老年人可以与集体经济组织、基层群众性自治组织、养老机构等组织或者个人签订遗赠扶养协议或者其他扶助协议。负有扶养义务的组织或者个人按照遗赠扶养协议，承担该老年人生养死葬的义务，享有受遗赠的权利。因此，季某可以与其侄子签订遗赠扶养协议以保障自己老年的生活。

法律依据

《中华人民共和国民法典》

第一千一百五十八条　自然人可以与继承人以外的组织或者个人签订遗赠扶养协议。按照协议，该组织或者个人承担该自然人生养死葬的义务，享有受遗赠的权利。

《中华人民共和国老年人权益保障法》

第三十六条　老年人可以与集体经济组织、基层群众性自治组织、养老机构等组织或者个人签订遗赠扶养协议或者其他扶助协议。

负有扶养义务的组织或者个人按照遗赠扶养协议，承担该老年人生养死葬的义务，享有受遗赠的权利。

95. 遗赠扶养协议与遗嘱相矛盾时,遗产将如何分配?

法律咨询

张某是某村的一位村民,生前曾与他的侄女路某签订了一份遗赠扶养协议。但在张某去世之后,路某发现,张某还曾立下遗嘱,在遗嘱中,张某将遗赠扶养协议中留给自己的财产都给了他的妹妹。那么,遗赠扶养协议与遗嘱相矛盾时,遗产将如何分配?

律师答疑

根据最高人民法院《关于适用〈中华人民共和国民法典〉继承编的解释(一)》第3条的规定,如果被继承人生前与他人订有遗赠扶养协议,同时又立有遗嘱的,当遗嘱和遗赠扶养协议相冲突时,应当按照遗赠扶养协议处理。这是因为遗赠扶养协议本质上是合同,系遗赠人和扶养义务人的合意约定,一方不能随意反悔,法律优先保护合同的效力。因此,本案中,如果侄女路某确实履行了遗赠扶养协议约定的扶养义务,则应当优先继承遗产。

法律依据

最高人民法院《关于适用〈中华人民共和国民法典〉继承编的解释(一)》

第三条 被继承人生前与他人订有遗赠扶养协议,同时又立有遗嘱的,继承开始后,如果遗赠扶养协议与遗嘱没有抵触,遗产分别按协议和遗嘱处理;如果有抵触,按协议处理,与协议抵触的遗嘱全部或者部分无效。

96. 扶养人不履行遗赠扶养协议，遗赠人可否收回遗赠？

法律咨询

方某与其外甥女兰某签订了一份遗赠扶养协议。但是兰某一直都没有按照扶养协议对方某履行扶养义务。对此，方某想收回遗赠。那么，扶养人不履行遗赠扶养协议，遗赠人可否收回遗赠？

律师答疑

方某可与兰某解除遗赠扶养协议，遗赠扶养协议是一种平等、有偿和互有权利义务的民事法律关系。若签署遗赠扶养协议后一方不履行，根据最高人民法院《关于适用〈中华人民共和国民法典〉继承编的解释（一）》第40条的规定，负有扶养义务的组织或者个人无正当理由不履行，导致协议解除的，不能享有受遗赠的权利，其支付的供养费用一般不予补偿；遗赠人无正当理由不履行，导致协议解除的，则应当偿还继承人以外的组织或者个人已支付的供养费用。因此，如果扶养人不履行遗赠扶养协议，其不能享有接受遗赠的权利，如果遗赠物品已经交付扶养人或扶养人已经得到遗赠权益，则遗赠人可以要求其返还。这里要提醒老年人订立遗赠扶养协议应当采取书面形式，进行公证后效力更强。

法律依据

最高人民法院《关于适用〈中华人民共和国民法典〉继承编的解释（一）》

第四十条　继承人以外的组织或者个人与自然人签订遗

赠扶养协议后,无正当理由不履行,导致协议解除的,不能享有受遗赠的权利,其支付的供养费用一般不予补偿;遗赠人无正当理由不履行,导致协议解除的,则应当偿还继承人以外的组织或者个人已支付的供养费用。

第三节 社会服务

97. 各级人民政府应为老年人提供哪些养老服务?

法律咨询

赵某是某单位临近退休的职工,他担心自己在退休后生活得不到保障,想知道各级人民政府应为老年人提供哪些养老服务?

律师答疑

《老年人权益保障法》对于各级政府部门在老年人的生活、医疗、心理健康等方面的服务都有明确的要求,地方各级人民政府和有关部门应当采取措施,发展城乡社区养老服务,鼓励、扶持专业服务机构及其他组织和个人,为居家的老年人提供生活照料、紧急救援、医疗护理、精神慰藉、心理咨询等多种形式的服务。对经济困难的老年人,地方各级人民政府应当逐步给予养老服务补贴。另外,《老年人权益保障法》规定,政府从财政、税费、土地、融资、管理等方面增加养老服务的投入、建设养老服务设施、优先保障特定群体的老年人的养老服务。

法律依据

《中华人民共和国老年人权益保障法》

第三十七条　地方各级人民政府和有关部门应当采取措施，发展城乡社区养老服务，鼓励、扶持专业服务机构及其他组织和个人，为居家的老年人提供生活照料、紧急救援、医疗护理、精神慰藉、心理咨询等多种形式的服务。

对经济困难的老年人，地方各级人民政府应当逐步给予养老服务补贴。

第三十八条　地方各级人民政府和有关部门、基层群众性自治组织，应当将养老服务设施纳入城乡社区配套设施建设规划，建立适应老年人需要的生活服务、文化体育活动、日间照料、疾病护理与康复等服务设施和网点，就近为老年人提供服务。

发扬邻里互助的传统，提倡邻里间关心、帮助有困难的老年人。

鼓励慈善组织、志愿者为老年人服务。倡导老年人互助服务。

第三十九条　各级人民政府应当根据经济发展水平和老年人服务需求，逐步增加对养老服务的投入。

各级人民政府和有关部门在财政、税费、土地、融资等方面采取措施，鼓励、扶持企业事业单位、社会组织或者个人兴办、运营养老、老年人日间照料、老年文化体育活动等设施。

第四十条　地方各级人民政府和有关部门应当按照老年人口比例及分布情况，将养老服务设施建设纳入城乡规划和土地利用总体规划，统筹安排养老服务设施建设用地及所需物资。

公益性养老服务设施用地，可以依法使用国有划拨土地或者农民集体所有的土地。

养老服务设施用地，非经法定程序不得改变用途。

第四十一条 政府投资兴办的养老机构，应当优先保障经济困难的孤寡、失能、高龄等老年人的服务需求。

第四十二条 国务院有关部门制定养老服务设施建设、养老服务质量和养老服务职业等标准，建立健全养老机构分类管理和养老服务评估制度。

各级人民政府应当规范养老服务收费项目和标准，加强监督和管理。

98. 养老工作由哪些行政部门管理？

法律咨询

钱奶奶最近刚退休，一时间不知道自己如何就医，也不知道当地的养老政策是什么，想要到具体部门咨询了解一下。那么，养老工作是由哪些行政部门管理？

律师答疑

《老年人权益保障法》规定了养老工作的管理部门，县级以上人民政府民政部门负责养老机构的指导、监督和管理，可以向养老机构和个人了解情况，进入涉嫌违法的养老机构进行现场检查，查阅或者复制有关合同、票据、账簿及其他有关资料，发现养老机构存在可能危及人身健康和生命财产安全风险的，责令限期改正，逾期不改正的，责令停业整顿。其他有关部门依照职责分工对养老机构实施监督。

法律依据

《中华人民共和国老年人权益保障法》

第四十四条 地方各级人民政府加强对本行政区域养老机构管理工作的领导，建立养老机构综合监管制度。

县级以上人民政府民政部门负责养老机构的指导、监督和管理，其他有关部门依照职责分工对养老机构实施监督。

第四十五条 县级以上人民政府民政部门依法履行监督检查职责，可以采取以下措施：

（一）向养老机构和个人了解情况；

（二）进入涉嫌违法的养老机构进行现场检查；

（三）查阅或者复制有关合同、票据、账簿及其他有关资料；

（四）发现养老机构存在可能危及人身健康和生命财产安全风险的，责令限期改正，逾期不改正的，责令停业整顿。

县级以上人民政府民政部门调查养老机构涉嫌违法的行为，应当遵守《中华人民共和国行政强制法》和其他有关法律、行政法规的规定。

99. 老年人享有哪些公共卫生服务？

法律咨询

王奶奶退休在家，最近感觉身体不舒服，想去医院就诊，但是担心人太多自己排不上号，不知道该怎么办。那么，老年人享有哪些公共卫生服务？

律师答疑

老年人享有在专门的门诊或者科室就医以及在医疗卫生机构定期体检的服务,《老年人权益保障法》第50条规定,各级人民政府和有关部门应当将老年医疗卫生服务纳入城乡医疗卫生服务规划,将老年人健康管理和常见病预防等纳入国家基本公共卫生服务项目。鼓励为老年人提供保健、护理、临终关怀等服务。国家鼓励医疗机构开设针对老年病的专科或者门诊。医疗卫生机构应当开展老年人的健康服务和疾病防治工作。

法律依据

《中华人民共和国老年人权益保障法》

第五十条 各级人民政府和有关部门应当将老年医疗卫生服务纳入城乡医疗卫生服务规划,将老年人健康管理和常见病预防等纳入国家基本公共卫生服务项目。鼓励为老年人提供保健、护理、临终关怀等服务。

国家鼓励医疗机构开设针对老年病的专科或者门诊。

医疗卫生机构应当开展老年人的健康服务和疾病防治工作。

100. 养老机构能否以变更或终止为理由,将收住的老人撵走?

法律咨询

佘某是某单位的退休职工,因没有子女,在年老之后,佘某便和妻子到养老院安度晚年。然而,在佘某住了一年之后,养老院以该机构要解散为由，让佘某等人马上搬出去。那么，养老机构能否以变更或终止为理由，将收住的老人撵走？

律师答疑

养老机构不能以变更或终止为理由，将收住的老人撵走。根据《老年人权益保障法》第46条的规定，养老机构变更或者终止的，应当妥善安置收住的老年人，并依照规定到有关部门办理手续。有关部门应当为养老机构妥善安置老年人提供帮助。当养老机构要变更或终止时，应提前会同相关部门安置好现有的老人，再依法办理相关手续。

法律依据

《中华人民共和国老年人权益保障法》

第四十六条　养老机构变更或者终止的，应当妥善安置收住的老年人，并依照规定到有关部门办理手续。有关部门应当为养老机构妥善安置老年人提供帮助。

101. 养老机构是否需要与入住的老年人签订服务协议？

法律咨询

李某是某事业单位即将退休的一名员工。其和妻子为了减轻女儿的负担，准备在年老之后去养老院安度晚年。李某在咨询某养老机构时，该养老机构称要与他们签订服务协议。那么，养老机构是否需要与入住的老年人签订服务协议？

律师答疑

养老机构需要与入住的老年人或者其代理人签订服务协议，明确老年人和养老机构所享有的权利及所要承担的义务。养老机构及其工作人员不得以任何方式侵害老年人的权益。一旦发生纠纷，双方也可依据服务协议诉诸法院。签订服务协议更有利于保障老年人的权益。

法律依据

《中华人民共和国老年人权益保障法》

第四十八条 养老机构应当与接受服务的老年人或者其代理人签订服务协议，明确双方的权利、义务。

养老机构及其工作人员不得以任何方式侵害老年人的权益。

第四节 社会优待

102. 外地人可以享受与本地人同样的优待吗？

法律咨询

老张从外地来北京好多年了，最近面临退休，他担心自己外地人的身份会影响自己退休后应享有的待遇。那么，外地人可以享受与本地人同样的优待吗?

律师答疑

外地老年人退休后的待遇和本地老年人的待遇是相同的。根据《老年人权益保障法》第53条的规定,县级以上人民政府及其有关部门对常住在本行政区域内的外埠老年人给予同等优待,并根据经济社会发展情况和老年人的特殊需要,制定优待老年人的办法,逐步提高优待水平。

法律依据

《中华人民共和国老年人权益保障法》

第五十三条 县级以上人民政府及其有关部门根据经济社会发展情况和老年人的特殊需要,制定优待老年人的办法,逐步提高优待水平。

对常住在本行政区域内的外埠老年人给予同等优待。

103. 法律对老年人领取养老金和医疗费结算是如何规定的?

法律咨询

王某的父母原来是某单位的职工,自从退休后一直未领取过养老金。一次,王某的父亲生病住院,出院时,王某准备去结算医疗费,同时打算将父母的养老金领出来。因此,王某想了解一下法律对老年人领取养老金和医疗费结算是如何规定的。

律师答疑

近年来，我国的人口流动性增强，很多老年人跟随子女在外地生活，但养老金领取、医疗费结算等必须在户籍所在地办理，这给老年人带来很大的不便。根据《老年人权益保障法》第54条的规定，各级人民政府和有关部门应当为老年人及时、便利地领取养老金、结算医疗费和享受其他物质帮助提供条件。从法律层面要求为老年人领取养老金、结算医疗费和享受其他物质帮助提供有利条件。

根据《人力资源和社会保障事业发展“十二五”规划纲要》的要求，人社部将从技术层面上实现全国联网，同时逐步提高统筹层次，逐步实现异地持卡就医结算，解决老年人异地报销医疗费的问题。

法律依据

《中华人民共和国老年人权益保障法》

第五十四条 各级人民政府和有关部门应当为老年人及时、便利地领取养老金、结算医疗费和享受其他物质帮助提供条件。

104. 为老年人办理房屋产权变更时，需要特别注意什么问题？

法律咨询

肖某的父母一直在农村以种田为生，肖某工作几年后，便将父母接到了城市里安享晚年。现在,肖某的父母准备将村里的房子卖掉,便让肖某去了解一下办理房屋产权变更的手续。那么,为老年人办理房屋产权关系变更时,需要特别注意什么问题?

律师答疑

根据《老年人权益保障法》第55条的规定,各级人民政府和有关部门办理房屋权属关系变更、户口迁移等涉及老年人权益的重大事项时,应当就办理事项是否为老年人的真实意思表示进行询问,并依法优先办理。

老年人对个人的财产,依法享有占有、使用、收益和处分的权利,子女或者其他亲属不得干涉,不得以窃取、骗取、强行索取等方式侵犯老年人的财产权益。老年人的房屋属于其个人财产,老年人有权自行处置。然而,有些子女、亲属或其他人为了个人利益,以窃取、骗取、强行索取等方式要求老年人办理房屋产权变更登记,严重侵害了老年人的权益。因此,各级人民政府和有关部门办理房屋权属关系变更登记时,要询问房屋产权变更是否为老年人的真实意思表示。

法律依据

《中华人民共和国老年人权益保障法》

第五十五条 各级人民政府和有关部门办理房屋权属关系变更、户口迁移等涉及老年人权益的重大事项时,应当就办理事项是否为老年人的真实意思表示进行询问,并依法优先办理。

105. 当合法权益受到侵害时，经济上有困难的老年人能否享受到法律援助？

法律咨询

徐老太是某村的一位老人，有四个儿子。然而，四个儿子都不尽赡养义务，因此，徐老太准备将四个儿子诉至法院。但其经济困难，无力承担诉讼费用。那么，当合法权益受到侵害时，经济上有困难的老年人能否享受到法律援助？

律师答疑

经济上有困难的徐老太可以享受到法律援助，根据《老年人权益保障法》第 56 条的规定，当合法权益受到侵害，经济上有困难的老年人有权享受法律援助，表现在三个方面：(1)老年人因其合法权益受侵害提起诉讼交纳诉讼费确有困难的，可以缓交、减交或者免交；(2)需要获得律师帮助，但无力支付律师费用的，可以获得法律援助；(3)国家鼓励律师事务所、公证处、基层法律服务所和其他法律服务机构为经济困难的老年人提供免费或者优惠服务。

法律依据

《中华人民共和国老年人权益保障法》

第五十六条　老年人因其合法权益受侵害提起诉讼交纳诉讼费确有困难的，可以缓交、减交或者免交；需要获得律师帮助，但无力支付律师费用的，可以获得法律援助。

鼓励律师事务所、公证处、基层法律服务所和其他法律服务机构为经济困难的老年人提供免费或者优惠服务。

第五节 宜居环境

106. 老年人享有哪些居住、生活方面的政策？

法律咨询

王爷爷由于腿脚不便常年坐轮椅，但小区建造时为了形成特色山水景观，修建了大量的台阶，这给像王爷爷之类腿脚不便的老年人造成了很大的出行困难，王爷爷可以要求小区为其规划正常道路吗？

律师答疑

老年人的居住生活应当得到政府和各单位的重视和保障，《老年人权益保障法》第61～65条明确规定了国家采取措施，推进宜居环境建设，为老年人提供安全、便利和舒适的环境。其中包括各级人民政府在制定城乡规划时，应当根据人口老龄化发展趋势、老年人口分布和老年人的特点，统筹考虑适合老年人的公共基础设施、生活服务设施、医疗卫生设施和文化体育设施建设。国家推动老年宜居社区建设，引导、支持老年宜居住宅的开发，推动和扶持老年人家庭无障碍设施的改造，为老年人创造无障碍居住环境等。因此王爷爷可以要求相关部门在其居住的社区进行改造，修建方便老年人通行的道路。

法律依据

《中华人民共和国老年人权益保障法》

第六十一条 国家采取措施，推进宜居环境建设，为老年人提供安全、便利和舒适的环境。

第六十二条 各级人民政府在制定城乡规划时，应当根据人口老龄化发展趋势、老年人口分布和老年人的特点，统筹考虑适合老年人的公共基础设施、生活服务设施、医疗卫生设施和文化体育设施建设。

第六十三条 国家制定和完善涉及老年人的工程建设标准体系，在规划、设计、施工、监理、验收、运行、维护、管理等环节加强相关标准的实施与监督。

第六十四条 国家制定无障碍设施工程建设标准。新建、改建和扩建道路、公共交通设施、建筑物、居住区等，应当符合国家无障碍设施工程建设标准。

各级人民政府和有关部门应当按照国家无障碍设施工程建设标准，优先推进与老年人日常生活密切相关的公共服务设施的改造。

无障碍设施的所有人和管理人应当保障无障碍设施正常使用。

第六十五条 国家推动老年宜居社区建设，引导、支持老年宜居住宅的开发，推动和扶持老年人家庭无障碍设施的改造，为老年人创造无障碍居住环境。

第六节　参与社会发展

107. 退休之后老年人的社会经济生活如何获得保障？

法律咨询

郝某是某单位的一名即将退休的职工。虽然在退休之后有养老金，但郝某一直担心自己退休之后的社会经济生活。在与同事聊天时，郝某听同事说他们退休之后的社会经济生活会获得保障。那么，退休之后老年人的社会经济生活如何获得保障？

律师答疑

根据《老年人权益保障法》第 61～65 条的规定，国家和社会应当采取措施，推进宜居环境建设，为老年人提供安全、便利和舒适的环境。老年人由于身体机能老化，生活和出行面临各种年轻人不会面临的困难，因此国家重视老年人的生活环境是否安全、便捷，是否有配套的公共基础设施、生活服务设施、医疗卫生设施和文化体育设施建设。国家制定和完善涉及老年人的工程建设标准体系，同时制定无障碍设施工程建设标准，优先推进与老年人日常生活密切相关的公共服务设施的改造，并推动老年宜居社区建设，引导、支持老年宜居住宅的开发。

法律依据

《中华人民共和国老年人权益保障法》

第六十一条 国家采取措施，推进宜居环境建设，为老年人提供安全、便利和舒适的环境。

第六十二条 各级人民政府在制定城乡规划时，应当根据人口老龄化发展趋势、老年人口分布和老年人的特点，统筹考虑适合老年人的公共基础设施、生活服务设施、医疗卫生设施和文化体育设施建设。

第六十三条 国家制定和完善涉及老年人的工程建设标准体系，在规划、设计、施工、监理、验收、运行、维护、管理等环节加强相关标准的实施与监督。

第六十四条 国家制定无障碍设施工程建设标准。新建、改建和扩建道路、公共交通设施、建筑物、居住区等，应当符合国家无障碍设施工程建设标准。

各级人民政府和有关部门应当按照国家无障碍设施工程建设标准，优先推进与老年人日常生活密切相关的公共服务设施的改造。

无障碍设施的所有人和管理人应当保障无障碍设施正常使用。

第六十五条 国家推动老年宜居社区建设，引导、支持老年宜居住宅的开发，推动和扶持老年人家庭无障碍设施的改造，为老年人创造无障碍居住环境。

108. 在自愿和量力的情况下，国家鼓励老年人从事哪些活动？

法律咨询

孙某是某单位的退休职工，在工作时，一直对工作认真负责。退休之后，孙某突然觉得无事可做，非常无聊。后来，孙某听说国家鼓励老人从事一些活动。那么，在自愿和量力的情况下，国家鼓励老年人从事哪些活动？

律师答疑

根据《老年人权益保障法》第66～69条的规定，国家为老年人参与社会发展创造条件，保障老年人参与经济、政治、文化和社会生活，开展有益身心健康的活动；涉及老年人权益重大问题的法律、法规、规章和公共政策，应当听取老年人和老年人组织的意见。根据社会需要和可能，鼓励老年人在自愿和量力的情况下，从事下列活动：(1)对青少年和儿童进行社会主义、爱国主义、集体主义和艰苦奋斗等优良传统教育；(2)传授文化和科技知识；(3)提供咨询服务；(4)依法参与科技开发和应用；(5)依法从事经营和生产活动；(6)参加志愿服务、兴办社会公益事业；(7)参与维护社会治安、协助调解民间纠纷；(8)参加其他社会活动。

法律依据

《中华人民共和国老年人权益保障法》

第六十六条　国家和社会应当重视、珍惜老年人的知识、技能、经验和优良品德，发挥老年人的专长和作用，保障老年人参与经济、政治、文化和社会生活。

第六十七条 老年人可以通过老年人组织,开展有益身心健康的活动。

第六十八条 制定法律、法规、规章和公共政策,涉及老年人权益重大问题的,应当听取老年人和老年人组织的意见。

老年人和老年人组织有权向国家机关提出老年人权益保障、老龄事业发展等方面的意见和建议。

第六十九条 国家为老年人参与社会发展创造条件。根据社会需要和可能,鼓励老年人在自愿和量力的情况下,从事下列活动:

(一)对青少年和儿童进行社会主义、爱国主义、集体主义和艰苦奋斗等优良传统教育;

(二)传授文化和科技知识;

(三)提供咨询服务;

(四)依法参与科技开发和应用;

(五)依法从事经营和生产活动;

(六)参加志愿服务、兴办社会公益事业;

(七)参与维护社会治安、协助调解民间纠纷;

(八)参加其他社会活动。

109. 退休老人通过劳动获取的收入能否受到法律保护?

法律咨询

许某原来是某大学化学工程专业的教授,退休之后,被某企业聘为化学顾问。但是，许某的儿女一直担心父亲退休后获取的收入无法得到法律的保护。那么，退休老人通过劳动获取的收入能否受到法律保护？

律师答疑

根据《老年人权益保障法》第70条的规定，退休老人通过劳动获得的合法收入受到法律的保护。老年人参加劳动的合法收入受法律保护，任何单位和个人不得安排老年人从事危害其身心健康的劳动或者危险作业。

很多老年人退休后，在身体条件允许的情况下，还愿意继续参与劳动，按照按劳分配的精神，老年人付出劳动有权获得报酬。并且，这部分合法收入受到法律的保护，任何组织和个人不得非法侵占。当遇到下列情形时，老年人有权依据《劳动法》第91条的规定，要求劳动行政部门责令用人单位支付劳动者的工资报酬、经济补偿，并可以要求支付赔偿金：（1）克扣或者无故拖欠劳动者工资的；（2）拒不支付劳动者延长工作时间工资报酬的；（3）低于当地最低工资标准支付劳动者工资的；（4）解除劳动合同后，未依照《劳动法》规定给予劳动者经济补偿的。

法律依据

《中华人民共和国老年人权益保障法》

第七十条　老年人参加劳动的合法收入受法律保护。

任何单位和个人不得安排老年人从事危害其身心健康的劳动或者危险作业。

《中华人民共和国劳动法》

第九十一条 用人单位有下列侵害劳动者合法权益情形之一的,由劳动行政部门责令支付劳动者的工资报酬、经济补偿,并可以责令支付赔偿金:

(一)克扣或者无故拖欠劳动者工资的;

(二)拒不支付劳动者延长工作时间工资报酬的;

(三)低于当地最低工资标准支付劳动者工资的;

(四)解除劳动合同后,未依照本法规定给予劳动者经济补偿的。

110. 老年人有继续接受教育的权利吗?

法律咨询

涂某是某玩具制造公司的退休职工,退休之后,他觉得自己还可以继续工作,但由于没有其他技能,很难再找到合适的工作。因此,涂某便准备继续接受教育。那么,老年人是否有继续接受教育的权利?

律师答疑

老年人有继续接受教育的权利。我国《老年人权益保障法》第 71 条规定,老年人有继续接受教育的权利。国家发展老年教育,把老年教育纳入终身教育体系,鼓励社会办好各类老年学校。各级人民政府对老年教育也应当加强领导,统一规划,加大投入。

法律依据

《中华人民共和国老年人权益保障法》

第七十一条　老年人有继续受教育的权利。

国家发展老年教育，把老年教育纳入终身教育体系，鼓励社会办好各类老年学校。

各级人民政府对老年教育应当加强领导，统一规划，加大投入。

第七节　法律责任

111. 老年人的合法权益受到侵害时，该怎么办？

法律咨询

沈某是一位年过七旬的老人，退休之后一直跟随自己的儿子生活。最近沈某得了重病，而沈某的儿子不但不给父亲花钱看病，还经常不给沈某饭吃。那么，老年人的合法权益受到侵害时，该怎么办？

律师答疑

根据《老年人权益保障法》第73条的规定，老年人合法权益受到侵害时，被侵害的老年人应积极通过法律程序保护自己的合法权益，本人或者其代理人有权要求有关部门处理，或者依法向人民法院提起诉讼。人民法院和有关部门，对侵犯老年人合法权益的申诉、控告和检举,应当依法及时受理,不得推诿、拖延。

法律依据

《中华人民共和国老年人权益保障法》

第七十三条 老年人合法权益受到侵害的,被侵害人或者其代理人有权要求有关部门处理,或者依法向人民法院提起诉讼。

人民法院和有关部门,对侵犯老年人合法权益的申诉、控告和检举,应当依法及时受理,不得推诿、拖延。

112. 国家工作人员违法失职致使老年人合法权益受到侵害的,是否应该承担责任?

法律咨询

郑某是某单位的退休职工,一次,郑某被儿子殴打后到公安机关报案。但是,公安机关的值班人员认为郑某有精神问题,并未理睬郑某。那么,国家工作人员违法失职致使老年人合法权益受到侵害的,是否应该承担责任?

律师答疑

违法或失职的国家工作人员应该承担相应的责任。《老年人权益保障法》第74条规定,不履行保护老年人合法权益职责的部门或者组织,其上级主管部门应当给予批评教育,责令改正。国家工作人员违法失职,致使老年人合法权益受到损害的,由其所在单位或者上级机关责令改正，或者依法给予处分；构成犯罪的，依法追究刑事责任。

法律依据

《中华人民共和国老年人权益保障法》

第七十四条　不履行保护老年人合法权益职责的部门或者组织，其上级主管部门应当给予批评教育，责令改正。

国家工作人员违法失职，致使老年人合法权益受到损害的，由其所在单位或者上级机关责令改正，或者依法给予处分；构成犯罪的，依法追究刑事责任。

113. 老年人与家庭成员因赡养、扶养或住房、财产等问题发生纠纷，该如何处理？

法律咨询

杨老汉是某村的村民，在与三个儿子分家时，由于财产问题发生纠纷。对此，杨老汉感到非常无奈，不知道应当如何解决。那么，老年人与家庭成员因赡养、扶养或住房、财产等问题发生纠纷，该如何处理？

律师答疑

根据《老年人权益保障法》第75条的规定，老年人与家庭成员因赡养、扶养或者住房、财产等发生纠纷，可以申请人民调解委员会或者其他有关组织进行调解，也可以直接向人民法院提起诉讼。人民调解委员会或者其他有关组织调解上述纠纷时，应当通过说服、疏导等方式化解矛盾和纠纷；对有过错的家庭成员，应当给予批评教育。人民法院对老年人追索赡养费或者扶养费的申请，可以依法裁定先予执行。

法律依据

《中华人民共和国老年人权益保障法》

第七十五条 老年人与家庭成员因赡养、扶养或者住房、财产等发生纠纷，可以申请人民调解委员会或者其他有关组织进行调解，也可以直接向人民法院提起诉讼。

人民调解委员会或者其他有关组织调解前款纠纷时，应当通过说服、疏导等方式化解矛盾和纠纷；对有过错的家庭成员，应当给予批评教育。

人民法院对老年人追索赡养费或者扶养费的申请，可以依法裁定先予执行。

114. 老年人面临被干涉婚姻自由、被虐待或被家庭暴力等情况时该怎么办?

法律咨询

周爷爷早年离异，在子女已经成年工作后，他希望能够有人陪伴自己，但是子女反对周爷爷再婚，担心周爷爷被骗取钱财，周爷爷很无奈但是也拗不过子女。那么，老年人面临被干涉婚姻自由、被虐待或被家庭暴力等情况时该怎么办?

律师答疑

我国法律不允许任何人干涉他人婚姻自由、虐待家人或对家人实施家庭暴力，老年人遇到相关问题时，建议与家庭成员沟通协商，如果不能解决，可以向居民委员会或者村民委员会反映，情况严重的可以报警。《老年人权益保障法》第76条规定，干涉老年人婚姻自由，对老年人负有赡养义务、扶养义务而拒绝赡养、扶养，虐待老年人或者对老年人实施家庭暴力的，由有关单位给予批评教育；构成违反治安管理行为的，依法给予治安管理处罚；构成犯罪的，依法追究刑事责任。因此，周爷爷可以通过居民委员会或村民委员会与子女进行沟通、协商。

法律依据

《中华人民共和国老年人权益保障法》

第七十六条　干涉老年人婚姻自由，对老年人负有赡养义务、扶养义务而拒绝赡养、扶养，虐待老年人或者对老年人实施家庭暴力的，由有关单位给予批评教育；构成违反治安管理行为的，依法给予治安管理处罚；构成犯罪的，依法追究刑事责任。

115. 家庭成员盗窃、诈骗、抢夺、侵占、勒索、故意损毁老年人财物的，是否要承担法律责任？

法律咨询

曾某是一位已经退休的老人，其在年轻时就非常喜欢收藏字画。在其年老之后,曾某的两个儿子为了争夺曾某的字画闹得不可开交,曾某的大儿子甚至偷偷将父亲的几幅字画从家里拿走。那么,家庭成员盗窃、诈骗、抢夺、侵占、勒索、故意损毁老年人财物的,是否要承担法律责任?

律师答疑

根据《老年人权益保障法》第77条的规定,家庭成员盗窃、诈骗、抢夺、侵占、勒索、故意损毁老年人财物,构成违反治安管理行为的,依法给予治安管理处罚。《治安管理处罚法》第49条规定,盗窃、诈骗、哄抢、抢夺、敲诈勒索或者故意损毁公私财物的,处5日以上10日以下拘留,可以并处500元以下罚款;情节较重的,处10日以上15日以下拘留,可以并处1000元以下罚款。

根据《老年人权益保障法》第77条的规定,如果构成犯罪,依法承担如下刑事责任:

(1)家庭成员盗窃老年人财物,根据《刑法》第264条的规定,数额较大或者多次盗窃的,处3年以下有期徒刑、拘役或者管制,并处或者单处罚金;数额巨大或者有其他严重情节的,处3年以上10年以下有期徒刑,并处罚金;数额特别巨大或者有其他特别严重情节的,处10年以上有期徒刑或者无期徒刑,并处罚金或者没收财产。

(2)家庭成员诈骗老年人财物,根据《刑法》第266条的规定,数额较大的,处3年以下有期徒刑、拘役或者管制,并处或者单处罚金;数额巨大或者有其他严重情节的,处3年以上10年以下有期徒刑,并处罚金;数额特别巨大或者有其他特别严重情节的,处10年以上有期徒刑或者无期徒刑,并处罚金或者没收财产。《刑法》另有规定的，依照规定。

（3）家庭成员抢夺老年人财物，根据《刑法》第267条的规定，数额较大的，处3年以下有期徒刑、拘役或者管制，并处或者单处罚金；数额巨大或者有其他严重情节的，处3年以上10年以下有期徒刑，并处罚金；数额特别巨大或者有其他特别严重情节的，处10年以上有期徒刑或者无期徒刑，并处罚金或者没收财产。

（4）家庭成员侵占老年人财物，根据《刑法》第270条的规定，数额较大，拒不退还的，处2年以下有期徒刑、拘役或者罚金；数额巨大或者有其他严重情节的，处2年以上5年以下有期徒刑，并处罚金。将他人的遗忘物或者埋藏物非法占为己有，数额较大，拒不交出的，依照上述规定处罚。

（5）家庭成员勒索老年人财物，根据《刑法》第274条的规定，数额较大的，处3年以下有期徒刑、拘役或者管制，并处或者单处罚金；数额巨大或者有其他严重情节的，处3年以上10年以下有期徒刑，并处罚金；数额特别巨大或者有其他特别严重情节的，处10年以上有期徒刑，并处罚金。

（6）家庭成员故意毁坏老年人财物，根据《刑法》第275条的规定，数额较大或者有其他严重情节的，处3年以下有期徒刑、拘役或者罚金；数额巨大或者有其他特别严重情节的，处3年以上7年以下有期徒刑。

法律依据

《中华人民共和国老年人权益保障法》

第七十七条 家庭成员盗窃、诈骗、抢夺、侵占、勒索、故意损毁老年人财物，构成违反治安管理行为的，依法给予治安管理处罚；构成犯罪的，依法追究刑事责任。

《中华人民共和国治安管理处罚法》

第四十九条 盗窃、诈骗、哄抢、抢夺、敲诈勒索或者故意损毁公私财物的，处五日以上十日以下拘留，可以并处五百元以下罚款；情节较重的，处十日以上十五日以下拘留，可以并处一千元以下罚款。

《中华人民共和国刑法》

第二百六十四条 盗窃公私财物，数额较大的，或者多次盗窃、入户盗窃、携带凶器盗窃、扒窃的，处三年以下有期徒刑、拘役或者管制，并处或者单处罚金；数额巨大或者有其他严重情节的，处三年以上十年以下有期徒刑，并处罚金；数额特别巨大或者有其他特别严重情节的，处十年以上有期徒刑或者无期徒刑，并处罚金或者没收财产。

第二百六十六条 诈骗公私财物，数额较大的，处三年以下有期徒刑、拘役或者管制，并处或者单处罚金；数额巨大或者有其他严重情节的，处三年以上十年以下有期徒刑，并处罚金；数额特别巨大或者有其他特别严重情节的，处十年以上有期徒刑或者无期徒刑，并处罚金或者没收财产。本法另有规定的，依照规定。

第二百六十七条 抢夺公私财物，数额较大的，或者多次抢夺的，处三年以下有期徒刑、拘役或者管制，并处或者单处罚金；数额巨大或者有其他严重情节的，处三年以上十年以下有期徒刑，并处罚金；数额特别巨大或者有其他特别严重情节的，处十年以上有期徒刑或者无期徒刑，并处罚金或者没收财产。

携带凶器抢夺的，依照本法第二百六十三条的规定定罪处罚。

第二百七十条　将代为保管的他人财物非法占为己有，数额较大，拒不退还的，处二年以下有期徒刑、拘役或者罚金；数额巨大或者有其他严重情节的，处二年以上五年以下有期徒刑，并处罚金。

将他人的遗忘物或者埋藏物非法占为己有，数额较大，拒不交出的，依照前款的规定处罚。

本条罪，告诉的才处理。

第二百七十四条　敲诈勒索公私财物，数额较大或者多次敲诈勒索的，处三年以下有期徒刑、拘役或者管制，并处或者单处罚金；数额巨大或者有其他严重情节的，处三年以上十年以下有期徒刑，并处罚金；数额特别巨大或者有其他特别严重情节的，处十年以上有期徒刑，并处罚金。

第二百七十五条　故意毁坏公私财物，数额较大或者有其他严重情节的，处三年以下有期徒刑、拘役或者罚金；数额巨大或者有其他特别严重情节的，处三年以上七年以下有期徒刑。

116. 侮辱、诽谤老年人该承担什么样的法律责任?

法律咨询

何某是某村的村民，已年过六旬。某天其与该村的一个青年沈某发生争吵，沈某一直怀恨在心。一次，沈某看到何某从邻居王大妈家出来，便诽谤何某与王大妈有奸情。那么，侮辱、诽谤老年人该承担什么样的法律责任？

律师答疑

根据《老年人权益保障法》第 78 条的规定，侮辱、诽谤老年人，构成违反治安管理行为的，依法给予治安管理处罚。《治安管理处罚法》第 42 条第 2 项规定，对公然侮辱他人或者捏造事实诽谤他人的行为，处 5 日以下拘留或者 500 元以下罚款；情节较重的，处 5 日以上 10 日以下拘留，可以并处 500 元以下罚款。

侮辱、诽谤老年人，构成犯罪的，依法追究刑事责任。《刑法》第 246 条第 1 款规定，以暴力或者其他方法公然侮辱他人或者捏造事实诽谤他人，情节严重的，处 3 年以下有期徒刑、拘役、管制或者剥夺政治权利。

法律依据

《中华人民共和国老年人权益保障法》

第七十八条 侮辱、诽谤老年人，构成违反治安管理行为的，依法给予治安管理处罚；构成犯罪的，依法追究刑事责任。

《中华人民共和国治安管理处罚法》

第四十二条 有下列行为之一的，处五日以下拘留或者五百元以下罚款；情节较重的，处五日以上十日以下拘留，可以并处五百元以下罚款：

……

（二）公然侮辱他人或者捏造事实诽谤他人的；

……

《中华人民共和国刑法》

第二百四十六条第一款　以暴力或者其他方法公然侮辱他人或者捏造事实诽谤他人，情节严重的，处三年以下有期徒刑、拘役、管制或者剥夺政治权利。

117. 养老机构及其工作人员侵犯老年人合法权益怎么处理？养老机构监督管理部门未尽监管职责怎么处理？

法律咨询

于某与朋友一起成立了一个养老院，但于某等人并未认真经营，导致养老院管理混乱，老人的餐饮、卫生得不到基本的保障。那么，养老院或其工作人员未尽职尽责，侵犯老年人人身和财产权益，是否要承担法律责任？养老机构监督管理部门未尽监管职责该怎样处理？

律师答疑

养老机构及其工作人员存在上述情况，需要承担民事或者刑事责任。《老年人权益保障法》第 79 条规定，养老机构及其工作人员侵害老年人人身和财产权益，或者未按照约定提供服务的，依法承担民事责任；有关主管部门依法给予行政处罚；构成犯罪的，依法追究刑事责任。第 80 条规定，对养老机构负有管理和监督职责的部门及其工作人员滥用职权、玩忽职守、徇私舞弊的，对直接负责的主管人员和其他直接责任人员依法给予处分；构成犯罪的，依法追究刑事责任。

法律依据

《中华人民共和国老年人权益保障法》

第七十九条 养老机构及其工作人员侵害老年人人身和财产权益,或者未按照约定提供服务的,依法承担民事责任;有关主管部门依法给予行政处罚;构成犯罪的,依法追究刑事责任。

第八十条 对养老机构负有管理和监督职责的部门及其工作人员滥用职权、玩忽职守、徇私舞弊的,对直接负责的主管人员和其他直接责任人员依法给予处分;构成犯罪的,依法追究刑事责任。

118. 不按照规定履行优待老年人义务的,该怎样维护老年人的合法权益?

法律咨询

杨老师退休多年,他听说隔壁县里新开了一个旅游景点,于是让家人陪自己去游玩,到了之后他发现自己需要交全价票,杨老师想到自己去别的景点都是免费或者半价优惠,就询问该景点这么做是否恰当?他还想知道如果有机构不按照规定履行优待老年人义务,该怎样维护老年人的合法权益?

律师答疑

旅游景点应当给予杨老师免费或者优惠。根据《老年人权益保障法》第 59 条的规定，博物馆、美术馆、科技馆、纪念馆、公共图书馆、文化馆、影剧院、体育场馆、公园、旅游景点等场所，应当对老年人免费或者优惠开放。因此，收全价票的行为明显没有按照规定履行优待老年人义务，对于不按规定履行优待老年人义务的，由有关主管部门责令改正。

法律依据

《中华人民共和国老年人权益保障法》

第五十九条 博物馆、美术馆、科技馆、纪念馆、公共图书馆、文化馆、影剧院、体育场馆、公园、旅游景点等场所，应当对老年人免费或者优惠开放。

第八十一条 不按规定履行优待老年人义务的，由有关主管部门责令改正。

119. 无障碍设施的所有人、管理人未尽到维护和管理职责，是否需要承担法律责任？

法律咨询

钱某是某养老院无障碍设施的管理人，由于其未按时对养老院的设施进行维护和管理，导致在该养老院居住的吴某在使用无障碍设施时受伤。那么，无障碍设施的所有人、管理人未尽到维护和管理职责，是否需要承担法律责任？

律师答疑

所有人、管理人需要承担法律责任。《老年人权益保障法》第82条规定,涉及老年人的工程不符合国家规定的标准或者无障碍设施所有人、管理人未尽到维护和管理职责的,由有关主管部门责令改正;造成损害的,依法承担民事责任;对有关单位、个人依法给予行政处罚;构成犯罪的,依法追究刑事责任。因此,吴某可以向养老院及钱某主张损害赔偿。

法律依据

《中华人民共和国老年人权益保障法》

第八十二条 涉及老年人的工程不符合国家规定的标准或者无障碍设施所有人、管理人未尽到维护和管理职责的,由有关主管部门责令改正;造成损害的,依法承担民事责任;对有关单位、个人依法给予行政处罚;构成犯罪的,依法追究刑事责任。

第八节 财产继承

120. 老年人可以继承他人的财产吗?

法律咨询

王某退休多年,其老伴因病去世,面对与老伴共同居住的房子,王某不知该如何处理。那么,老年人可以继承他人的财产吗?

当老年人的配偶或是子女去世时，老年人是否可以继承？

律师答疑

老年人可以继承配偶或去世子女的遗产。继承权自始至终享有，与年龄无关，因此老年人也有继承权，根据我国《民法典》的规定，法定继承第一顺序继承人为：配偶、子女、父母；第二顺序继承人为：兄弟姐妹、祖父母、外祖父母。继承开始后，由第一顺序继承人继承，第二顺序继承人不继承；没有第一顺序继承人继承的，由第二顺序继承人继承。如果被继承人生前留有遗嘱，则应当按照遗嘱处理。如果老年人作为继承人缺乏劳动能力且没有生活来源，而被继承人在遗嘱中完全排除了该老年人的继承资格，老年人仍可按照《民法典》第1141条的规定主张继承相应的遗产份额。因此，当老年人的父母、配偶、子女或者兄弟姐妹、祖父母、外祖父母去世时，老年人都可以按照法定继承或遗嘱继承亲人的遗产。

法律依据

《中华人民共和国民法典》

第一千一百二十七条　遗产按照下列顺序继承：

（一）第一顺序：配偶、子女、父母；

（二）第二顺序：兄弟姐妹、祖父母、外祖父母。

继承开始后，由第一顺序继承人继承，第二顺序继承人不继承；没有第一顺序继承人继承的，由第二顺序继承人继承。

本编所称子女，包括婚生子女、非婚生子女、养子女和有扶养关系的继子女。

本编所称父母，包括生父母、养父母和有扶养关系的继父母。

本编所称兄弟姐妹，包括同父母的兄弟姐妹、同父异母或者同母异父的兄弟姐妹、养兄弟姐妹、有扶养关系的继兄弟姐妹。

第一千一百四十一条 遗嘱应当为缺乏劳动能力又没有生活来源的继承人保留必要的遗产份额。

《中华人民共和国老年人权益保障法》

第二十二条 老年人对个人的财产，依法享有占有、使用、收益和处分的权利，子女或者其他亲属不得干涉，不得以窃取、骗取、强行索取等方式侵犯老年人的财产权益。

老年人有依法继承父母、配偶、子女或者其他亲属遗产的权利，有接受赠与的权利。子女或者其他亲属不得侵占、抢夺、转移、隐匿或者损毁应当由老年人继承或者接受赠与的财产。

老年人以遗嘱处分财产，应当依法为老年配偶保留必要的份额。

121. 老年人作为继承人，在继承遗产时有哪些规定？

法律咨询

吴某的再婚老伴在世时，立遗嘱将自己的财产全部给了自己的儿女。吴某没有亲生子女，也没有退休金。吴某的老伴去世后，老伴的子女将他的存款全部取走了。吴某的生活陷入了困境，那么，老年人作为继承人，在继承遗产时有哪些规定？

律师答疑

老年人也有继承权。如果老年人是遗嘱继承人，或者老年人的父母、配偶、子女先于其去世，则老年人作为第一顺序继承人，可以主张依照法定继承规则或者遗嘱继承自己应得的份额。鉴于对老年人的特殊保护，《老年人权益保障法》第22条第3款规定，老年人以遗嘱方式处分财产，应当依法为老年配偶保留必要的份额。此外，我国《民法典》也规定，遗嘱应当为缺乏劳动能力又没有生活来源的继承人保留必要的遗产份额。立法目的是让老年人以及缺乏劳动能力、没有生活来源的继承人的生活能够通过继承有所保障。本案中吴某没有子女，没有生活来源，年老缺乏劳动能力，因此在遗嘱继承时，不能剥夺吴某的继承份额，而应当为其留有一定的份额来保障其正常生活。

法律依据

《中华人民共和国民法典》

第一千一百四十一条　遗嘱应当为缺乏劳动能力又没有生活来源的继承人保留必要的遗产份额。

《中华人民共和国老年人权益保障法》

第二十二条第三款　老年人以遗嘱处分财产，应当依法为老年配偶保留必要的份额。

122. 老年人可以写遗嘱处理自己的财产吗?

法律咨询

冯某的儿女常年在国外,邻居老陈家经常照拂冯某和老伴,两家人常常一起散步谈心,冯某对老陈家的照顾非常感激,希望自己去世后能将遗产分给老陈和老陈的老伴一份。那么,老年人可以写遗嘱处理自己的财产吗?

律师答疑

老年人可以通过遗嘱处分自己的财产,同时《民法典》规定了多种方式方便老年人自由表达自己处分财产的意愿,如自书遗嘱、代书遗嘱、打印遗嘱、录音录像遗嘱等。当然,老人如果不愿意写遗嘱,可以按照法定继承规则,一般由老人的子女、配偶、父母继承。

法律依据

《中华人民共和国老年人权益保障法》

第二十二条第一款 老年人对个人的财产,依法享有占有、使用、收益和处分的权利,子女或者其他亲属不得干涉,不得以窃取、骗取、强行索取等方式侵犯老年人的财产权益。

《中华人民共和国民法典》

第一千一百三十三条 自然人可以依照本法规定立遗嘱处分个人财产,并可以指定遗嘱执行人。

自然人可以立遗嘱将个人财产指定由法定继承人中的一人或者数人继承。

自然人可以立遗嘱将个人财产赠与国家、集体或者法定继承人以外的组织、个人。

自然人可以依法设立遗嘱信托。

第一千一百三十四条　自书遗嘱由遗嘱人亲笔书写，签名，注明年、月、日。

第一千一百三十五条　代书遗嘱应当有两个以上见证人在场见证，由其中一人代书，并由遗嘱人、代书人和其他见证人签名，注明年、月、日。

第一千一百三十六条　打印遗嘱应当有两个以上见证人在场见证。遗嘱人和见证人应当在遗嘱每一页签名，注明年、月、日。

第一千一百三十七条　以录音录像形式立的遗嘱，应当有两个以上见证人在场见证。遗嘱人和见证人应当在录音录像中记录其姓名或者肖像，以及年、月、日。

第一千一百三十八条　遗嘱人在危急情况下，可以立口头遗嘱。口头遗嘱应当有两个以上见证人在场见证。危急情况消除后，遗嘱人能够以书面或者录音录像形式立遗嘱的，所立的口头遗嘱无效。

第一千一百三十九条　公证遗嘱由遗嘱人经公证机构办理。

《中华人民共和国老年人权益保障法》

第二十二条第一款　老年人对个人的财产，依法享有占有、使用、收益和处分的权利，子女或者其他亲属不得干涉，不得以窃取、骗取、强行索取等方式侵犯老年人的财产权益。

123. 立遗嘱应当注意哪些问题？

法律咨询

梁某是某村的村民，虽然他有三个子女，但是他的大儿子对他不管不问。因此，梁某准备立下一份遗嘱，将大部分遗产留给小儿子和女儿。然而，他听说立遗嘱的条件非常严格，稍有不慎就会导致遗嘱无效。那么，立遗嘱应当注意哪些问题？

律师答疑

老年人可以通过立遗嘱的方式处分自己的财产，由于身体条件、受教育情况等不同，老年人需要根据自身情况确定立遗嘱的方式。

（1）公证遗嘱。公证遗嘱是最为严格的遗嘱，较之其他的遗嘱更能保障遗嘱人意思表示的真实性；在当事人发生继承纠纷时，公证遗嘱是证明遗嘱人处分财产的意思表示的最有力的和最可靠的证据。因此，如果老年人能够正常表达自己的意愿，可以携带相关证件材料，到公证处办理公证遗嘱，公证处可以对立遗嘱的过程以及公证遗嘱进行见证。

（2）自书遗嘱。如果老年人能够独立书写，则可以选自书遗嘱的形式。自书遗嘱须由遗嘱人亲笔书写遗嘱的全部内容，在遗嘱中体现关于其死亡后财产处分的意思表示，并在遗嘱正文后签名并注明年、月、日。全文中如有增删或涂改时须签名并注明时间。

（3）代书遗嘱。如果老年人无文字书写能力或者由于其他原因不能亲笔书写遗嘱，则老年人可以请他人代为书写遗嘱。这种遗嘱形式中，须有两人以上在场见证，由遗嘱人口授遗嘱内容，并由一个见证人代书。代书人、其他见证人和遗嘱人在遗嘱上签名，并注明年、月、日。

（4）打印遗嘱。打印遗嘱是电脑制作、打印机打印出来的文本形式，在制作遗嘱时，应当有两个以上见证人在场见证，立遗嘱人和见证人在打印遗嘱文本的每一页都签名，并在最后一页注明年、月、日。

（5）录音录像遗嘱。录音录像遗嘱是以录音或者录像方式录制下来的遗嘱人的口述遗嘱，由遗嘱人亲自叙述遗嘱的内容，由两个以上的见证人在场见证。遗嘱人、见证人将有关视听资料封存，并签名、注明日期。

（6）口头遗嘱。在危急情况下，由遗嘱人口头表述，由见证人予以见证的遗嘱。口头遗嘱仅限于遗嘱人处于危急情况下，不能以其他方式设立遗嘱，要求有两个以上的见证人在场见证。如果危急情况消除后能够用其他形式立遗嘱的，之前所立的口头遗嘱无效。

立遗嘱需要满足法律规定的内容要求和形式要件，否则可能导致遗嘱无效。

法律依据

《中华人民共和国民法典》

第一千一百三十四条　自书遗嘱由遗嘱人亲笔书写，签名，注明年、月、日。

第一千一百三十五条　代书遗嘱应当有两个以上见证人在场见证，由其中一人代书，并由遗嘱人、代书人和其他见证人签名，注明年、月、日。

第一千一百三十六条 打印遗嘱应当有两个以上见证人在场见证。遗嘱人和见证人应当在遗嘱每一页签名，注明年、月、日。

第一千一百三十七条 以录音录像形式立的遗嘱，应当有两个以上见证人在场见证。遗嘱人和见证人应当在录音录像中记录其姓名或者肖像，以及年、月、日。

第一千一百三十八条 遗嘱人在危急情况下，可以立口头遗嘱。口头遗嘱应当有两个以上见证人在场见证。危急情况消除后，遗嘱人能够以书面或者录音录像形式立遗嘱的，所立的口头遗嘱无效。

第一千一百三十九条 公证遗嘱由遗嘱人经公证机构办理。

124. 老年人应该选择哪种遗嘱形式？

法律咨询

窦某是一位年过七旬的老人，想立下自书遗嘱将财产留给大儿子，但一直拖着没有写遗嘱，突然有一天窦某中风，难以通过书写立遗嘱。那么，他还可以选择哪种遗嘱形式呢？

律师答疑

老年人立遗嘱可以根据自身情况选择遗嘱方式。如果可以自己书写，那么选择自书遗嘱是最方便的。如果不能书写或者认为自己书写会有误，可以到公证处办理公证遗嘱，或者采用代书遗嘱、打印遗嘱、录音录像遗嘱表达自己的遗嘱意愿。需特别注意，除自书遗嘱外，代书遗嘱、打印遗嘱、录音录像遗嘱均应当有两个以上见证人在场见证，见证人、代书人应当与继承事项无利害关系。建议老年人立遗嘱时到公证处或专门的遗嘱法律服务中心办理。

法律依据

《中华人民共和国民法典》

第一千一百三十四条　自书遗嘱由遗嘱人亲笔书写，签名，注明年、月、日。

第一千一百三十五条　代书遗嘱应当有两个以上见证人在场见证，由其中一人代书，并由遗嘱人、代书人和其他见证人签名，注明年、月、日。

第一千一百三十六条　打印遗嘱应当有两个以上见证人在场见证。遗嘱人和见证人应当在遗嘱每一页签名，注明年、月、日。

第一千一百三十七条　以录音录像形式立的遗嘱，应当有两个以上见证人在场见证。遗嘱人和见证人应当在录音录像中记录其姓名或者肖像，以及年、月、日。

第一千一百三十八条　遗嘱人在危急情况下，可以立口头遗嘱。口头遗嘱应当有两个以上见证人在场见证。危急情况消除后，遗嘱人能够以书面或者录音录像形式立遗嘱的，所立的口头遗嘱无效。

第一千一百三十九条　公证遗嘱由遗嘱人经公证机构办理。

125. 遗嘱人能撤回或变更自己所立的遗嘱吗？

法律咨询

路某是某企业的退休职工，曾立下遗嘱，准备将自己的财产留给自己的儿子。但在他生病住院后，一直是女儿和妻子照顾他。因此，路某在康复之后，准备撤回自己的遗嘱。那么，遗嘱人能撤回或变更自己所立的遗嘱吗？

律师答疑

根据《民法典》第1142条的规定，遗嘱人可以撤回、变更自己所立的遗嘱。遗嘱人立遗嘱后，实施与遗嘱内容相反的民事法律行为的，如将遗嘱中涉及的房、车出售，视为对遗嘱相关内容的撤回。立有数份遗嘱，内容相抵触的，以最后的遗嘱为准。因此，遗嘱人在立遗嘱后，可以撤回原遗嘱，也可以重新立遗嘱。有两份或者多份遗嘱且内容相互冲突的，以最后一份遗嘱为准，不冲突的部分均有法律效力。因此，本案中的路某可以重新立遗嘱，确定属于自己的财产部分由女儿或妻子继承。

需要注意的是，《继承法》（已失效）规定，自书、代书、录音、口头遗嘱，不得撤销、变更公证遗嘱。《民法典》删除了这一规定，即公证遗嘱不再具有优先效力，时间在后的自书、代书、录音、口头遗嘱可以变更在前的公证遗嘱。

法律依据

《中华人民共和国民法典》

第一千一百四十二条 遗嘱人可以撤回、变更自己所立的遗嘱。

立遗嘱后，遗嘱人实施与遗嘱内容相反的民事法律行为的，视为对遗嘱相关内容的撤回。

立有数份遗嘱，内容相抵触的，以最后的遗嘱为准。

第九节　婚姻自由

126. 子女有权干涉老年人的再婚生活吗？

法律咨询

方某的妻子在多年前因突发疾病去世，他自己一个人将女儿养大。退休之后，方某再婚。但他的女儿经常干涉方某的再婚生活，不让他与再婚老伴生活在一起。那么，子女有权干涉老年人的再婚生活吗？

律师答疑

我国正进入老龄化社会，丧偶老人日益成为一个不容忽视的群体。随着社会的进步、观念的变化，越来越多的丧偶或离异老人期望再婚。从科学的角度来看，丧偶或离异的单身老人容易产生孤独寂寞感，他们有寻找老伴、充实生活、多点乐趣的需求。从生理学的角度来看，无论是男性还是女性，步入老年期并不意味着性能力完全丧失。据有关部门统计，为寻求心理安慰和精神上的满足，80% 以上的丧偶老人有再婚的愿望。但由于受传统观念的影响,再加上子女的干涉,老人再婚困难重重。儿女干涉老人再婚的方式也是多种多样的,有的子女在老人再婚前进行劝阻,威胁老人如果再婚就断绝父母子女关系、不再负担赡养义务;有的是干涉老人再婚后的生活;更有甚者,采取暴力手段,对继父(母)进行打骂、虐待,严重侵害了老年人的合法权益。

我国《宪法》第49条规定,禁止破坏婚姻自由。《民法典》第110条第1款规定,自然人享有生命权、身体权、健康权、姓名权、肖像权、名誉权、荣誉权、隐私权、婚姻自主权等权利。婚姻自由是《民法典》确立的一项重要的基本原则,《民法典》第1042条规定,禁止包办、买卖婚姻和其他干涉婚姻自由的行为。公民有婚姻自由的权利,并不区分公民是青年人、中年人还是老年人,老年人同青年人一样享有这项权利。尊老敬老是中华民族的传统美德,老年人辛苦一生,为社会和家庭都作出了巨大的贡献,理应受到社会和后代的尊重,幸福、愉快地安度晚年。为保证老年人的婚姻自由的权利,《老年人权益保障法》第21条明确规定:"老年人的婚姻自由受法律保护。子女或者其他亲属不得干涉老年人离婚、再婚及婚后的生活。赡养人的赡养义务不因老年人的婚姻关系变化而消除。"

法律依据

《中华人民共和国宪法》

第四十九条第四款 禁止破坏婚姻自由,禁止虐待老人、妇女和儿童。

《中华人民共和国民法典》

第一百一十条第一款 自然人享有生命权、身体权、健康权、姓名权、肖像权、名誉权、荣誉权、隐私权、婚姻自主权等权利。

第一千零四十二条第一款　禁止包办、买卖婚姻和其他干涉婚姻自由的行为。禁止借婚姻索取财物。

《中华人民共和国老年人权益保障法》

第二十一条　老年人的婚姻自由受法律保护。子女或者其他亲属不得干涉老年人离婚、再婚及婚后的生活。

赡养人的赡养义务不因老年人的婚姻关系变化而消除。

127. 子女干涉老年人再婚怎么办?

法律咨询

石某的丈夫在石某年轻时因车祸去世,为了三个子女,石某一直没有再婚。在三个子女都成家立业之后,石某遇到了心仪的李大爷。但石某的三个子女却强烈反对,称只要石某再婚,他们就和石某断绝母子关系。那么,子女干涉老年人再婚怎么办?

律师答疑

老年人也有权利追求自己的幸福。《民法典》第 1069 条规定:“子女应当尊重父母的婚姻权利,不得干涉父母离婚、再婚以及婚后的生活。子女对父母的赡养义务,不因父母的婚姻关系变化而终止。”本条是关于保障老年人婚姻权利的规定。从法律上有针对性地强调保护老年人的婚姻自由,特别是再婚自由。同时,根据该条规定,子女对父母的赡养是法定义务,不得附加任何条件,赡养人不得以任何理由拒绝履行赡养义务。因此，子女的赡养义务不会因老年人再婚而消除。

在老年人再婚的问题上，除了消除世俗偏见、打破老年人自身不正确的固有观念这些无形枷锁外，更重要的是防止子女对父母婚姻自由的阻挠和干涉，还老年人再婚自由的空间。对于老年人来说，仅有“老有所养”是不够的，还应该“老有所伴”“老有所慰”。让再婚老人相互关怀照顾，共度幸福晚年，对国家、社会和家庭都有利。

如果子女干涉父母再婚，老人可向其所在单位、村民委员会、居民委员会等组织提出，请求他们说服教育；如子女暴力干涉老年人婚姻自由造成严重后果，并借此虐待老人构成犯罪的，子女需承担刑事责任。

法律依据

《中华人民共和国民法典》

第一千零六十九条 子女应当尊重父母的婚姻权利，不得干涉父母离婚、再婚以及婚后的生活。子女对父母的赡养义务，不因父母的婚姻关系变化而终止。

《中华人民共和国刑法》

第二百五十七条 以暴力干涉他人婚姻自由的，处二年以下有期徒刑或者拘役。

犯前款罪，致使被害人死亡的，处二年以上七年以下有期徒刑。

第一款罪，告诉的才处理。

128. 老年人再婚要注意哪些法律问题？

法律咨询

赵某是某村的村民，他的妻子在五年前突发心脏病去世。后来，赵某经人介绍认识了邻村的郑老太，并准备再婚。但是，赵某身边很多老人的儿女反对父母再婚，赵某非常担心自己再婚后的生活。那么，老年人再婚要注意哪些法律问题？

律师答疑

老年人也有婚姻自由的权利。随着人口老龄化的到来，老年人再婚现象越来越普遍，再婚的爱情应该像夕阳那般美丽、宁静、和谐，他（她）的晚年也需要老伴的陪伴——精神上的安慰和生活上的照料。老年人再婚往往都有所顾虑：一是怕引起儿女们的反对，二是担心婚后双方因财产处理问题发生争议。针对这种情况，老人可以采取如下措施：

（1）子女干涉父母再婚的，老人可邀请双方亲友进行劝说，也可请当地村民委员会、居民委员会或调解委员会进行调解。

（2）子女暴力干涉父母再婚是违法的，情节严重的可能构成犯罪，必要时老人可以寻求法律的保护。我国《老年人权益保障法》第76条规定："干涉老年人婚姻自由，对老年人负有赡养义务、扶养义务而拒绝赡养、扶养，虐待老年人或者对老年人实施家庭暴力的，由有关单位给予批评教育；构成违反治安管理行为的，依法给予治安管理处罚；构成犯罪的，依法追究刑事责任。"

老年人再婚之前确定各自的财产权是十分必要的，通常的做法是：

（1）子女们提出的对已亡生父或生母的遗产继承要求，应予以支持。死者的遗产，应由包括诸子女在内的第一顺序继承人共同分割。

（2）老人原来与子女在一起生活的，应当做好再婚前的家庭析产。

（3）再婚双方各自确定本人的婚前财产，婚后不再视为夫妻共有财产。

（4）双方可以签署财产协议，对夫妻共同财产或者个人财产进行约定；各方也可以订立遗嘱，明确自己的财产继承问题。

这样做的好处在于财产权的明确，既可避免不必要的纠纷，也可在发生纠纷时能够依法处理。比如，属于老人的财产就可以不因再婚而受到子女的牵制，再婚后可以自行支配自己的财产，不受配偶的干涉。退一步说，即使再婚后又离异，也只分割共有的那一部分财产，属于自己的财产则不会被对方侵占。当然，确定财产权是一件严肃的事，在与有关的当事人达成协议后应形成书面材料，并由有关人员签字盖章，也可以选择到公证处予以公证，以免以后发生争议。

法律依据

《中华人民共和国老年人权益保障法》

第七十六条 干涉老年人婚姻自由，对老年人负有赡养义务、扶养义务而拒绝赡养、扶养，虐待老年人或者对老年人实施家庭暴力的，由有关单位给予批评教育；构成违反治安管理行为的，依法给予治安管理处罚；构成犯罪的，依法追究刑事责任。

129. 怕再婚引发财产纠纷，老人未婚同居可取吗？

法律咨询

朱某是某公司的董事长，退休之后，他的儿子接替了他的职位。虽然朱某多年前就与妻子离婚，但为了抚养儿子一直未再婚。退休之后，朱某遇到了心仪的任大妈。可是，朱某担心再婚会引起财产纠纷，因此，便准备只与任大妈同居。那么，老人为了避免再婚引起财产纠纷，同居的做法是否可取？

律师答疑

现实中我们发现，怕再婚引发财产纠纷，未婚同居这种原本只是在年轻人中偶见的生活方式，成了一些鳏寡老人的选择。这种方式可取吗？

其实，未婚同居的老人也很纠结，他们何尝不想再有一个稳定的婚姻，可子女和财产这些现实问题使他们只能在亲情与爱情的夹缝中求得平衡。子女反对父母再婚，不仅是因为感情上无法接受，而且更多的是出于经济利益方面的考虑。只同居不结婚的生活方式，由于不牵扯财产的划分，子女容易接受，老年人一旦领证结婚，问题便变得复杂许多。因此，许多老年人辛苦积攒了大半生的财产，如今却成为他们再婚的障碍，这也导致为数不少的老年人为了儿女亲情、为了保全财产而选择未婚同居。

然而，老人两情相悦却不去婚姻登记而未婚同居，从表面上看是回避了一些矛盾，但事实上却带来许多问题，不仅不利于双方感情的加深稳固，也不利于老年人自身权益的维护。因为未婚同居不受法律保护，一旦发生矛盾将诉诸无门，合法权益受到侵害时也难以得到法律的保护。

老年人和年轻人一样也有追求幸福的权利，子女因为种种理由阻止父母再婚，也是干涉公民的婚姻自由，同样属违法行为。我们提醒那些反对老年父母再婚的子女，不要对将一辈子心血都用在儿女身上的父母再有过多要求，更不要为了自身利益而算计老人的财产，子女应该从父母晚年幸福快乐的角度出发，理解并支持他们对生活方式的选择。

法律依据

《中华人民共和国老年人权益保障法》

第二十一条 老年人的婚姻自由受法律保护。子女或者其他亲属不得干涉老年人离婚、再婚及婚后的生活。

赡养人的赡养义务不因老年人的婚姻关系变化而消除。

130. 如果对方有配偶，能否与之结婚？

法律咨询

罗某是某国有企业的一名退休职工，其妻子多年前去世。后来，罗某遇到了因离婚不成而与丈夫分居的杜老太。现在，罗某准备与杜老太结婚，但不知道该做法是否符合法律要求。那么，如果对方有配偶，能否与之结婚？

律师答疑

如果对方有配偶，罗某不能与之结婚。根据《刑法》第 258 条的规定，有配偶又与他人结婚或者明知他人有配偶而与之结婚的行为构成重婚罪。所谓有配偶，是指男人有妻、女人有夫，而且这种夫妻关系未经法律程序解除而尚存续；如果夫妻关系已经解除，或者因配偶一方死亡夫妻关系自然消失，即不再是有配偶。所谓明知他人有配偶而与之结婚，是指本人虽无配偶，但明知对方有配偶，而故意与之结婚（包括登记结婚或者公开长期以夫妻名义共同生活）。此种行为是有意破坏他人婚姻的行为，触犯了《刑法》，需要承担刑事责任。

法律依据

《中华人民共和国刑法》

第二百五十八条　有配偶而重婚的，或者明知他人有配偶而与之结婚的，处二年以下有期徒刑或者拘役。

131. 如果不知对方有配偶而与之结婚，是否需要承担刑事责任？

法律咨询

胡大妈与其丈夫因感情破裂而离婚，在离婚之后，胡大妈遇到了章某。后来，胡大妈与章某结婚。然而，胡大妈在与章某结婚后，才知道章某居然有妻子。那么，如果不知对方有配偶而与之结婚，是否需要承担刑事责任？

律师答疑

不需要承担重婚罪的刑事责任。根据我国《刑法》第258条的规定,明知对方有配偶而与之结婚的,构成重婚罪。但是,如果属于被蒙骗,就不构成明知,也就不构成重婚罪,不需要承担刑事责任。

法律依据

《中华人民共和国刑法》

第二百五十八条 有配偶而重婚的,或者明知他人有配偶而与之结婚的,处二年以下有期徒刑或者拘役。

第十节 刑事责任

132. 老人被子女殴打该怎么办?

法律咨询

图某是某事业单位的一名退休职工,其以为自己在退休之后可以安享晚年。但自从图某退休之后,图某的儿子就经常殴打他。那么,老人被子女殴打该怎么办?

律师答疑

如果老人被子女殴打,但情节轻微,不构成刑事犯罪的,老人应当向公安机关报案，或者拨打报警电话“110”，由公安机关予以处理。根据我国《治安管理处罚法》第 45 条第 1 项的规定，虐待家庭成员，被虐待人要求处理的，处 5 日以下拘留或者警告。

如果老人长期遭受子女殴打，按照我国《刑法》的规定，子女可能构成虐待罪，需要承担刑事责任。但是，虐待家庭成员，情节恶劣的，属于刑事自诉案件，只有被虐待人向司法机关举报、请求处理时，司法机关才予以处理。因此，如果老人长期遭受子女殴打，可以向公安机关报案。

法律依据

《中华人民共和国治安管理处罚法》

第四十五条　有下列行为之一的，处五日以下拘留或者警告：

（一）虐待家庭成员，被虐待人要求处理的；

……

《中华人民共和国刑法》

第二百六十条　虐待家庭成员，情节恶劣的，处二年以下有期徒刑、拘役或者管制。

犯前款罪，致使被害人重伤、死亡的，处二年以上七年以下有期徒刑。

第一款罪，告诉的才处理，但被害人没有能力告诉，或者因受到强制、威吓无法告诉的除外。

133. 老年人接到要求汇款的陌生电话，应该怎么处理？

法律咨询

房某退休之后，便和妻子到各地旅游。一天，房某接到一个陌生电话，要他马上汇 2 万元钱到某个账号。那么，老年人接到要求汇款的陌生电话，应该怎么处理？

律师答疑

老年人接到要求汇款的陌生电话千万不要转款，应立即拨打“110”报警，因为这些都是违法犯罪分子在设局进行诈骗活动。

134. 老年人如何防止受骗？

法律咨询

伊某退休后，一直在家安享晚年，经常和邻居们一起出去散步。一天，伊某在电视上看到现在很多诈骗犯罪都是以老年人为诈骗对象。对此，伊某非常担心。那么，老年人如何防止受骗？

律师答疑

以老年人为犯罪对象的诈骗犯罪手法一直在不断演变。骗子的手法多种多样，主要有：

（1）“消灾”诈骗。此类案件作案人数一般在三人以上，他们寻找到目标（主要以封建迷信思想较重的中老年妇女为对象）后，先由一人以偶遇问路的方式向老人打探一名“神医”或“大师”的地址，并让其带路，途中会借机渲染该“神医”或“大师”的神通。最后“神医”或“大师”出现，称老人或老人家人将有“灾难”，必须用钱物作法“消灾”，利用老人胆小、迷信的心理将钱物诈骗到手。

（2）中奖诈骗。此类诈骗者会制造一些假的中奖拉环、中奖卡片，在冷饮店打开饮料时惊呼中奖，此时有同伙假意提出购买，并鼓动老人拨通中奖卡片上的号码以证实是否中奖，此号码实为另一同伙接听，老人轻信后因贪心购买假中奖拉环或卡片。

（3）“丢包”诈骗。此类案件一般是三人以上结伙作案，一人在老人的前方故意掉下一包金饰，另一同伙即上前拾获，建议与老人平分，并以自己没有足够现金为由，要求老人现金购买金饰，事后老人发现金饰都是假的。

（4）假文物诈骗。此类案件一般是两人以上作案，一人兜售“文物”（金元宝、金佛、金龟等），称自己为治病不得不低价出售祖传宝贝，与事主周旋，随后很快就会来几个人都表示愿意购买，此时卖主则“固执”地认为只有受害老人才是“好人”，别人给再多钱也不愿意卖。若老人犹豫不决，围观的“路人”便会怂恿其买下，并表示等老人买下后他们愿意以更高的价钱买过来。当老人真的买下“文物”后，卖主和围观的“路人”一哄而散。当然，这些“文物”全部都是假的。

（5）信息诈骗。这是近年来最常见的一种诈骗手段。犯罪嫌疑人利用打电话、发短信或邮寄信件等方式实施诈骗，内容多种多样，有的自称是某大型公司工作人员，为庆祝公司成立十周年，现开展抽奖活动，称老人的手机号码中了大奖，奖品价值数万元到几十万元不等。如需领奖则要向指定账号汇出运输费或税费，当然一旦得到汇款他们便消失得无影无踪。

（6）银联卡消费诈骗。通过短信或电话称老人的储蓄卡在某某商场有大笔消费，让老人打电话查询，而一旦老人打电话咨询，对方会以很多方式套出老人的储蓄卡账号和密码，从而偷走老人的现金。

（7）刑事案件诈骗。有些诈骗分子给老人打电话，自称是某法院或检察院工作人员，称老人牵扯某个案件需要缴纳一定数额的担保金，待查明事实后可返还等。

另外，有些犯罪分子还以送农产品或养生礼品、拉感情控制思想的方式，通过免费讲座、旅游、参观、诊疗或者炒作养老、保健、养生概念，用更隐蔽的方式实施诈骗行为。

以上罗列的是几种最常见的诈骗手法，还有很多骗术层出不穷，花样翻新，但“莫贪小便宜”“天上不会掉馅饼”等警语，仍是最有效的防骗“格言”。只要增强防骗意识，坚决不贪意外之财，再“精明”的骗子也无法得逞。

Chapter 3

第三章

妇女权益保障

第一节　人身和人格权益

135. 被搜查身体时妇女该怎么保护自己的合法权益?

法律咨询

刘女士正走在马路上，被误认为是小偷拦住并被要求搜查身体，刘女士拒绝，表示可以报警，双方到派出所后，刘女士希望由女性工作人员来搜查自己的身体，刘女士的上述要求是否合理?

律师答疑

刘女士的要求是合情合理的，我国法律规定，任何人的人身自由不受侵犯，对于妇女需要特殊保护，禁止非法拘禁和以其他非法手段剥夺或者限制妇女的人身自由；禁止非法搜查妇女的身体。公安机关或监察机关在办理案件过程中，需要搜查女性身体的，根据《监察法》第24条的规定，应当由女性工作人员进行。

法律依据

《中华人民共和国妇女权益保障法》

第十九条　妇女的人身自由不受侵犯。禁止非法拘禁和以其他非法手段剥夺或者限制妇女的人身自由；禁止非法搜查妇女的身体。

《中华人民共和国监察法》

第二十四条第二款　搜查女性身体，应当由女性工作人员进行。

136. 大众传媒等传播贬低损害妇女人格等信息的，该如何处理？

法律咨询

钟某是某企业的一名职工，一天下班后，她突然在某个公众号上看到一条信息，该条信息称妇女因为工作能力差，所以受到歧视是应该的。那么，大众传媒传播贬低损害妇女人格等信息的，该如何处理？

律师答疑

对于大众传播媒介在妇女权益保护方面的作用，我们必须给予高度的重视、正确的引导和必要的规范。为了更好地保护人格权，《民法典》设立了人格权编，从法律的角度对人格权的保护予以明确。《妇女权益保障法》第20条、第28条则从妇女的角度进一步规定，妇女的人格尊严不受侵犯。禁止用侮辱、诽谤等方式损害妇女的人格尊严。妇女的姓名权、肖像权、名誉权、荣誉权、隐私权和个人信息等人格权益受法律保护。禁止通过大众传播媒介或者其他方式贬低损害妇女人格。未经本人同意，不得通过广告、商标、展览橱窗、报纸、期刊、图书、音像制品、电子出版物、网络等形式使用妇女肖像，但法律另有规定的除外。

法律依据

《中华人民共和国妇女权益保障法》

第二十条 妇女的人格尊严不受侵犯。禁止用侮辱、诽谤等方式损害妇女的人格尊严。

第二十八条 妇女的姓名权、肖像权、名誉权、荣誉权、隐私权和个人信息等人格权益受法律保护。

媒体报道涉及妇女事件应当客观、适度，不得通过夸大事实、过度渲染等方式侵害妇女的人格权益。

禁止通过大众传播媒介或者其他方式贬低损害妇女人格。未经本人同意，不得通过广告、商标、展览橱窗、报纸、期刊、图书、音像制品、电子出版物、网络等形式使用妇女肖像，但法律另有规定的除外。

137. 如何保障妇女的身体健康权？

法律咨询

于某由于不能生育，其丈夫经常对她冷言冷语，甚至殴打她。对此，于某无法再忍耐，准备用法律武器来保护自己的合法权益，于某该怎么办？

律师答疑

妇女的生命权、身体权、健康权不受侵犯。《妇女权益保障法》

第 21 条对几类侵害妇女生命健康权的行为专门作出了禁止性规定，具体包括：禁止虐待、遗弃、残害以及其他侵害女性生命健康权益的行为；禁止进行非医学需要的胎儿性别鉴定和选择性别的人工终止妊娠。妇女的生命权、身体权、健康权受到侵害或者因疾病、生育、家庭暴力等处于危难情形的，公安机关、民政部门、医疗机构等组织和负有法定救助义务的个人应当及时施救。医疗机构施行生育手术、特殊检查或者特殊治疗时，应当征得妇女本人同意，在妇女与其家属或者关系人意见不一致时，应当尊重妇女本人意愿。

法律依据

《中华人民共和国妇女权益保障法》

第二十一条 妇女的生命权、身体权、健康权不受侵犯。禁止虐待、遗弃、残害、买卖以及其他侵害女性生命健康权益的行为。

禁止进行非医学需要的胎儿性别鉴定和选择性别的人工终止妊娠。

医疗机构施行生育手术、特殊检查或者特殊治疗时，应当征得妇女本人同意；在妇女与其家属或者关系人意见不一致时，应当尊重妇女本人意愿。

138. 发现拐卖、绑架妇女的，该怎样处理？

法律咨询

罗某是某村村民，一天，罗某在去田里干农活的路上，突然被两个人带走。后来,罗某和其他两名妇女被拐卖到某个山村里。那么,拐卖、绑架妇女将承担什么责任?

律师答疑

《妇女权益保障法》第22条第1款规定:“禁止拐卖、绑架妇女;禁止收买被拐卖、绑架的妇女;禁止阻碍解救被拐卖、绑架的妇女。”

拐卖妇女是以出卖为目的,进行拐骗、收买、贩卖、接送、中转妇女的行为;绑架妇女是指使用暴力、胁迫或者麻醉等方法绑架妇女行为。拐卖、绑架妇女是一种严重侵犯妇女人身权利、践踏妇女人格尊严、危害社会治安的犯罪行为。

婚姻登记机关、乡镇人民政府、街道办事处、居民委员会、村民委员会及其工作人员在工作中发现妇女疑似被拐卖、绑架的,应当及时向公安机关报告,公安机关应当依法及时调查处理。妇女联合会应当发挥其基层组织作用,会同公安等部门加强对拐卖、绑架等侵害妇女权益行为的排查,发现妇女疑似被拐卖、绑架的,应当及时向公安机关报告,并协助有关部门做好解救工作。各级人民政府和公安、民政、人力资源和社会保障、卫生健康等部门按照各自的职责及时采取措施解救被拐卖、绑架的妇女,做好被解救妇女的安置、救助和关爱等工作。任何单位和个人不得歧视被拐卖、绑架的妇女。

法律依据

《中华人民共和国妇女权益保障法》

第二十二条 禁止拐卖、绑架妇女;禁止收买被拐卖、绑架的妇女；禁止阻碍解救被拐卖、绑架的妇女。

各级人民政府和公安、民政、人力资源和社会保障、卫生健康等部门及村民委员会、居民委员会按照各自的职责及时发现报告，并采取措施解救被拐卖、绑架的妇女，做好被解救妇女的安置、救助和关爱等工作。妇女联合会协助和配合做好有关工作。任何组织和个人不得歧视被拐卖、绑架的妇女。

139. 哪些行为属于性骚扰？妇女受到性骚扰时，如何维护自己的权利？

法律咨询

郭某是某学校的大学毕业生，工作之后，其所在部门的领导经常以各种方式对郭某进行性骚扰。对此，郭某非常烦恼。那么，妇女受到性骚扰时，如何维护自己的权利？

律师答疑

在现代社会，性骚扰已经成为热点而受到极大的关注，其对女性的伤害，有时候并不表现在身体上，更多的是表现在精神上。有些性骚扰是直接的、明显的，但更多的性骚扰是间接的、隐秘的，很难明确性骚扰的界限。为此，《妇女权益保障法》第 23 条明确了性骚扰的实施方式，第 23 条第 1 款规定，禁止违背妇女意愿，以言语、文字、图像、肢体行为等方式对其实施性骚扰。

受害妇女可以向有关单位和国家机关投诉。接到投诉的有关单位和国家机关应当及时处理，并书面告知处理结果。受害妇女可以向公安机关报案，也可以向人民法院提起民事诉讼，依法请求行为人承担民事责任。

法律依据

《中华人民共和国妇女权益保障法》

第二十三条 禁止违背妇女意愿，以言语、文字、图像、肢体行为等方式对其实施性骚扰。

受害妇女可以向有关单位和国家机关投诉。接到投诉的有关单位和国家机关应当及时处理，并书面告知处理结果。

受害妇女可以向公安机关报案，也可以向人民法院提起民事诉讼，依法请求行为人承担民事责任。

140. 学校应该从哪些方面预防对女学生的性骚扰？

法律咨询

笑笑是一名初三学生，经常遭到同班男生的骚扰，笑笑不得已转学，为避免再次发生笑笑这类的情况，学校应该从哪些方面预防对女学生的性骚扰？

律师答疑

学校既是传播书本知识的地方，也是培养学生正确道德观和行为方式的地方。学校应当根据女学生的年龄阶段，进行生理卫生、心理健康和自我保护教育，在教育、管理、设施等方面采取措施，提高其防范性侵害、性骚扰的自我保护意识和能力，保障女学生的人身安全和身心健康发展。

学校聘用教职员工或者引入志愿者、社会工作者等校外人员时，应当查询上述人员是否具有性侵害、性骚扰等违法犯罪记录，发现其具有上述记录的，不得录用或者引入。学校应当建立预防性侵害、性骚扰的工作制度。对性侵害、性骚扰女学生的违法犯罪行为，学校不得隐瞒，应当及时通知受害女学生的父母或者其他监护人，向公安机关、教育行政部门报告，并配合相关部门依法处理。对遭受性侵害、性骚扰的女学生，学校、公安机关、教育行政部门等相关单位和人员应当保护其隐私。

法律依据

《中华人民共和国妇女权益保障法》

第二十四条 学校应当根据女学生的年龄阶段，进行生理卫生、心理健康和自我保护教育，在教育、管理、设施等方面采取措施，提高其防范性侵害、性骚扰的自我保护意识和能力，保障女学生的人身安全和身心健康发展。

学校应当建立有效预防和科学处置性侵害、性骚扰的工作制度。对性侵害、性骚扰女学生的违法犯罪行为，学校不得隐瞒，应当及时通知受害未成年女学生的父母或者其他监护人，向公安机关、教育行政部门报告，并配合相关部门依法处理。

对遭受性侵害、性骚扰的女学生，学校、公安机关、教育行政部门等相关单位和人员应当保护其隐私和个人信息，并提供必要的保护措施。

141. 用人单位应当采取哪些措施预防和制止对妇女的性骚扰？

法律咨询

孙女士在一家私营公司工作，但是其上司却借职位之便经常对孙女士实施性骚扰，孙女士不得不跳槽到其他公司工作。那么，用人单位应当采取哪些措施预防和制止对妇女的性骚扰？

律师答疑

职场是性骚扰的高发场所，为了预防和制止妇女在工作场所受到性骚扰，用人单位应当采取下列措施：（1）制定禁止性骚扰的规章制度；（2）明确负责机构或者人员；（3）开展预防和制止性骚扰的教育培训活动；（4）采取必要的安全保卫措施；（5）设置投诉电话、信箱等，畅通投诉渠道；（6）建立和完善调查处置程序，及时处置纠纷并保护当事人隐私和个人信息；（7）支持、协助受害妇女依法维权，必要时为受害妇女提供心理疏导；（8）其他合理的预防和制止措施。

法律依据

《中华人民共和国妇女权益保障法》

第二十五条 用人单位应当采取下列措施预防和制止对妇女的性骚扰：

（一）制定禁止性骚扰的规章制度；

（二）明确负责机构或者人员；

（三）开展预防和制止性骚扰的教育培训活动；

（四）采取必要的安全保卫措施；

（五）设置投诉电话、信箱等，畅通投诉渠道；

（六）建立和完善调查处置程序，及时处置纠纷并保护当事人隐私和个人信息；

（七）支持、协助受害妇女依法维权，必要时为受害妇女提供心理疏导；

（八）其他合理的预防和制止性骚扰措施。

142. 分手或离婚后对方公开女方个人隐私怎么办？

法律咨询

赵女士与钱先生因为感情不和离婚后，钱先生多次找赵女士求复合，均被赵女士拒绝，钱先生便以在网络上公开赵女士的手机号、住址等个人信息相要挟，导致赵女士的生活受到很大影响。那么，分手或离婚后对方公开女方个人隐私怎么办？

律师答疑

《妇女权益保障法》第29条规定，禁止以恋爱、交友为由或者在终止恋爱关系、离婚之后，纠缠、骚扰妇女，泄露、传播妇女隐私和个人信息。遇到此类情况，妇女应该注意收集保留相关证据，也可以寻求家人提供更多的帮助。如果有受到侵害的危险，女方可以在采取必要防卫措施的同时保留相关证据，及时报警或者向人民法院申请人身安全保护令。

法律依据

《中华人民共和国妇女权益保障法》

第二十九条 禁止以恋爱、交友为由或者在终止恋爱关系、离婚之后，纠缠、骚扰妇女，泄露、传播妇女隐私和个人信息。

妇女遭受上述侵害或者面临上述侵害现实危险的，可以向人民法院申请人身安全保护令。

143. 妇女自行终止妊娠，是否侵犯了丈夫的生育权?

法律咨询

徐某是某杂志社的员工，由于马上就要升职，因此，她在发现自己怀孕后，没有经过丈夫的同意就自行终止了妊娠。徐某的丈夫得知后，认为徐某侵犯了自己的生育权。那么，妇女自行终止妊娠，是否侵犯了丈夫的生育权?

律师答疑

生育权是指公民享有生育子女及获得相关服务、信息的权利，不论男女都有生育权，但是妇女自行终止妊娠，没有侵犯丈夫的生育权，这是为什么呢?《妇女权益保障法》第 32 条规定，妇女依法享有生育子女的权利，也有不生育子女的自由。也就是说，尽管丈夫和妻子都有生育的权利，但是生育权是通过女性实现的，需要女性怀胎十月产子。因此，法律规定，妇女有按照国家有关规定生育子女的权利，也有不生育子女的自由。不生育的自由，包括不怀孕的自由和怀孕后终止妊娠的自由。妇女自行终止妊娠，行使了不生育的权利，没有侵犯丈夫的生育权。

法律依据

《中华人民共和国妇女权益保障法》

第三十二条　妇女依法享有生育子女的权利，也有不生育子女的自由。

144. 国家在妇女的生育方面有哪些相关的保障制度？

法律咨询

董某和丈夫正在备孕，听说孕前要到医院做体检，孕期需要定期到医院做检查。董某想知道，这些检查是必须做的吗？国家对于生育的妇女有哪些制度保障？

律师答疑

结婚、生育是妇女的基本权利，任何人不得以任何理由剥夺或者变相剥夺妇女的该项基本权利。根据《妇女权益保障法》第33条的规定，国家实行婚前、孕前、孕产期和产后保健制度，逐步建立妇女全生育周期系统保健制度。医疗保健机构应当提供安全、有效的医疗保健服务，保障妇女生育安全和健康。有关部门应当提供安全、有效的避孕药具和技术，保障妇女的健康和安全。国家发展女性、母婴保健事业，在以上制度的保障下，为女性提供必要的条件和物质帮助，以提高出生人口素质，保障女性、母亲和婴儿的健康。

法律依据

《中华人民共和国妇女权益保障法》

第三十三条 国家实行婚前、孕前、孕产期和产后保健制度，逐步建立妇女全生育周期系统保健制度。医疗保健机构应当提供安全、有效的医疗保健服务，保障妇女生育安全和健康。

有关部门应当提供安全、有效的避孕药具和技术，保障妇女的健康和安全。

第二节 文化教育权利

145. 学校在录取学生时，可以以性别为由拒绝录取女性吗？

法律咨询

小方是某学校的一名大学生，本科毕业后准备继续攻读硕士研究生。但是，她听同学说，她打算报考的专业很多学校并不录取女生。那么，学校在录取学生时，可以以性别为由拒绝录取女性吗？

律师答疑

学校录取学生时以性别为由拒绝录取女性是违法的。妇女享有与男子平等的文化教育权利。《妇女权益保障法》第37条规定，学校和有关部门应当执行国家有关规定，保障妇女在入学、升学、授予学位、派出留学、就业指导和服务等方面享有与男子平等的权利。学校在录取学生时，除国家规定的特殊专业外，不得以性别为由拒绝录取女性或者提高对女性的录取标准。各级人民政府应当采取措施，保障女性平等享有接受中高等教育的权利和机会。

法律依据

《中华人民共和国妇女权益保障法》

第三十五条　国家保障妇女享有与男子平等的文化教育权利。

第三十七条　学校和有关部门应当执行国家有关规定，保障妇女在入学、升学、授予学位、派出留学、就业指导和服务等方面享有与男子平等的权利。

学校在录取学生时，除国家规定的特殊专业外，不得以性别为由拒绝录取女性或者提高对女性的录取标准。

各级人民政府应当采取措施，保障女性平等享有接受中高等教育的权利和机会。

146. 政府、社会、学校在保障适龄女性儿童、少年接受义务教育方面承担什么义务和责任?

法律咨询

小玲由于家庭条件困难,且其父母认为女孩子读书没用,因此在小学毕业之后,她便辍学在家帮忙做事。那么,政府、社会、学校在保障适龄女性儿童、少年接受义务教育方面承担什么义务和责任?

律师答疑

根据《宪法》的规定,公民有受教育的权利和义务。《义务教育法》从政府、社会、学校等多方面对义务教育进行详细的规定,充分保障未成年人接受义务教育的权利。对此,政府、学校应当采取有效措施,解决适龄女性未成年人就学存在的实际困难,并创造条件,保证适龄女性未成年人完成义务教育。保障适龄女性未成年人接受义务教育,既是父母或者其他监护人的义务和责任,也是国家、社会、学校的义务和责任。设立各种助学金、减免各种费用、争取就近入学、改善教学条件和设施等,都是保证贫困、残疾和流动人口中的适龄女性未成年人完成义务教育的有效措施。目前,我国实行小学、初中九年义务教育,儿童的辍学率已经大大降低,对于上学有困难的女性未成年人,政府和学校应当采取措施,保证未成年人完成义务教育。

法律依据

《中华人民共和国妇女权益保障法》

第三十六条 父母或者其他监护人应当履行保障适龄女性

未成年人接受并完成义务教育的义务。

对无正当理由不送适龄女性未成年人入学的父母或者其他监护人，由当地乡镇人民政府或者县级人民政府教育行政部门给予批评教育，依法责令其限期改正。居民委员会、村民委员会应当协助政府做好相关工作。

政府、学校应当采取有效措施，解决适龄女性未成年人就学存在的实际困难，并创造条件，保证适龄女性未成年人完成义务教育。

第三节 劳动和社会保障权益

147.《妇女权益保障法》中关于妇女的劳动权益作了哪些规定？

法律咨询

小丽是某学校的大学毕业生，在应聘时，某公司却以她是女性为由而拒绝录用。对此，小丽认为自己应当用法律武器保护自己的权利。那么，《妇女权益保障法》就妇女的劳动权益作了哪些规定？

律师答疑

《宪法》《妇女权益保障法》《劳动法》对妇女的劳动权益保护均有规定，国家保障妇女享有与男子平等的劳动权利和社会保障权利。各级人民政府和有关部门应当完善就业保障政策措施，防止和纠正就业性别歧视，为妇女创造公平的就业创业环境，为就业困难的妇女提供必要的扶持和援助。

法律依据

《中华人民共和国妇女权益保障法》

第四十一条 国家保障妇女享有与男子平等的劳动权利和社会保障权利。

第四十二条 各级人民政府和有关部门应当完善就业保障政策措施，防止和纠正就业性别歧视，为妇女创造公平的就业创业环境，为就业困难的妇女提供必要的扶持和援助。

148. 单位录用女职工时，应当与其签订劳动（聘用）合同或服务协议吗？

法律咨询

关某高中毕业后便到某服装公司应聘，但应聘成功后，该企业却以关某是女职工为由拒绝与其签订劳动合同。那么，单位录用女职工时，应当与其签订劳动（聘用）合同或服务协议吗？

律师答疑

在市场经济条件下，用人单位是劳动关系中提供就业机会的一方，有权自主招用职员。劳动者是自由就业的主体，双方只有订立了劳动（聘用）合同或者服务协议，彼此才会产生劳动法律关系，劳动者的劳动权益才能受到更为有效的保护。女职工的权益同样需要保护，用人单位应当与女职工签订劳动合同。《妇女权益保障法》第 44 条规定，用人单位在录（聘）用女职工时，应当依法与其签订劳动（聘用）合同或者服务协议，劳动（聘用）合同或者服务协议中应当具备女职工特殊保护条款，并不得规定限制女职工结婚、生育等内容。职工一方与用人单位订立的集体合同中应当包含男女平等和女职工权益保护相关内容，也可以就相关内容制定专章、附件或者单独订立女职工权益保护专项集体合同。

法律依据

《中华人民共和国妇女权益保障法》

第四十四条　用人单位在录（聘）用女职工时，应当依法与其签订劳动（聘用）合同或者服务协议，劳动（聘用）合同或者服务协议中应当具备女职工特殊保护条款，并不得规定限制女职工结婚、生育等内容。

职工一方与用人单位订立的集体合同中应当包含男女平等和女职工权益保护相关内容，也可以就相关内容制定专章、附件或者单独订立女职工权益保护专项集体合同。

149. 用人单位在录用女职工时，有哪些特殊规定？

法律咨询

刘某大学毕业后到某单位应聘，发现单位限定应聘者为男性，刘某对此感到十分疑惑，向单位询问后未得到合理答复。那么，用人单位在录用女职工时,有哪些特殊规定?

律师答疑

任何用人单位都不应该限制女性的就业机会,除国家规定的不适合妇女的工种或者岗位外,不能以性别、结婚、生育为由拒绝录用妇女。《妇女权益保障法》中规定了几类禁止行为:限定为男性或者规定男性优先;除个人基本信息外,进一步询问或者调查女性求职者的婚育情况;将妊娠测试作为入职体检项目;将限制结婚、生育或者婚姻、生育状况作为录(聘)用条件;其他以性别为由拒绝录(聘)用妇女或者差别化地提高对妇女录(聘)用标准的行为。

法律依据

《中华人民共和国妇女权益保障法》

第四十三条 用人单位在招录(聘)过程中,除国家另有规定的外,不得实施下列行为:

(一)限定为男性或者规定男性优先;

(二)除个人基本信息外,进一步询问或者调查女性求职者的婚育情况;

(三)将妊娠测试作为入职体检项目;

(四)将限制结婚、生育或者婚姻、生育状况作为录(聘)用条件;

(五)其他以性别为由拒绝录(聘)用妇女或者差别化地提高对妇女录(聘)用标准的行为。

150. 单位在劳动合同中是否可以规定限制女职工结婚、生育的内容？

法律咨询

小琳是某校的研究生，毕业后成功应聘到一家外贸公司。但是，在准备签订劳动合同时，小琳发现，劳动合同中规定她三年内不能结婚。那么，单位在劳动合同中是否可以规定限制女职工结婚、生育的内容？

律师答疑

单位在劳动合同中不可以规定限制女职工结婚、生育的内容。《妇女权益保障法》第 43 条规定，用人单位在招录（聘）过程中，除国家另有规定的外，不得将限制结婚、生育或者婚姻、生育状况作为录（聘）用条件。第 44 条规定，用人单位在录（聘）用女职工时，应当签订劳动（聘用）合同或者服务协议，劳动（聘用）合同或者服务协议中应当具备女职工特殊保护条款，并不得规定限制女职工结婚、生育等内容。

另外，为了保护女职工的权益，在集体合同中应当包含男女平等和女职工权益保护相关内容，也可以就相关内容制定专章、附件或者单独订立女职工权益保护专项集体合同。

根据上述法律规定，用人单位与女职工签订劳动合同或服务协议时，应当按照法律规定，遵守平等、自愿、合法的原则，用人单位不能以自己的利益和意志强迫女职工签订有损于其自身利益和合法权益的合同。因此，用人单位不能在劳动合同中规定限制女职工结婚、生育的内容。

法律依据

《中华人民共和国妇女权益保障法》

第四十三条 用人单位在招录（聘）过程中，除国家另有规定的外，不得实施下列行为：

（一）限定为男性或者规定男性优先；

（二）除个人基本信息外，进一步询问或者调查女性求职者的婚育情况；

（三）将妊娠测试作为入职体检项目；

（四）将限制结婚、生育或者婚姻、生育状况作为录（聘）用条件；

（五）其他以性别为由拒绝录（聘）用妇女或者差别化地提高对妇女录（聘）用标准的行为。

第四十四条 用人单位在录（聘）用女职工时，应当依法与其签订劳动（聘用）合同或者服务协议，劳动（聘用）合同或者服务协议中应当具备女职工特殊保护条款，并不得规定限制女职工结婚、生育等内容。

职工一方与用人单位订立的集体合同中应当包含男女平等和女职工权益保护相关内容，也可以就相关内容制定专章、附件或者单独订立女职工权益保护专项集体合同。

151.《劳动法》对女职工在经期、孕期、产期、哺乳期所享受的特殊保护有哪些规定？

法律咨询

小晨在大学期间成绩优秀，因此毕业后很快便找到了工作。

因为小晨经常听说女性在就业时会受到歧视，所以，很想了解一下《妇女权益保障法》《劳动法》对女职工在经期、孕期、产期、哺乳期所享受的特殊保护有哪些规定？

律师答疑

基于女性在经期、孕期、产期、哺乳期的特殊生理特点，《妇女权益保障法》第 47 条第 2 款规定，妇女在经期、孕期、产期、哺乳期受特殊保护。第 48 条规定，用人单位不得因结婚、怀孕、产假、哺乳等情形，降低女职工的工资和福利待遇，限制女职工晋职、晋级、评聘专业技术职称和职务，辞退女职工，单方解除劳动（聘用）合同或者服务协议。女职工在怀孕以及依法享受产假期间，劳动（聘用）合同或者服务协议期满的，劳动（聘用）合同或者服务协议期限自动延续至产假结束。用人单位在执行国家退休制度时，不得以性别为由歧视妇女。

另外，《劳动法》对女职工工作的环境、强度、时长、休息以及在孕产期的特殊保护等作出明确规定。根据《劳动法》第 58～63 条的规定，国家对女职工和未成年工实行特殊劳动保护：（1）不得安排女职工在经期从事高处、低温、冷水作业和国家规定的第三级体力劳动强度的劳动。（2）不得安排女职工在怀孕期间、哺乳未满 1 周岁的婴儿期间从事国家规定的第三级体力劳动强度的劳动和孕期、哺乳期禁忌从事的劳动。（3）对怀孕 7 个月以上的女职工和哺乳未满 1 周岁婴儿的女职工，不得安排其延长工作时间和夜班劳动。（4）女职工生育享受不少于 90 天的产假。

法律依据

《中华人民共和国妇女权益保障法》

第四十七条 用人单位应当根据妇女的特点,依法保护妇女在工作和劳动时的安全、健康以及休息的权利。

妇女在经期、孕期、产期、哺乳期受特殊保护。

第四十八条 用人单位不得因结婚、怀孕、产假、哺乳等情形,降低女职工的工资和福利待遇,限制女职工晋职、晋级、评聘专业技术职称和职务,辞退女职工,单方解除劳动(聘用)合同或者服务协议。

女职工在怀孕以及依法享受产假期间,劳动(聘用)合同或者服务协议期满的,劳动(聘用)合同或者服务协议期限自动延续至产假结束。但是,用人单位依法解除、终止劳动(聘用)合同、服务协议,或者女职工依法要求解除、终止劳动(聘用)合同、服务协议的除外。

用人单位在执行国家退休制度时,不得以性别为由歧视妇女。

《中华人民共和国劳动法》

第五十八条第一款 国家对女职工和未成年工实行特殊劳动保护。

第五十九条 禁止安排女职工从事矿山井下、国家规定的第四级体力劳动强度的劳动和其他禁忌从事的劳动。

第六十条 不得安排女职工在经期从事高处、低温、冷水作业和国家规定的第三级体力劳动强度的劳动。

第六十一条 不得安排女职工在怀孕期间从事国家规定的第三级体力劳动强度的劳动和孕期禁忌从事的劳动。对怀孕七个月以上的女职工，不得安排其延长工作时间和夜班劳动。

第六十二条　女职工生育享受不少于九十天的产假。

第六十三条　不得安排女职工在哺乳未满一周岁的婴儿期间从事国家规定的第三级体力劳动强度的劳动和哺乳期禁忌从事的其他劳动，不得安排其延长工作时间和夜班劳动。

152. 什么是男女同工同酬？

法律咨询

钱某是某公司新入职的员工，但是，其在公司工作了半年之后发现，相同的岗位，男职工每月的工资比女职工每月的工资高500元。对此，钱某觉得非常不公平，认为男女应当同工同酬。那么，什么是男女同工同酬？

律师答疑

《妇女权益保障法》第45条规定，实行男女同工同酬。妇女在享受福利待遇方面享有与男子平等的权利。《劳动法》第46条第1款也规定，工资分配应当遵循按劳分配原则，实行同工同酬。因此，单位不能因为劳动者的性别区分不同的劳动报酬，从事相同工作内容的，应当获得同级别工资待遇。男女同工同酬是指同一行业、同一工种，在技术熟练程度相同的情况下，所有劳动者不分性别，应当获得相同的劳动报酬。劳动报酬是指用人单位依据国家有关规定和集体合同、劳动合同约定的标准，以货币形式支付给劳动者的工资。国际劳工组织《男女工人同工同酬公约》第1条

b 款规定,“男女工人同工同酬”一词,系指无性别歧视的报酬率。第 3 条要求对各种工作岗位进行客观评定,用以进行这种评定的方法可由决定报酬率的机关确定,如报酬率系由集体协议决定,则须由有关各方确定。

法律依据

《中华人民共和国妇女权益保障法》

第四十五条 实行男女同工同酬。妇女在享受福利待遇方面享有与男子平等的权利。

《男女工人同工同酬公约》

第一条 本公约中:

a.“报酬”一词,系指通常的、基本的或最低的工资或薪金,以及雇主因雇用工人而直接或间接向其支付的其他任何现金报酬或实物报酬;

b.“男女工人同工同酬”一词,系指无性别歧视的报酬率。

第三条

1. 在有助于本公约各项条款的实施时,应采取各种措施,以促进根据所从事的工作对各种工作岗位进行客观评定。

2. 进行这种评定所使用的方法可由决定报酬率的机关确定,如报酬率系由集体协议决定,则须由有关各方确定。

3. 凡因从事不同工作而由上述客观评定所规定的工人之间的不同报酬率,在与性别无关的情况下,不得被视为违反男女工人同工同酬原则。

《中华人民共和国劳动法》

第四十六条 工资分配应当遵循按劳分配原则,实行同工同酬。

工资水平在经济发展的基础上逐步提高。国家对工资总量实行宏观调控。

153. 如何维护妇女的发展权？

法律咨询

辛某是某事业单位的职员，工作几年之后，为了晋升想继续深造。但是，辛某的母亲却认为，妇女应当照顾家庭，无须晋升职务。辛某认为妇女也有发展权。那么，应该如何维护妇女的发展权？

律师答疑

《妇女权益保障法》第46条规定，用人单位在晋职、晋级、评聘专业技术职称和职务、培训等方面，应当坚持男女平等的原则，不得歧视妇女。根据上述法律规定，每个妇女都有享受社会进步所带来的成果的权利，也有主张自己与他人共同发展的权利，即在升学、就业、晋职晋级、接受培训等方面的权利。倡导妇女的发展权，一是推进性别平等的权利和决策参与。这是积极的维权，将有助于减少在集体和个体层面上对妇女权益的损害，从而可以减轻妇女组织为受害妇女伸张正义的传统维权工作的负荷和难度。二是必须进行公众教育。各种大众传媒、各级各类学校、各种文艺和娱乐场所都可以成为公众教育的平台，通过播放促进妇女发展的公益广告、传播先进的性别文化和价值观念等，保障妇女各方面的发展权。

法律依据

《中华人民共和国妇女权益保障法》

第四十六条 在晋职、晋级、评聘专业技术职称和职务、培训等方面，应当坚持男女平等的原则，不得歧视妇女。

154. 单位在保护妇女权益方面承担什么职责?

法律咨询

张某是某服装厂的职工，该服装厂经常让女职工搬运货物，张某等人对此感到不满。张某认为，单位应当承担保护妇女权益的职责。那么，单位在保护妇女权益方面承担什么职责?

律师答疑

用人单位应当根据妇女的特点，依法保护妇女在工作和劳动时的安全和健康。妇女在经期、孕期、产期、哺乳期受特殊保护。由于妇女的身体结构和生理机能与男子不同，有些作业环境会影响妇女的安全和健康。例如，繁重的体力劳动、接触有毒有害物质、长期从事震动工作、不良气象条件、放射物质的辐射、长期从事紧张性劳动等，都会对妇女职工产生不良影响。根据我国《劳动法》第59～61条的规定，禁止安排女职工从事矿山井下、国家规定的第四级体力劳动强度的劳动和其他禁忌从事的劳动。女职工在经期不能从事高处、低温、冷水作业和国家规定的第三级体力劳动强度的劳动；女职工在怀孕期间不能从事国家规定的第三级体力劳动强度的劳动和孕期禁忌从事的劳动；女职工怀孕7个月以上的，不得安排其延长工作时间和夜班劳动。《女职工劳动保护特别规定》附录中具体规定了女职工禁忌从事的劳动范围：（1）矿山井下作业；（2）体力劳动强度分级标准中规定的第四级体力劳动强度的作业；（3）每小时负重6次以上、每次负重超过20公斤的作业，或者间断负重、每次负重超过25公斤的作业。

法律依据

《中华人民共和国妇女权益保障法》

第四十七条　用人单位应当根据妇女的特点，依法保护妇女在工作和劳动时的安全、健康以及休息的权利。

妇女在经期、孕期、产期、哺乳期受特殊保护。

《中华人民共和国劳动法》

第五十九条　禁止安排女职工从事矿山井下、国家规定的第四级体力劳动强度的劳动和其他禁忌从事的劳动。

第六十条　不得安排女职工在经期从事高处、低温、冷水作业和国家规定的第三级体力劳动强度的劳动。

第六十一条　不得安排女职工在怀孕期间从事国家规定的第三级体力劳动强度的劳动和孕期禁忌从事的劳动。对怀孕七个月以上的女职工，不得安排其延长工作时间和夜班劳动。

《女职工劳动保护特别规定》

附录：女职工禁忌从事的劳动范围

一、女职工禁忌从事的劳动范围：

（一）矿山井下作业；

(二)体力劳动强度分级标准中规定的第四级体力劳动强度的作业;

(三)每小时负重6次以上、每次负重超过20公斤的作业,或者间断负重、每次负重超过25公斤的作业。

……

155. 国家在保障妇女权益方面承担什么职责?

法律咨询

周某是某市国有企业的一名职工,在平时的工作中,周某认为妇女经常受到歧视。因此,周某认为,不仅用人单位有保护妇女权益的职责,国家也应当承担此种职责。那么,国家在保障妇女权益方面承担什么职责?

律师答疑

国家发展社会保险、社会救助、社会福利和医疗卫生事业,保障妇女享有社会保险、社会救助、社会福利和卫生保健等权益。

社会保障,是指国家为了保障社会安全和经济发展而依法建立的,在公民由于年老、疾病、伤残、失业、灾害、战争等原因导致生活发生困难的情况下,由国家和社会通过国民收入分配,提供物质帮助,以满足公民基本生活需要的制度。社会保障项目包括社会保险、社会救助、社会福利、社会优抚等,其核心是社会保险。我国在社会保障方面存在的问题是社会保险覆盖面较窄,在落后地区尤其突出,其中妇女享受社会保障和职工福利的程度总体上低于男性。因此,《妇女权益保障法》第 49 条规定,人力资源和社会保障部门应当将招聘、录取、晋职、晋级、评聘专业技术职称和职务、培训、辞退等过程中的性别歧视行为纳入劳动保障监察范围。国家建立健全职工生育休假制度,保障孕产期女职工依法享有休息休假权益。国家发展社会保障事业,保障妇女享有社会保险、社会救助和社会福利等权益。国家提倡和鼓励为帮助妇女而开展的社会公益活动。

法律依据

《中华人民共和国妇女权益保障法》

第四十九条　人力资源和社会保障部门应当将招聘、录取、晋职、晋级、评聘专业技术职称和职务、培训、辞退等过程中的性别歧视行为纳入劳动保障监察范围。

第五十条　国家发展社会保障事业,保障妇女享有社会保险、社会救助和社会福利等权益。

国家提倡和鼓励为帮助妇女而开展的社会公益活动。

156. 什么是生育救助?

法律咨询

季某是某村的村民,由于家里生活条件非常困难,因此,在怀孕之后,她没有钱到医院进行护理。对此,季某的一个亲戚告诉她,现在有生育救助制度,她可以获得生育津贴。那么,什么是生育救助?地方各级政府及有关部门在生育救助方面承担什么职责?

律师答疑

生育救助是指地方政府建立生育救助基金,支付无权享受生育保险待遇的贫困孕产妇的生育医疗费用的一种社会保障制度。由于农村地区生育保险制度覆盖面窄、实施较差,所以许多农村户籍的妇女被排除在外,部分城镇失业妇女也无法享受到生育保险待遇。《妇女权益保障法》第51条规定:国家实行生育保险制度,建立健全婴幼儿托育服务等与生育相关的其他保障制度。国家建立健全职工生育休假制度,保障孕产期女职工依法享有休息休假权益。地方各级人民政府和有关部门应当按照国家有关规定,为符合条件的困难妇女提供必要的生育救助。通过上述规定,妇女可以享受单位缴纳的生育保险,对于生活困难的妇女,政府及有关部门应当提供必要的生育救助。

法律依据

《中华人民共和国妇女权益保障法》

第五十一条 国家实行生育保险制度,建立健全婴幼儿托育服务等与生育相关的其他保障制度。

国家建立健全职工生育休假制度,保障孕产期女职工依法享有休息休假权益。

地方各级人民政府和有关部门应当按照国家有关规定,为符合条件的困难妇女提供必要的生育救助。

第四节　财产权益

157. 出嫁的女儿可否享有继承父母财产的权利？

法律咨询

小黎的父亲去世之后，将自己的财产都留给了小黎的弟弟。对此，小黎感到很不满，而小黎的母亲却说，小黎是出嫁的女儿，没有继承父母财产的权利。那么，出嫁的女儿可否享有继承父母财产的权利？

律师答疑

出嫁的女儿是父母的第一顺序继承人，享有继承父母财产的权利。《民法典》第 1126 条规定，继承权男女平等。子女作为第一顺序继承人，均有权作为继承人，平等地继承遗产。对此，《妇女权益保障法》第 53 条规定：国家保障妇女享有与男子平等的财产权利。第 58 条进一步规定：妇女享有与男子平等的继承权。妇女依法行使继承权，不受歧视。丧偶妇女有权依法处分继承的财产，任何组织和个人不得干涉。

所以，根据上述法律规定，出嫁的女儿作为第一顺序继承人，有权继承父母的遗产。

法律依据

《中华人民共和国民法典》

第一千一百二十六条 继承权男女平等。

第一千一百二十七条 遗产按照下列顺序继承:

(一)第一顺序:配偶、子女、父母;

(二)第二顺序:兄弟姐妹、祖父母、外祖父母。

继承开始后,由第一顺序继承人继承,第二顺序继承人不继承;没有第一顺序继承人继承的,由第二顺序继承人继承。

本编所称子女,包括婚生子女、非婚生子女、养子女和有扶养关系的继子女。

……

《中华人民共和国妇女权益保障法》

第五十三条 国家保障妇女享有与男子平等的财产权利。

第五十八条 妇女享有与男子平等的继承权。妇女依法行使继承权,不受歧视。

丧偶妇女有权依法处分继承的财产,任何组织和个人不得干涉。

158. 如何保护丧偶儿媳的继承权?

法律咨询

王某的丈夫付某因车祸去世,在付某去世之后,王某一直照顾公公婆婆。但是，付某的弟弟却阻拦父母将财产留给王某。那么，如何保护丧偶儿媳的继承权？

律师答疑

孝敬父母是中华民族的传统美德，养老方式是以家庭养老为主，因此国家鼓励子女赡养老人。但是如果子女先于父母去世，子女的配偶继续赡养老人更是美德的体现。国家通过法律和政策对丧偶妇女赡养公婆予以肯定。《民法典》第 1129 条规定，丧偶儿媳对公婆，丧偶女婿对岳父母，尽了主要赡养义务的，作为第一顺序继承人。《妇女权益保障法》第 59 条则从妇女的角度进一步规定，丧偶儿媳对公婆尽了主要赡养义务的，作为第一顺序继承人，其继承权不受子女代位继承的影响。根据上述规定，丧偶儿媳对公、婆尽了主要赡养义务的，就是公、婆第一顺序法定继承人，且其继承权不受子女代位继承的影响。丧偶妇女通过继承获得的财产是其合法所有的财产，其有权处分，任何人不得干涉。

法律依据

《中华人民共和国民法典》

第一千一百二十九条 丧偶儿媳对公婆，丧偶女婿对岳父母，尽了主要赡养义务的，作为第一顺序继承人。

《中华人民共和国妇女权益保障法》

第五十九条 丧偶儿媳对公婆尽了主要赡养义务的，作为第一顺序继承人，其继承权不受子女代位继承的影响。

159. 夫妻共同财产包括哪些？

法律咨询

许某因丈夫范某有外遇而打算离婚，但范某不同意离婚，故许某准备提起诉讼。为此，许某想咨询一下夫妻共同财产的范围。那么，夫妻共同财产包括哪些？

律师答疑

夫妻在婚姻关系存续期间取得的财产，原则上属于夫妻共同财产，包括：（1）工资、奖金、劳务报酬；（2）生产、经营、投资的收益；（3）知识产权的收益；（4）继承或者受赠的财产，但是遗嘱或遗赠合同中确定只归一方的财产除外；（5）其他应当归共同所有的财产。夫妻对共同财产，有平等的处理权。很多财产的来源具有特殊性，判定其为夫妻共同财产的依据，是该财产需要一方或双方付出体力或脑力劳动所得，除了上述列明的财产为夫妻共同财产以外，一方以个人财产投资产生的收益、取得的住房补贴或住房公积金等也属于夫妻共同财产。

法律依据

《中华人民共和国民法典》

第一千零六十二条 夫妻在婚姻关系存续期间所得的下列财产，为夫妻的共同财产，归夫妻共同所有：

（一）工资、奖金、劳务报酬；

（二）生产、经营、投资的收益；

（三）知识产权的收益；

（四）继承或者受赠的财产，但是本法第一千零六十三条第三项规定的除外；

（五）其他应当归共同所有的财产。

夫妻对共同财产，有平等的处理权。

160. 妻子对夫妻共同财产有何权利？

法律咨询

杜某结婚之后，就一直在家照顾家庭，协助丈夫工作。但是，杜某的丈夫却一直限制杜某对家里财产的处分，认为杜某没有收入，就没有对财产的处分权。那么，妻子对夫妻共同财产有何权利？

律师答疑

妻子对夫妻共同财产有和丈夫平等的权利，包括对财产的占有、使用、收益、处分等权利。《妇女权益保障法》第 53 条规定，国家保障妇女享有与男子平等的财产权利。《民法典》第 1060 条规定，夫妻一方因家庭日常生活需要而实施的民事法律行为，对夫妻双方发生效力，但是夫妻一方与相对人另有约定的除外。夫妻的财产共有关系是共同共有而不是按份共有，无论是一方收入多，另一方收入少；还是一方从事有报酬的社会劳动，另一方从事无报酬的家务劳动，双方对夫妻共同财产都享有平等的所有权和处分权。当然，夫妻双方也可以通过书面约定变更财产的归属。

法律依据

《中华人民共和国民法典》

第一千零六十条第一款 夫妻一方因家庭日常生活需要而实施的民事法律行为,对夫妻双方发生效力,但是夫妻一方与相对人另有约定的除外。

《中华人民共和国妇女权益保障法》

第五十三条 国家保障妇女享有与男子平等的财产权利。

161. 哪些财产是夫妻一方的财产?

法律咨询

陈某因经常遭受丈夫的家庭暴力而提出离婚,但是,在诉讼离婚时,陈某的丈夫向法院提出分割婚前陈某父母赠与她的一套房子,由于此套房屋属于夫妻一方的财产,该请求被法院驳回。那么,哪些财产是夫妻一方的财产?

律师答疑

根据《民法典》第1063条的规定,夫妻一方的财产包括:(1)一方的婚前财产;(2)一方因受到人身损害获得的赔偿或者补偿;(3)遗嘱或赠与合同中确定只归夫或妻一方的财产;(4)一方专用的生活用品;(5)其他应当归一方的财产。根据上述法律规定,婚前取得的财产以及基于个人人身、身份取得的财产,属于夫妻个人财产,离婚时不需要分割。陈某婚前父母赠与自己的房子属于婚前财产,因此法院驳回其丈夫要求分割房产的诉讼请求。

法律依据

《中华人民共和国民法典》

第一千零六十三条　下列财产为夫妻一方的个人财产：

（一）一方的婚前财产；

（二）一方因受到人身损害获得的赔偿或者补偿；

（三）遗嘱或者赠与合同中确定只归一方的财产；

（四）一方专用的生活用品；

（五）其他应当归一方的财产。

162. 夫妻一方个人财产在婚后产生的收益属于个人财产还是夫妻共同财产？

法律咨询

贾某与丈夫长年分居两地，后来，贾某觉得双方之间的感情已经破裂，故提出离婚。在离婚时，贾某要求丈夫将其婚前购买的股票所产生的收益按照夫妻共同财产予以分割，但丈夫并不同意。那么，夫妻一方个人财产在婚后产生的收益属于个人财产还是夫妻共同财产？

律师答疑

一般来讲，夫妻一方财产在婚后的收益主要包括孳息、投资经营收益及自然增值。《民法典》第 1062 条规定，婚姻关系存续期间所得的生产、经营收益及知识产权收益，归夫妻共同所有，根据相关司法解释，夫妻一方个人财产在婚后产生的收益，除孳息和自然增值外，应认定为夫妻共同财产。也就是说，个人财产的孳息和自然增值仍然属于个人财产，比如银行存款的利息应认定为一方的个人财产；至于自然增值，比如一方婚前有一套房子价格为 50 万元，离婚时因市场因素涨到 200 万元，其中 150 万元就属于自然增值，离婚时还是一方的个人财产。对于通过炒股、理财以及经营等方式取得的收益，需要一方或双方投入时间、精力，因此它们会被认定为夫妻共同财产。

法律依据

《中华人民共和国民法典》

第一千零六十二条 夫妻在婚姻关系存续期间所得的下列财产，为夫妻的共同财产，归夫妻共同所有：

（一）工资、奖金、劳务报酬；

（二）生产、经营、投资的收益；

（三）知识产权的收益；

（四）继承或者受赠的财产，但是本法第一千零六十三条第三项规定的除外；

（五）其他应当归共同所有的财产。

夫妻对共同财产，有平等的处理权。

最高人民法院《关于适用〈中华人民共和国民法典〉婚姻家庭编的解释（一）》

第二十六条 夫妻一方个人财产在婚后产生的收益，除孳息和自然增值外，应认定为夫妻共同财产。

163. 如果夫妻双方住房是按揭房屋，离婚时应当如何分割？

法律咨询

展某在结婚前买了一套按揭房屋作为婚房，并用自己的积蓄支付了首付款。结婚之后，展某和丈夫一起偿还房屋贷款。后来，双方因感情破裂而提出离婚。那么，按揭房屋在离婚时应当如何分割？

律师答疑

离婚时，对属于夫妻共同财产的部分，应当由双方分割。对于一方婚前签订买卖合同支付首付款并在银行贷款、婚后夫妻共同还贷这类房产，完全认定为夫妻共同财产或者一方的个人财产都不太公平，该房产实际是婚前个人财产（婚前个人支付首付及还贷部分）与婚后共同财产（婚后双方共同还贷部分）的混合体，离婚时处理的主导原则应当是既要保护个人婚前的财产权益，也要公平分割婚后共同共有部分的财产权益。对于婚后参与还贷的一方来说，如果双方结婚时间较长，还贷的数额较大，离婚时其获得的补偿数额也应相应增大。我国实行的是法定夫妻共同财产制，除双方约定实行分别财产制外，婚后即便支付首付款的一方用自己的工资收入支付房贷，也属于夫妻双方共同还贷。因此，离婚时按照该条原则处理一方婚前贷款所购房屋，并不会损害广大妇女的合法权益。

法律依据

《中华人民共和国民法典》

第一千零八十七条 离婚时，夫妻的共同财产由双方协议处理；协议不成的，由人民法院根据财产的具体情况，按照照顾子女、女方和无过错方权益的原则判决。

对夫或者妻在家庭土地承包经营中享有的权益等，应当依法予以保护。

《中华人民共和国妇女权益保障法》

第五十三条 国家保障妇女享有与男子平等的财产权利。

164. 夫妻共有的房屋被丈夫出卖，女方应该怎么办？

法律咨询

许某的丈夫杨某沉溺于赌博，并欠下巨额赌债。为了归还赌债，杨某在许某不知情的情况下，将两人婚后共同购买的一套房屋出售。那么，夫妻共有的房屋被丈夫出卖，女方应该怎么办？

律师答疑

我国法律对于共同共有财产的处分有明确规定，在共同共有关系存续期间，部分共有人擅自处分共有财产的，一般认定为无效。《妇女权益保障法》第54条规定，在夫妻共同财产、家庭共有财产关系中，不得侵害妇女依法享有的权益。《民法典》第1092条规定，夫妻一方隐藏、转移、变卖、毁损、挥霍夫妻共同财产，或者伪造夫妻共同债务企图侵占另一方财产的，在离婚分割夫妻共同财产时，对该方可以少分或者不分。离婚后，另一方发现有上述行为的，可以向人民法院提起诉讼，请求再次分割夫妻共同财产。最高人民法院《关于适用〈中华人民共和国民法典〉婚姻家庭编的解释（一）》第28条规定，一方未经另一方同意出售夫妻共同所有的房屋，第三人善意购买、支付合理对价并已办理不动产登记，另一方主张追回该房屋的，人民法院不予支持。夫妻一方擅自处分共同所有的房屋造成另一方损失，离婚时另一方请求赔偿损失的，人民法院应予支持。

根据上述规定，婚后一方私自出售房屋的，需要先明确其房屋买卖合同是否有效。如果第三人系善意购买、支付合理对价并办理了产权登记手续，则另一方不能再追回该房屋，只能要求分割房价款；如果造成损失，可以要求对方承担损失。如果一方与第三人串通，以明显低于市场价的价格转让房屋或者第三人明知房屋是夫妻共同财产的，则该合同无效，另一方可以主张追回该房屋，离婚时主张分割该房产，并要求对方少分或者不分财产。

法律依据

《中华人民共和国妇女权益保障法》

第五十四条　在夫妻共同财产、家庭共有财产关系中，不得侵害妇女依法享有的权益。

《中华人民共和国民法典》

第一千零九十二条　夫妻一方隐藏、转移、变卖、毁损、挥霍夫妻共同财产，或者伪造夫妻共同债务企图侵占另一方财产的，在离婚分割夫妻共同财产时，对该方可以少分或者不分。离婚后，另一方发现有上述行为的，可以向人民法院提起诉讼，请求再次分割夫妻共同财产。

最高人民法院《关于适用〈中华人民共和国民法典〉婚姻家庭编的解释（一）》

第二十八条 一方未经另一方同意出售夫妻共同所有的房屋，第三人善意购买、支付合理对价并已办理不动产登记，另一方主张追回该房屋的，人民法院不予支持。

夫妻一方擅自处分共同所有的房屋造成另一方损失，离婚时另一方请求赔偿损失的，人民法院应予支持。

165. 离婚前丈夫转移夫妻共同财产的，妻子该怎么办？

法律咨询

孙某因丈夫有外遇而提出离婚，由于双方对夫妻共同财产的分割未能达成一致，故诉至法院。但是，孙某的丈夫在法院开庭审理前私自将部分财产转移到其父母名下。那么，离婚前丈夫转移夫妻共同财产的，妻子该怎么办？

律师答疑

有的当事人在离婚前或在离婚诉讼中，会转移或隐匿夫妻共同财产，比如转移银行存款、股票，变更房屋产权登记等，他以为转移了财产就万事大吉了，其实这是违法的，也是不明智的。《妇女权益保障法》第 54 条规定，在夫妻共同财产、家庭共有财产关系中，不得侵害妇女依法享有的权益。《民法典》第 1092 条规定，夫妻一方隐藏、转移、变卖、毁损、挥霍夫妻共同财产，或者伪造夫妻共同债务企图侵占另一方财产的，在离婚分割夫妻共同财产时，对该方可以少分或者不分。离婚后，另一方发现有上述行为的，可以向人民法院提起诉讼，请求再次分割夫妻共同财产。

根据上述规定，一方若是私自转移夫妻共同财产，那么在离婚时法院会判决该方少分得财产。

法律依据

《中华人民共和国民法典》

第一千零九十二条　夫妻一方隐藏、转移、变卖、毁损、挥霍夫妻共同财产，或者伪造夫妻共同债务企图侵占另一方财产的，在离婚分割夫妻共同财产时，对该方可以少分或者不分。离婚后，另一方发现有上述行为的，可以向人民法院提起诉讼，请求再次分割夫妻共同财产。

166. 离婚财产分割的原则有哪些?

法律咨询

沈某因与丈夫感情破裂而提出离婚，但是，两人在财产分割上产生纠纷，故诉至法院。因此，沈某便向律师咨询，离婚财产分割的原则有哪些?

律师答疑

离婚财产分割原则包括：夫妻的共同财产由双方协议处理；协

议不成的,可以起诉到法院,由人民法院判决处理。法院对于夫妻共有的财产,原则上会平均分割,同时会按照照顾子女、女方和无过错方权益的原则判决。如果夫妻双方有财产协议,法院一般根据协议约定处理涉及的财产。

法律依据

《中华人民共和国民法典》

第一千零八十七条 离婚时,夫妻的共同财产由双方协议处理;协议不成的,由人民法院根据财产的具体情况,按照照顾子女、女方和无过错方权益的原则判决。

对夫或者妻在家庭土地承包经营中享有的权益等,应当依法予以保护。

167. 妇女离婚时要不要承担夫妻债务?

法律咨询

冀某因丈夫不务正业而提出离婚,在协议离婚时,由于其与丈夫婚后有3万元的债务,故丈夫要求冀某承担一半。但是,冀某认为自己是妇女,不需要承担债务。那么,妇女离婚时要不要承担夫妻债务。

律师答疑

夫妻债务是指为满足家庭生活需要所负的债务,根据《民法典》第1089条的规定,离婚时,原为夫妻共同生活所负的债务,应当共同偿还。共同财产不足清偿的，或财产归各自所有的，由双方协议清偿；协议不成时，由人民法院判决。

因此，夫妻共同债务由夫妻共同财产来偿还，在偿还共同债务时，法律实行的是连带清偿责任，也就是说，无论双方是否已经离婚，均对共同债务负有清偿义务。债权人有权要求夫妻一方或者双方清偿债务的全部或部分，不分夫妻应该承担的份额，也不分先后顺序，夫妻任何一方应根据债权人的要求全部或部分承担债务，一方财产不足清偿时，另一方负有清偿责任。若一方全部承担共同债务后，可向另一方追偿其应当承担的债务部分。

法律依据

《中华人民共和国民法典》

第一千零八十九条　离婚时，夫妻共同债务应当共同偿还。共同财产不足清偿或者财产归各自所有的，由双方协议清偿；协议不成的，由人民法院判决。

168. 夫妻之间赠与房产需要办理过户手续吗？没过户可以反悔吗？

法律咨询

章某准备将其位于某小区的一套房屋赠与丈夫，但后来，章某发现丈夫有外遇。因此，章某准备撤销对丈夫的赠与。那么，夫妻之间赠与房产需要办理过户手续吗？没过户可以反悔吗？

律师答疑

夫妻在婚前或婚姻关系存续期间约定将一方个人所有的房产赠与另一方,同样需要办理过户手续。因为我们国家实行的是不动产登记制度,不论何种原因发生的权属变更都需要登记才发生效力。在目前房价高起的大背景下,夫妻双方离婚因财产问题尤其是房产分割引发纠纷的比例很高,因此过户手续的办理非常重要。当然如果在没有办理过户手续之前双方感情破裂而起诉离婚,赠与房产的一方反悔的,根据最高人民法院《关于适用〈中华人民共和国民法典〉婚姻家庭编的解释(一)》的规定,婚前或者婚姻关系存续期间,当事人约定将一方所有的房产赠与另一方或者共有,赠与方在赠与房产变更登记之前撤销赠与,另一方请求判令继续履行的,人民法院可以按照《民法典》第658条的规定处理,因此,根据上述规定,因房产没有过户,章某作为赠与一方可以撤销赠与。

法律依据

最高人民法院《关于适用〈中华人民共和国民法典〉婚姻家庭编的解释(一)》

第三十二条 婚前或者婚姻关系存续期间,当事人约定将一方所有的房产赠与另一方或者共有,赠与方在赠与房产变更登记之前撤销赠与,另一方请求判令继续履行的,人民法院可以按照民法典第六百五十八条的规定处理。

《中华人民共和国民法典》

第六百五十八条 赠与人在赠与财产的权利转移之前可以撤销赠与。

经过公证的赠与合同或者依法不得撤销的具有救灾、扶贫、助残等公益、道德义务性质的赠与合同，不适用前款规定。

169. 不离婚时可否请求分割夫妻共同财产?

法律咨询

唐某与丈夫的感情一直非常好，但后来，她无意中发现丈夫隐藏了自己的一部分收入。于是，唐某便提出与丈夫分割夫妻共同财产。那么，不离婚时夫妻可否请求分割夫妻共同财产?

律师答疑

夫妻共同财产共有关系是最典型的共同共有关系，共同共有人在共有关系存续期间，一般不得请求分割共同财产，只要共有关系即婚姻关系存续，共有人对共同财产就无法划分各自的份额，无法确定哪个部分属于哪个共有人所有。只有在共有关系终止即离婚时，才能对共同财产进行分割，才能确定各共有人的份额。但是特殊情况下夫妻一方可以在婚内请求分割共同财产，根据《民法典》第1066条的规定，婚姻关系存续期间，有下列情形之一的，夫妻一方可以向人民法院请求分割共同财产:(1)一方有隐藏、转移、变卖、毁损、挥霍夫妻共同财产或者伪造夫妻共同债务等严重损害夫妻共同财产利益的行为;(2)一方负有法定扶养义务的人患重大疾病需要医治，另一方不同意支付相关医疗费用。因此，在婚姻中如果一方发现另一方存在隐藏、转移、变卖、损毁、挥霍共同财产的，为了保护自己合法的财产权益，不离婚也可以要求分割财产。

法律依据

《中华人民共和国民法典》

第一千零六十六条 婚姻关系存续期间，有下列情形之一的，夫妻一方可以向人民法院请求分割共同财产：

（一）一方有隐藏、转移、变卖、毁损、挥霍夫妻共同财产或者伪造夫妻共同债务等严重损害夫妻共同财产利益的行为；

（二）一方负有法定扶养义务的人患重大疾病需要医治，另一方不同意支付相关医疗费用。

170. 夫妻间对财产归属进行约定时应注意哪些问题？

法律咨询

初某在结婚后，经常与其丈夫因财产问题发生矛盾。于是，两人商量之后，决定对双方所得的财产归属作出约定，以避免再次发生矛盾。那么，夫妻间对财产归属进行约定时应注意哪些问题？

律师答疑

《民法典》第1065条规定，男女双方可以约定婚姻关系存续期间所得的财产以及婚前财产归各自所有、共同所有或者部分各自所有、部分共同所有。约定应当采用书面形式。没有约定或者约定不明确的，适用《民法典》第1062条、第1063条的规定。夫妻对婚姻关系存续期间所得的财产以及婚前财产的约定，对双方具有法律约束力。夫妻对婚姻关系存续期间所得的财产约定归各自所有，夫或者妻一方对外所负的债务，相对人知道该约定的，以夫或者妻一方的个人财产清偿。

根据上述法律规定，夫妻可以约定婚姻关系存续期间所得的财产以及婚前财产归各自所有、共同所有或部分各自所有、部分共同所有。也就是说，当事人双方在自愿、平等的前提下，可以对婚前、婚后的财产关系或某项财产收入作出法定财产之外的约定，即将婚前或婚后全部或一部分财产或所得约定为某一方所有或双方所有。需要注意的是，约定需要采取书面形式，即要签署书面的财产协议书。

签订财产协议，需要明确双方的身份信息、所要处理的财产信息，约定处理的财产应是双方或一方的财产，处理他人的财产没有法律效力。

法律依据

《中华人民共和国民法典》

第一千零六十五条　男女双方可以约定婚姻关系存续期间所得的财产以及婚前财产归各自所有、共同所有或者部分各自所有、部分共同所有。约定应当采用书面形式。没有约定或者约定不明确的，适用本法第一千零六十二条、第一千零六十三条的规定。

夫妻对婚姻关系存续期间所得的财产以及婚前财产的约定，对双方具有法律约束力。

夫妻对婚姻关系存续期间所得的财产约定归各自所有，夫或者妻一方对外所负的债务，相对人知道该约定的，以夫或者妻一方的个人财产清偿。

171. 法律对农村妇女的财产权益有什么特殊规定？

法律咨询

邓某是某村村民，其丈夫常年在外打工，两人长期分居，导致感情出现问题。因此，邓某提出离婚。那么，在离婚时，法律对于农村妇女的财产权益有什么特殊规定？

律师答疑

现实中，不少地方的村规民约中，强行剥夺妇女的集体经济组织成员资格，或对出嫁、离婚、丧偶妇女作出歧视性规定，侵犯农村妇女的合法权益。针对因婚姻状况带来的妇女权益受侵害问题，《妇女权益保障法》第 55 条规定，妇女在农村集体经济组织成员身份确认、土地承包经营、集体经济组织收益分配、土地征收补偿安置或者征用补偿以及宅基地使用等方面，享有与男子平等的权利。申请农村土地承包经营权、宅基地使用权等不动产登记，应当在不动产登记簿和权属证书上将享有权利的妇女等家庭成员全部列明。征收补偿安置或者征用补偿协议应当将享有相关权益的妇女列入，并记载权益内容。第 56 条第 1 款规定，村民自治章程、村规民约，村民会议、村民代表会议的决定以及其他涉及村民利益事项的决定，不得以妇女未婚、结婚、离婚、丧偶、户无男性等为由，侵害妇女在农村集体经济组织中的各项权益。另外，2018年修正《农村土地承包法》也加大了对农村妇女权益的保护力度。

法律依据

《中华人民共和国妇女权益保障法》

第五十五条　妇女在农村集体经济组织成员身份确认、土地承包经营、集体经济组织收益分配、土地征收补偿安置或者征用补偿以及宅基地使用等方面，享有与男子平等的权利。

申请农村土地承包经营权、宅基地使用权等不动产登记，应当在不动产登记簿和权属证书上将享有权利的妇女等家庭成员全部列明。征收补偿安置或者征用补偿协议应当将享有相关权益的妇女列入，并记载权益内容。

第五十六条第一款　村民自治章程、村规民约，村民会议、村民代表会议的决定以及其他涉及村民利益事项的决定，不得以妇女未婚、结婚、离婚、丧偶、户无男性等为由，侵害妇女在农村集体经济组织中的各项权益。

172. 如何保障因结婚到女方住所落户的男方的权益？

法律咨询

万某是某村的村民，经人介绍，与邻村的曹某结婚。由于曹某从小由爷爷奶奶抚养长大，家中已经没有其他亲人，因此，结婚后，曹某便到万某家落户。那么，如何保障因结婚到女方住所落户的男方的权益?

律师答疑

由于当前集体经济组织资格界定多以户籍为依据,所以,在处理出嫁妇女土地承包经营权保护、农村土地征收补偿费用分配等问题时,正确界定农村集体经济组织成员资格是必不可少的基本前提。《妇女权益保障法》第56条第2款规定:因结婚男方到女方住所落户的,男方和子女享有与所在地农村集体经济组织成员平等的权益。该规定表明农村妇女结婚,男方到女方住所落户的,享有与户口所在地村民同等的权益和待遇;子女可随父母落户,享受与户口所在地村民同等的权益和待遇。

法律依据

《中华人民共和国妇女权益保障法》

第五十六条第二款 因结婚男方到女方住所落户的,男方和子女享有与所在地农村集体经济组织成员平等的权益。

第五节 婚姻家庭权益

173. 如何保障妇女的婚姻自主权?

法律咨询

冯某的丈夫五年前因病身亡,丈夫去世后,冯某承担起照顾子女和老人的责任。之后，冯某遇到了心仪的张某。但是，冯某的婆婆坚决反对其再婚，并称只要冯某再婚，她就带着冯某的子女离开。邻居们都认为冯某应当有婚姻自主权。那么，如何保障妇女的婚姻自主权？

律师答疑

妇女的婚姻自主权受法律保护，《民法典》第 1041 条、第 1042 条明确规定，我国实行婚姻自由的婚姻制度，禁止干涉婚姻自由的行为。《妇女权益保障法》第 60 条规定，国家保障妇女享有与男子平等的婚姻家庭权利。第 61 条规定，国家保护妇女的婚姻自主权。禁止干涉妇女的结婚、离婚自由。根据上述法律规定，妇女有婚姻自由，丧偶后可以再婚，他人无权干涉。

法律依据

《中华人民共和国民法典》

第一千零四十一条第二款　实行婚姻自由、一夫一妻、男女平等的婚姻制度。

第一千零四十二条第一款　禁止包办、买卖婚姻和其他干涉婚姻自由的行为。禁止借婚姻索取财物。

《中华人民共和国妇女权益保障法》

第六十条　国家保障妇女享有与男子平等的婚姻家庭权利。

第六十一条　国家保护妇女的婚姻自主权。禁止干涉妇女的结婚、离婚自由。

174. 女方在哪三个时期，男方不得提出离婚？

法律咨询

蒙某生完孩子之后，经常和丈夫谢某吵架。为此，谢某觉得他们无法再继续一起生活，于是，便想提出离婚。但是，谢某的朋友告诉他，妇女在三个时期，男方不能提出离婚。那么，女方在哪三个时期，男方不得提出离婚？

律师答疑

为了维护妇女以及胎儿、婴儿在特殊时期的合法权益，《民法典》第 1082 条规定，女方在怀孕期间、分娩后 1 年内或者终止妊娠后 6 个月内，男方不得提出离婚；但是，女方提出离婚或者人民法院认为确有必要受理男方离婚请求的除外。《妇女权益保障法》也有同样的规定，即在上述期限内，男方不能单方向女方提出离婚，亦不能提起离婚诉讼。如果女方在上述时期内，认为夫妻感情破裂需要离婚的，女方可以提出离婚或提起离婚诉讼，不受上述条款的限制。这样的规定不仅合乎科学，也合乎道德，体现了法律对妇女与胎儿、婴儿的特殊保护。需要指出的是，对男方离婚请求权的限制，只是对男方离婚请求权暂时性的不受理，其目的是推迟男方提出离婚的时间，而不是否定和剥夺男方的起诉权，并不涉及准予离婚或不准予离婚的实体性问题。

法律依据

《中华人民共和国民法典》

第一千零八十二条 女方在怀孕期间、分娩后一年内或者终止妊娠后六个月内，男方不得提出离婚；但是，女方提出离婚或者人民法院认为确有必要受理男方离婚请求的除外。

《中华人民共和国妇女权益保障法》

第六十四条　女方在怀孕期间、分娩后一年内或者终止妊娠后六个月内，男方不得提出离婚；但是，女方提出离婚或者人民法院认为确有必要受理男方离婚请求的除外。

175. 对未成年子女，父母双方的监护权是否一样？

法律咨询

何某的儿子在学校里将同学打伤，回到家后，何某对其儿子进行训斥。但是，何某的婆婆却说，她没有权利训斥孩子，只有何某的丈夫对子女才有监护权。那么，对未成年子女，父母双方的监护权是否一样？

律师答疑

未成年人的监护权是监护人对未成年人的人身、财产以及其他一切合法权益进行监督和保护的权利，是法律赋予监护人的资格和义务。

《民法典》第27条第1款规定，父母是未成年子女的监护人。《妇女权益保障法》第70条规定，父母双方对未成年子女享有平等的监护权。父亲死亡、无监护能力或者有其他情形不能担任未成年子女的监护人的，母亲的监护权任何组织和个人不得干涉。因此，父母都是未成年子女的监护人。并特别规定，如果孩子的父亲去世，孩子母亲的监护权受到法律保护，任何组织和个人不得干涉。另外，夫妻离婚不影响双方与子女的父母子女关系，父母双方仍然是未成年子女的监护人，应当履行未成年子女的抚养义务并承担相应的责任。

法律依据

《中华人民共和国民法典》

第二十七条第一款 父母是未成年子女的监护人。

《中华人民共和国妇女权益保障法》

第七十条 父母双方对未成年子女享有平等的监护权。

父亲死亡、无监护能力或者有其他情形不能担任未成年子女的监护人的，母亲的监护权任何组织和个人不得干涉。

176. 在处理子女抚养问题时，应对丧失生育能力的妇女给予什么特殊保护？

法律咨询

吕某与丈夫准备离婚，但因子女抚养问题不能达成一致而诉至法院，双方都争夺三岁儿子的抚养权，且吕某因身体原因已经丧失了生育能力。那么，在处理子女抚养问题时，应对丧失生育能力的妇女给予什么特殊保护？

律师答疑

女方因实施绝育手术或其他原因丧失生育能力的，离婚时处理子女抚养问题，应在最有利于未成年人子女的条件下，照顾女方的合理要求。根据最高人民法院《关于适用〈中华人民共和国民法典〉婚姻家庭编的解释（一）》第46条的规定，对已满2周岁的未成年子女，父母均要求直接抚养，一方已做绝育手术或者因其他原因丧失生育能力的，可予优先考虑。《妇女权益保障法》第71条规定，女方丧失生育能力的，在离婚处理子女抚养问题时，应当在最有利于未成年子女的条件下，优先考虑女方的抚养要求。因此，如果女方丧失了生育能力，在离婚时女方主张孩子抚养权的，在同等条件下应当由女方抚养孩子。

法律依据

最高人民法院《关于适用〈中华人民共和国民法典〉婚姻家庭编的解释（一）》

第四十六条　对已满两周岁的未成年子女，父母均要求直接抚养，一方有下列情形之一的，可予优先考虑：

（一）已做绝育手术或者因其他原因丧失生育能力；

……

《中华人民共和国妇女权益保障法》

第七十一条　女方丧失生育能力的，在离婚处理子女抚养问题时，应当在最有利于未成年子女的条件下，优先考虑女方的抚养要求。

177. 哪些行为属于家庭暴力？

法律咨询

周某丈夫在结婚后一直对她进行打骂，对此，周某一直忍耐。

后来，周某对自己的好朋友范某说了她一直遭受丈夫殴打的情况。范某称这是家庭暴力，并劝说周某不能再继续忍耐。那么，哪些行为属于家庭暴力？

律师答疑

根据《反家庭暴力法》第 2 条的规定，“家庭暴力”是指家庭成员之间以殴打、捆绑、残害、限制人身自由以及经常性谩骂、恐吓等方式实施的身体、精神等侵害行为。家庭暴力根据各种不同表现形式，大致分为以下五种类型：(1) 肉体摧残式。如对家庭成员用推搡、拳打脚踢、掐脖子、扇耳光、开水烫、火烧、刀割等手段，故意杀害、伤害、重度殴打、冻饿、性摧残受害人，使受害人身体受到严重损害。(2) 精神迫害式。用威胁、恐吓、辱骂、猜疑、恶意贬低、故意刁难等手段干涉家庭成员行动自由，怠慢对方的感受及需要，捏造事实强加给家庭成员或四处宣扬受害人隐私，使受害人精神极度崩溃等。(3) 性虐待式。违背配偶意愿强迫发生性行为，或强迫对方进行难以接受的性行为方式，损伤对方性器官，强迫对方拍摄淫秽照片或录像等。(4) 虐待体罚式。如经常对家庭成员进行打骂、罚跪，有病不给治疗，强迫家庭成员过度劳动，关禁闭等，具有连续性的特征。(5) 经济虐待式。剥夺家庭成员生活必需品，遗弃家庭成员，限制家庭成员花钱，扣留家庭成员身份证件，禁止家庭成员外出工作、求医等。

法律依据

《中华人民共和国反家庭暴力法》

第二条 本法所称家庭暴力，是指家庭成员之间以殴打、捆绑、残害、限制人身自由以及经常性谩骂、恐吓等方式实施的身体、精神等侵害行为。

178. 家庭暴力受害人可以向哪些部门求助?

法律咨询

郑某结婚后,其丈夫由于公司破产整天沉迷于赌博,且经常对郑某进行殴打。对此,郑某准备向相关部门求助。那么,家庭暴力受害人可以向哪些部门求助?

律师答疑

根据《反家庭暴力法》第13条～15条的规定,受害人既可以向加害人或者受害人所在单位、居民委员会、村民委员会、妇女联合会等单位求助,也可以向公安机关报案或者依法向人民法院起诉。除此之外,学校、幼儿园、医疗机构、居民委员会、村民委员会、社会工作服务机构、救助管理机构、福利机构及其工作人员在工作中发现无民事行为能力人、限制民事行为能力人遭受或者疑似遭受家庭暴力的,应当及时向公安机关报案,公安机关接到家庭暴力报案后应当及时出警,制止家庭暴力,按照有关规定调查取证,协助受害人就医、鉴定伤情。无民事行为能力人、限制民事行为能力人因家庭暴力身体受到严重伤害、面临人身安全威胁或者处于无人照料等危险状态的,公安机关应当通知并协助民政部门将其安置到临时庇护场所、救助管理机构或者福利机构。《妇女权益保障法》第65条规定,禁止对妇女实施家庭暴力。县级以上人民政府有关部门、司法机关、社会团体、企业事业单位、基层群众性自治组织以及其他组织,应当在各自的职责范围内预防和制止家庭暴力,依法为受害妇女提供救助。

根据以上法律规定,在发生家庭暴力时,最直接的方式是报警,公安人员可以制止暴力行为,同时会有报警、出警记录,便于以后调取相关证据。如果多次遭受家庭暴力,受害人还可以向法院申请人身安全保护令。

法律依据

《中华人民共和国反家庭暴力法》

第十三条 家庭暴力受害人及其法定代理人、近亲属可以向加害人或者受害人所在单位、居民委员会、村民委员会、妇女联合会等单位投诉、反映或者求助。有关单位接到家庭暴力投诉、反映或者求助后,应当给予帮助、处理。

家庭暴力受害人及其法定代理人、近亲属也可以向公安机关报案或者依法向人民法院起诉。

单位、个人发现正在发生的家庭暴力行为,有权及时劝阻。

第十四条 学校、幼儿园、医疗机构、居民委员会、村民委员会、社会工作服务机构、救助管理机构、福利机构及其工作人员在工作中发现无民事行为能力人、限制民事行为能力人遭受或者疑似遭受家庭暴力的,应当及时向公安机关报案。公安机关应当对报案人的信息予以保密。

第十五条 公安机关接到家庭暴力报案后应当及时出警,制止家庭暴力,按照有关规定调查取证,协助受害人就医、鉴定伤情。

无民事行为能力人、限制民事行为能力人因家庭暴力身体受到严重伤害、面临人身安全威胁或者处于无人照料等危险状态的，公安机关应当通知并协助民政部门将其安置到临时庇护场所、救助管理机构或者福利机构。

《中华人民共和国妇女权益保障法》

第六十五条　禁止对妇女实施家庭暴力。

县级以上人民政府有关部门、司法机关、社会团体、企业事业单位、基层群众性自治组织以及其他组织，应当在各自的职责范围内预防和制止家庭暴力，依法为受害妇女提供救助。

179. 何谓人身安全保护令？

法律咨询

沈某的丈夫每天无所事事，且脾气暴躁，经常对沈某拳脚相加。后来，沈某的妹妹看到她身上经常带伤，便准备帮助沈某。沈某和妹妹在咨询律师之后得知，沈某可以申请人身安全保护令。那么，什么是人身安全保护令？

律师答疑

人身安全保护令是一种民事强制措施，是人民法院为了保护家庭暴力受害人及其子女或特定亲属的人身安全、确保婚姻案件诉讼程序的正常进行而作出的民事裁定。保护令有通常保护令，有紧急保护令；保护令内容有禁止家暴、禁止骚扰、禁止跟踪、禁止接触、责令迁出等，还有其他措施。当事人因遭受家庭暴力或者面临家庭暴力的现实危险，向人民法院申请人身安全保护令的，人民法院应当受理。此保护令的申请应当以书面形式提出，确有困难的可以口头提出，并由人民法院以裁定形式作出。

《反家庭暴力法》第四章对“人身安全保护令”作出专章规定，可以看出立法者对这个问题非常重视。《反家庭暴力法》第23～34条明确，申请人身安全保护令不再依附其他诉讼，可以单独申请。关于保护令的案件由申请人或者被申请人居住地、家庭暴力发生地的基层人民法院管辖。人民法院受理申请后，应当在72小时内作出人身安全保护令或者驳回申请；情况紧急的，应当在24小时内作出。当事人是无民事行为能力人、限制民事行为能力人，或者因受到强制、威吓等原因无法申请人身安全保护令的，其近亲属、公安机关、妇女联合会、居民委员会、村民委员会、救助管理机构可以代为申请。人身安全保护令的有效期不超过6个月，自作出之日起生效。

被申请人若违反人身安全保护令，由法院给予训诫，根据情节轻重，处以1000元以下罚款、15日以下拘留。若构成犯罪，还将依法追究刑事责任。

法律依据

《中华人民共和国反家庭暴力法》

第二十三条 当事人因遭受家庭暴力或者面临家庭暴力的现实危险，向人民法院申请人身安全保护令的，人民法院应当受理。

当事人是无民事行为能力人、限制民事行为能力人，或者因受到强制、威吓等原因无法申请人身安全保护令的，其近亲属、公安机关、妇女联合会、居民委员会、村民委员会、救助管理机构可以代为申请。

第二十四条 申请人身安全保护令应当以书面方式提出；书面申请确有困难的，可以口头申请，由人民法院记入笔录。

第二十五条 人身安全保护令案件由申请人或者被申请人居住地、家庭暴力发生地的基层人民法院管辖。

第二十六条 人身安全保护令由人民法院以裁定形式作出。

第二十七条 作出人身安全保护令，应当具备下列条件：

（一）有明确的被申请人；

（二）有具体的请求；

（三）有遭受家庭暴力或者面临家庭暴力现实危险的情形。

第二十八条 人民法院受理申请后，应当在七十二小时内作出人身安全保护令或者驳回申请；情况紧急的，应当在二十四小时内作出。

第二十九条 人身安全保护令可以包括下列措施：

（一）禁止被申请人实施家庭暴力；

（二）禁止被申请人骚扰、跟踪、接触申请人及其相关近亲属；

（三）责令被申请人迁出申请人住所；

（四）保护申请人人身安全的其他措施。

第三十条 人身安全保护令的有效期不超过六个月，自作出之日起生效。人身安全保护令失效前,人民法院可以根据申请人的申请撤销、变更或者延长。

第三十一条 申请人对驳回申请不服或者被申请人对人身安全保护令不服的,可以自裁定生效之日起五日内向作出裁定的人民法院申请复议一次。人民法院依法作出人身安全保护令的,复议期间不停止人身安全保护令的执行。

第三十二条 人民法院作出人身安全保护令后,应当送达申请人、被申请人、公安机关以及居民委员会、村民委员会等有关组织。人身安全保护令由人民法院执行,公安机关以及居民委员会、村民委员会等应当协助执行。

第三十三条 加害人实施家庭暴力,构成违反治安管理行为的,依法给予治安管理处罚;构成犯罪的,依法追究刑事责任。

第三十四条 被申请人违反人身安全保护令,构成犯罪的,依法追究刑事责任;尚不构成犯罪的,人民法院应当给予训诫,可以根据情节轻重处以一千元以下罚款、十五日以下拘留。

180."妻管严"算是家庭暴力的表现吗?

法律咨询

赵某结婚之后,对丈夫龚某管得非常严,且龚某也非常害怕赵某。有时龚某回家太晚,赵某便对其进行殴打。龚某的朋友都说他是"妻管严"。那么,"妻管严"算是家庭暴力的表现吗?

律师答疑

《反家庭暴力法》第2条明确规定，家庭暴力是家庭成员之间发生的，没有规定必须是男性对女性，男性也可能是受害者。某市妇联的一组数据显示，在2013年全年接到的1885起家庭暴力事件投诉中，有99.4%都是女性遭遇家暴。也就是说，还有极个别情况是女性实施家庭暴力，虽然这个比例很低，但是在现实中的确存在这种情形。对于“妻管严”是否属于家庭暴力的表现，需要根据妻子对丈夫实施的行为的性质来确定，如果女性对男性实施殴打、捆绑、禁闭、残害等或以其他手段对男性身体、心理、性等方面进行伤害或摧残，同样也构成家庭暴力。

法律依据

《中华人民共和国反家庭暴力法》

第二条　本法所称家庭暴力，是指家庭成员之间以殴打、捆绑、残害、限制人身自由以及经常性谩骂、恐吓等方式实施的身体、精神等侵害行为。

181. 如果发生家庭暴力，谁有义务进行报告呢？

法律咨询

秦某原来与妻子感情非常好，后来，他发现妻子与一名男同事走得非常近，便怀疑妻子出轨。之后，秦某经常对妻子实施家庭暴力。但是，秦某的妻子并不敢采取任何求助措施。那么，如果发生家庭暴力,谁有义务进行报告呢?

律师答疑

《反家庭暴力法》第14条规定了强制报告制度,学校、幼儿园、医疗机构、居民委员会、村民委员会、社会工作服务机构、救助管理机构、福利机构及其工作人员在工作中发现无民事行为能力人、限制民事行为能力人遭受或者疑似遭受家庭暴力的,应当及时向公安机关报案。也就是说,这些机构在工作中发现了家庭暴力或疑似情况的,必须向公安机关报案;如果在其他时间即不是在工作中发现,就没有强制报告的义务。另外这些机构只要发现疑似情况就要及时报告,因为家庭暴力发生时受害人很可能因为害怕或者被威胁而不敢报警,或者存在其他妨碍受害人报警的情况。这些对于家庭暴力的发现是不利的,所以相关机构要遵守强制报告义务,及时把可能发生的家庭暴力揭露出来,形成全社会对家庭暴力的压力态势,让整个社会对家庭暴力说"不"。

法律依据

《中华人民共和国反家庭暴力法》

第十四条 学校、幼儿园、医疗机构、居民委员会、村民委员会、社会工作服务机构、救助管理机构、福利机构及其工作人员在工作中发现无民事行为能力人、限制民事行为能力人遭受或者疑似遭受家庭暴力的,应当及时向公安机关报案。公安机关应当对报案人的信息予以保密。

182. 在处理家庭暴力过程中，告诫书制度是怎么规定的？

法律咨询

朱某经常对妻子实施家庭暴力。一次，朱某在实施家庭暴力时，其妻子选择了报警。公安机关在接到报警之后，马上赶到，制止了朱某的家暴行为，并出具了告诫书。那么，在处理家庭暴力过程中，告诫书制度是怎么规定的？

律师答疑

对于家庭暴力情节轻微，不构成治安管理处罚的，由公安机关对加害人给予批评教育或者出具告诫书。根据《反家庭暴力法》第 15 条、第 16 条、第 17 条的规定，公安机关在接到家庭暴力报案后应当及时出警，制止家庭暴力，按照有关规定调查取证，协助受害人就医、鉴定伤情。根据伤情鉴定的结果，如果构成治安管理处罚条件，应该给予加害人治安管理处罚。如果达到犯罪程度，应该移送公安机关进行立案侦查，按照刑事案件处理。当然对于家庭暴力情节轻微，不构成治安管理处罚条件的，由公安机关对加害人给予批评教育或者出具告诫书。同时，公安机关应当将告诫书送交加害人、受害人，并通知居民委员会、村民委员会。居民委员会、村民委员会、公安派出所应当对收到告诫书的加害人、受害人进行查访，监督加害人不再实施家庭暴力。《反家庭暴力法》第 20 条规定，人民法院审理涉及家庭暴力的案件，可以根据公安机关出警记录、告诫书、伤情鉴定意见等证据，认定家庭暴力事实。也就是说，告诫书在司法处理中可以直接作为证据使用。

法律依据

《中华人民共和国反家庭暴力法》

第十五条　公安机关接到家庭暴力报案后应当及时出警,制止家庭暴力,按照有关规定调查取证,协助受害人就医、鉴定伤情。

无民事行为能力人、限制民事行为能力人因家庭暴力身体受到严重伤害、面临人身安全威胁或者处于无人照料等危险状态的,公安机关应当通知并协助民政部门将其安置到临时庇护场所、救助管理机构或者福利机构。

第十六条　家庭暴力情节较轻,依法不给予治安管理处罚的,由公安机关对加害人给予批评教育或者出具告诫书。

告诫书应当包括加害人的身份信息、家庭暴力的事实陈述、禁止加害人实施家庭暴力等内容。

第十七条　公安机关应当将告诫书送交加害人、受害人,并通知居民委员会、村民委员会。

居民委员会、村民委员会、公安派出所应当对收到告诫书的加害人、受害人进行查访,监督加害人不再实施家庭暴力。

第二十条　人民法院审理涉及家庭暴力的案件,可以根据公安机关出警记录、告诫书、伤情鉴定意见等证据,认定家庭暴力事实。

183. 如果妻子的收入比丈夫低,那么在夫妻共同财产方面,是否就享有相对少一些的权利?

法律咨询

林某与妻子结婚之后,由于其收入比妻子高出五倍,因此,林某认为，妻子的工资低，对夫妻共同财产的支配权利就应该少。请问：如果妻子的收入比丈夫低，那么在夫妻共同财产方面，是否就享有相对少一些的权利？

律师答疑

传统家庭中，男主外女主内的情况比较多见，丈夫在外工作收入，是家庭的主要经济来源；妻子虽然不外出工作，但是主要的时间和精力都在照顾家庭和孩子上，其对于家庭也有贡献，不能因为妻子没有收入，就抹去妻子对家庭的付出。《民法典》第 1062 条第 2 款规定，夫妻对共同财产，有平等的处理权。《妇女权益保障法》第 66 条规定，妇女对夫妻共同财产享有与其配偶平等的占有、使用、收益和处分的权利，不受双方收入状况等情形的影响。因此，夫妻双方对共同财产享有平等的处理权，不能因为妻子收入低就认为其应享有更少的权利。

法律依据

《中华人民共和国民法典》

第一千零六十二条第二款 夫妻对共同财产，有平等的处理权。

《中华人民共和国妇女权益保障法》

第六十六条 妇女对夫妻共同财产享有与其配偶平等的占有、使用、收益和处分的权利，不受双方收入状况等情形的影响。

对夫妻共同所有的不动产以及可以联名登记的动产，女方有权要求在权属证书上记载其姓名；认为记载的权利人、标的物、权利比例等事项有错误的,有权依法申请更正登记或者异议登记,有关机构应当按照其申请依法办理相应登记手续。

184. 夫妻在家庭中享有哪些权利?承担哪些义务?

法律咨询

王某结婚后,准备与自己的好朋友开一家服装店。但是,王某的丈夫却认为妇女就应在家照顾家庭,不能外出工作。对此,王某认为是不公平的,夫妻双方在家庭中都有相应的权利和义务。那么,夫妻在家庭中享有哪些权利,承担哪些义务?

律师答疑

根据《民法典》第1057~1059条的规定,夫妻双方都有参加生产、工作、学习和社会活动的自由,一方不得对另一方加以限制或者干涉。夫妻双方平等享有对未成年子女抚养、教育和保护的权利,共同承担对未成年子女抚养、教育和保护的义务。夫妻有相互扶养的义务。需要扶养的一方,在另一方不履行扶养义务时,有要求其给付扶养费的权利。《妇女权益保障法》第60条规定,国家保障妇女享有与男子平等的婚姻家庭权利。第68条规定,夫妻双方应当共同负担家庭义务,共同照顾家庭生活。女方因抚育子女、照料老人、协助男方工作等负担较多义务的,有权在离婚时要求男方予以补偿。补偿办法由双方协议确定;协议不成的,可以向人民法院提起诉讼。

法律依据

《中华人民共和国民法典》

第一千零五十七条　夫妻双方都有参加生产、工作、学习和社会活动的自由，一方不得对另一方加以限制或者干涉。

第一千零五十八条　夫妻双方平等享有对未成年子女抚养、教育和保护的权利，共同承担对未成年子女抚养、教育和保护的义务。

第一千零五十九条　夫妻有相互扶养的义务。

需要扶养的一方，在另一方不履行扶养义务时，有要求其给付扶养费的权利。

《中华人民共和国妇女权益保障法》

第六十条　国家保障妇女享有与男子平等的婚姻家庭权利。

第六十八条　夫妻双方应当共同负担家庭义务，共同照顾家庭生活。

女方因抚育子女、照料老人、协助男方工作等负担较多义务的，有权在离婚时要求男方予以补偿。补偿办法由双方协议确定；协议不成的，可以向人民法院提起诉讼。

185. 在哪些特殊情况下，女方有权拒绝离婚？

法律咨询

付某的丈夫因有外遇而提出离婚；此时，付某已经怀孕，她并不想离婚。付某在咨询律师之后，了解到女方在特殊情形下有权拒绝离婚。那么，在哪些特殊情况下，女方有权拒绝离婚？

律师答疑

《民法典》第 1082 条规定，女方在怀孕期间、分娩后 1 年内或者终止妊娠后 6 个月内，男方不得提出离婚；但是，女方提出离婚或者人民法院认为确有必要受理男方离婚请求的除外。《妇女权益保障法》第 64 条也有同样的规定，女方在怀孕期间、分娩后 1 年内或终止妊娠后 6 个月内，男方不得提出离婚。但是，如果夫妻感情确实破裂，女方提出离婚的，或人民法院认为确有必要受理男方离婚请求的，不在此限。

法律依据

《中华人民共和国民法典》

第一千零八十二条 女方在怀孕期间、分娩后一年内或者终止妊娠后六个月内，男方不得提出离婚；但是，女方提出离婚或者人民法院认为确有必要受理男方离婚请求的除外。

《中华人民共和国妇女权益保障法》

第六十四条 女方在怀孕期间、分娩后一年内或者终止妊娠后六个月内，男方不得提出离婚；但是，女方提出离婚或者人民法院认为确有必要受理男方离婚请求的除外。

186. 女方在什么情况下离婚可请求经济补偿？

法律咨询

周某结婚后，便辞去工作全心全意照顾家庭，协助丈夫工作。之后，双方因性格不合准备离婚。周某觉得自己为家庭付出了很多，便准备请求经济补偿。那么，女方在什么情况下离婚可请求经济补偿？

律师答疑

随着社会发展及生育政策的调整，不少女性离开职场，回归家庭当全职太太；而随着年龄的增长及与社会脱节等多重因素，女性在多年后重新迈入职场可谓困难重重。为了保护全职太太为照顾家庭付出的劳动，《民法典》从立法上确认了家务劳动的价值。《民法典》第1088条规定，夫妻一方因抚育子女、照料老年人、协助另一方工作等负担较多义务的，离婚时有权向另一方请求补偿，另一方应当给予补偿。具体办法由双方协议；协议不成的，由人民法院判决。《妇女权益保障法》第68条也有类似规定，夫妻双方应当共同负担家庭义务，共同照顾家庭生活。女方因抚育子女、照料老人、协助男方工作等负担较多义务的，有权在离婚时要求男方予以补偿。补偿办法由双方协议确定；协议不成的，可以向人民法院提起诉讼。以上法律规定的调整，既承认了家务劳动的价值，也从实质上实现了男女平等和公平原则，保证了处于弱势一方的合法权益，促使婚姻中的男女双方共同享有权利、共同承担义务，促进家庭和睦。

法律依据

《中华人民共和国民法典》

第一千零八十八条 夫妻一方因抚育子女、照料老年人、协助另一方工作等负担较多义务的，离婚时有权向另一方请求补偿，另一方应当给予补偿。具体办法由双方协议；协议不成的,由人民法院判决。

《中华人民共和国妇女权益保障法》

第六十八条 夫妻双方应当共同负担家庭义务,共同照顾家庭生活。

女方因抚育子女、照料老人、协助男方工作等负担较多义务的,有权在离婚时要求男方予以补偿。补偿办法由双方协议确定;协议不成的,可以向人民法院提起诉讼。

187. 夫妻共有的房屋或共同租住的房屋,在离婚时该怎样处理?

法律咨询

徐某因与丈夫感情不和而向法院提出离婚,同时,她请求法院分割夫妻共同财产,即位于某小区的房屋一套。那么,夫妻共有的房屋,在离婚时应如何分割?

律师答疑

根据《民法典》及《妇女权益保障法》的相关规定,夫妻共同共有的财产,包括房产,在离婚时应当由双方分割,双方可以协商具体的分割比例和方式。双方不能协商一致的,可以在离婚诉讼中由法院判决处理,法院一般会根据房产的登记状态、出资来源、财产协议等情况,按照照顾子女、女方和无过错方权益的原则确定房产的分割方式和比例。对于共有的房产,法院一般会判决房产归一方所有,该方按照一定的比例给另一方折价补偿;若双方均没有能力支付补偿款，法院也可能会判决双方按份共有该房产。对于租赁的房屋，法院会根据租赁房屋的性质、居住使用情况等确定租赁使用权。

法律依据

《中华人民共和国民法典》

第一千零八十七条第一款　离婚时，夫妻的共同财产由双方协议处理；协议不成的，由人民法院根据财产的具体情况，按照照顾子女、女方和无过错方权益的原则判决。

《中华人民共和国妇女权益保障法》

第六十九条　离婚时，分割夫妻共有的房屋或者处理夫妻共同租住的房屋，由双方协议解决；协议不成的，可以向人民法院提起诉讼。

188. 离婚时，如何保障女方对子女的抚养权？

法律咨询

傅某因丈夫经常对其进行虐待而起诉离婚，但是，傅某想抚养他们6周岁的女儿。傅某咨询了律师后得知，离婚时，法律会保障妇女对子女的抚养权。那么，离婚时，如何保障女方对子女的抚养权？

律师答疑

离婚的重要后果之一，是子女不能与父母双方共同生活；因此，必须确定子女的抚养归属，即由哪一方直接抚养。依法保障离婚妇女对子女的抚养权，是坚持男女平等、保护妇女和子女合法权益的必然要求。我国《民法典》和有关司法解释中，都有若干保障离婚妇女对子女抚养权的规定。《民法典》第 1084 条第 3 款规定，离婚后，不满 2 周岁的子女，以由母亲直接抚养为原则。已满 2 周岁的子女，父母双方对抚养问题协议不成的，由人民法院根据双方的具体情况，按照最有利于未成年子女的原则判决。子女已满 8 周岁的，应当尊重其真实意愿。根据上述法律规定，不满 2 周岁的子女，原则上由女方抚养，这是为了保护孩子以及女方的利益。

为了保障离婚妇女对子女的抚育权，《妇女权益保障法》第 71 条对《民法典》的有关规定作了重要的补充："女方丧失生育能力的，在离婚处理子女抚养问题时，应当在最有利于未成年子女的条件下，优先考虑女方的抚养要求。"在现实生活中，由于女性的生理特点，她们可能会因为各种原因丧失生育能力。在离婚时，为了使那些不能再生育的妇女实现其抚养子女的愿望，使她们在感情上得到慰藉，年老时有所依靠，法律规定要对丧失生育能力的妇女予以照顾。

法律依据

《中华人民共和国民法典》

第一千零八十四条 父母与子女间的关系，不因父母离婚而消除。离婚后，子女无论由父或者母直接抚养，仍是父母双方的子女。

离婚后，父母对于子女仍有抚养、教育、保护的权利和义务。

离婚后，不满两周岁的子女，以由母亲直接抚养为原则。已满两周岁的子女，父母双方对抚养问题协议不成的，由人民法院根据双方的具体情况，按照最有利于未成年子女的原则判决。子女已满八周岁的，应当尊重其真实意愿。

《中华人民共和国妇女权益保障法》

第七十一条　女方丧失生育能力的，在离婚处理子女抚养问题时，应当在最有利于未成年子女的条件下，优先考虑女方的抚养要求。

第六节　救济措施

189. 妇女的合法权益受到侵害时，可以通过哪些途径获得法律救助？

法律咨询

仲某因意外死亡，但仲某的弟弟阻止其妻子继承仲某的财产。对此，仲某的妻子认为自己的继承权受到侵害。那么，妇女的合法权益受到侵害时，可以通过哪些途径获得法律救助？

律师答疑

妇女的合法权益受到侵害时可以向妇女联合会、司法机关等有关部门提出控告或者检举，要求有关部门依法处理。或者依法申请调解、仲裁，或者向人民法院起诉，通过法律程序保护自己的合法权益。对符合条件的妇女，当地法律援助机构或者司法机关应当给予帮助，依法为其提供法律援助或者司法救助。根据《妇女权益保障法》第72条、第73条的规定，妇女的合法权益受到侵害的，可以向妇女联合会等妇女组织求助。妇女联合会等妇女组织应当维护被侵害妇女的合法权益，有权要求并协助有关部门或者单位查处。有关部门或者单位应当依法查处，并予以答复。受害妇女进行诉讼需要帮助的，妇女联合会应当给予支持和帮助。

法律依据

《中华人民共和国妇女权益保障法》

第七十二条 对侵害妇女合法权益的行为，任何组织和个人都有权予以劝阻、制止或者向有关部门提出控告或者检举。有关部门接到控告或者检举后，应当依法及时处理，并为控告人、检举人保密。

妇女的合法权益受到侵害的，有权要求有关部门依法处理，或者依法申请调解、仲裁，或者向人民法院起诉。

对符合条件的妇女，当地法律援助机构或者司法机关应当给予帮助，依法为其提供法律援助或者司法救助。

第七十三条 妇女的合法权益受到侵害的，可以向妇女联合会等妇女组织求助。妇女联合会等妇女组织应当维护被侵害妇女的合法权益，有权要求并协助有关部门或者单位查处。有关部门或者单位应当依法查处，并予以答复；不予处理或者处理不当的，县级以上人民政府负责妇女儿童工作的机构、妇女联合会可以向其提出督促处理意见，必要时可以提请同级人民政府开展督查。

受害妇女进行诉讼需要帮助的，妇女联合会应当给予支持和帮助。

190. 有关机关对妇女的申诉、控告、检举推诿、拖延、压制不予查处或打击报复的，妇女该怎么办?

法律咨询

何某长期遭受丈夫的家庭暴力，后无法忍受选择报警，但是公安机关却不予出警。对此，何某便就公安机关的不作为向有关部门检举。然而，相关部门却对何某的举报进行拖延。那么，有关机关对妇女的申诉、控告、检举推诿、拖延、压制不予查处或打击报复的，妇女该怎么办?

律师答疑

由于女性更多的时候是弱势群体，对女性施加家庭暴力的情况更多见，因此女性在遭受侵害时更需要明确的救济途径。对此，《妇女权益保障法》从求助的渠道、相关部门的责任等方面进行了系统性规定。妇女的合法权益受到侵害，可以向妇女联合会等妇女组织求助。妇女联合会等妇女组织应当维护被侵害妇女的合法权益，有权要求并协助有关部门或者单位查处。有关部门或者单位应当依法查处，并予以答复；不予处理或者处理不当的，县级以上人民政府负责妇女儿童工作的机构、妇女联合会可以向其提出督促处理意见,必要时可以提请同级人民政府开展督查。受害妇女进行诉讼需要帮助的,妇女联合会应当给予支持和帮助。

法律依据

《中华人民共和国妇女权益保障法》

第七十三条 妇女的合法权益受到侵害的,可以向妇女联合会等妇女组织求助。妇女联合会等妇女组织应当维护被侵害妇女的合法权益,有权要求并协助有关部门或者单位查处。有关部门或者单位应当依法查处,并予以答复;不予处理或者处理不当的,县级以上人民政府负责妇女儿童工作的机构、妇女联合会可以向其提出督促处理意见,必要时可以提请同级人民政府开展督查。

受害妇女进行诉讼需要帮助的,妇女联合会应当给予支持和帮助。

191. 众多妇女合法权益受到侵害,导致社会公共利益受损的,应怎样保护妇女的合法权益?

法律咨询

王女士所在的村子常年重男轻女、歧视女性,在利益分配方面损害妇女权益。那么,众多妇女合法权益受到侵害,导致社会公共利益受损的,应怎样保护妇女的合法权益?

律师答疑

众多妇女合法权益受到侵害的，检察机关可以发出检察建议或者提起公益诉讼。根据《妇女权益保障法》第 77 条的规定，侵害妇女合法权益，导致社会公共利益受损的，检察机关可以发出检察建议；有下列情形之一的，检察机关可以依法提起公益诉讼：(1)确认农村妇女集体经济组织成员身份时侵害妇女权益或者侵害妇女享有的农村土地承包和集体收益、土地征收征用补偿分配权益和宅基地使用权益；(2)侵害妇女平等就业权益；(3)相关单位未采取合理措施预防和制止性骚扰；(4)通过大众传播媒介或者其他方式贬低损害妇女人格；(5)其他严重侵害妇女权益的行为。

法律依据

《中华人民共和国妇女权益保障法》

第七十七条 侵害妇女合法权益，导致社会公共利益受损的，检察机关可以发出检察建议；有下列情形之一的，检察机关可以依法提起公益诉讼：

（一）确认农村妇女集体经济组织成员身份时侵害妇女权益或者侵害妇女享有的农村土地承包和集体收益、土地征收征用补偿分配权益和宅基地使用权益；

（二）侵害妇女平等就业权益；

（三）相关单位未采取合理措施预防和制止性骚扰；

（四）通过大众传播媒介或者其他方式贬低损害妇女人格；

（五）其他严重侵害妇女权益的情形。

第七节 法律责任

192. 用人单位违反妇女用工规定，应承担什么法律责任？

法律咨询

张女士在正常休产假期间被单位通知辞退，张女士认为用人单位违反妇女用工规定，想知道单位应承担什么法律责任？

律师答疑

为保护女性劳动者的合法权益，从女性劳动者承担生育角色的社会职能出发，国家对女性劳动者的孕期、产期、哺乳期给予特殊保护，即在上述时期的女职工，用人单位不能因自己的原因或在女职工无主观过错的情况下单方解除劳动合同。用人单位存在上述违法行为，女职工与单位不能协商解决的，可以依法申请调解、仲裁或提起诉讼。《妇女权益保障法》第 83 条规定："用人单位违反本法第四十三条和第四十八条规定的，由人力资源和社会保障部门责令改正；拒不改正或者情节严重的，处一万元以上五万元以下罚款。"根据以上规定，用人单位违反妇女用工规定，不仅要承担相应的赔偿、补偿责任，还要承担行政处罚责任。因此，张女士可以向有关部门投诉，寻求妇女联合会帮助；也可以提起劳动仲裁，通过法律途径维护自己的合法权益。

法律依据

《中华人民共和国妇女权益保障法》

第八十三条　用人单位违反本法第四十三条和第四十八条规定的，由人力资源和社会保障部门责令改正；拒不改正或者情节严重的，处一万元以上五万元以下罚款。

193. 确认农村妇女集体经济组织成员身份时侵害妇女权益的，该怎样维护合法权益？

法律咨询

钱女士希望能够确认自己的集体经济组织成员身份，以享有正常的权益，但是却被村委会无故拒绝。张女士该怎样维护合法权益？

律师答疑

农村妇女因出嫁、离婚、再婚、丧偶等原因导致其户口、居所发生变化，从而丧失土地的现象非常常见。因此，《妇女权益保障法》明确规定，妇女在农村集体组织成员身份确认享有与男子平等的权利。《妇女权益保障法》第75条规定，妇女在农村集体经济组织成员身份确认等方面权益受到侵害的，可以申请乡镇人民政府等进行协调，或者向人民法院起诉。乡镇人民政府应当对村民自治章程、村规民约，村民会议、村民代表会议的决定以及其他涉及村民利益事项的决定进行指导，对其中违反法律、法规和国家政策规定，侵害妇女合法权益的内容责令改正；受侵害妇女向农村土地承包仲裁机构申请仲裁或者向人民法院起诉的，农村土地承包仲裁机构或者人民法院应当依法受理。

法律依据

《中华人民共和国妇女权益保障法》

第七十五条 妇女在农村集体经济组织成员身份确认等方面权益受到侵害的,可以申请乡镇人民政府等进行协调,或者向人民法院起诉。

乡镇人民政府应当对村民自治章程、村规民约,村民会议、村民代表会议的决定以及其他涉及村民利益事项的决定进行指导,对其中违反法律、法规和国家政策规定,侵害妇女合法权益的内容责令改正;受侵害妇女向农村土地承包仲裁机构申请仲裁或者向人民法院起诉的,农村土地承包仲裁机构或者人民法院应当依法受理。

194. 通过大众传媒或其他方式贬损妇女人格,该由哪个部门管理?

法律咨询

孙女士因为跟老公吵架,被路人拍下来传到网络上,并被夸大事实来吸引网友,孙女士的生活和精神受到很大影响。那么通过大众传媒或其他方式贬损妇女人格,该由哪个部门管理?

律师答疑

自然人享有生命健康、姓名、肖像、名誉、荣誉、信用、隐私等权利，并受到法律保护。对于通过大众传媒或其他方式贬损妇女人格的，行为人除应当删除相关信息，承担精神和物质的赔偿以外，按照《妇女权益保障法》第82条的规定，公安、网信、文化旅游、广播电视、新闻出版或者其他有关部门会依据各自的职权责令其改正，并依法给予其行政处罚。

法律依据

《中华人民共和国妇女权益保障法》

第八十二条　违反本法规定，通过大众传播媒介或者其他方式贬低损害妇女人格的，由公安、网信、文化旅游、广播电视、新闻出版或者其他有关部门依据各自的职权责令改正，并依法给予行政处罚。

195. 对妇女实施性骚扰的，需承担什么法律责任？

法律咨询

周女士在乘坐公共交通工具时，被陌生男子性骚扰；周女士几次制止该男子，却被该陌生男子辱骂。那么对妇女实施性骚扰的，需承担什么法律责任？

律师答疑

国家一直在加大对性骚扰的打击力度。妇女面对性骚扰，应当及时报警，由公安机关给予批评教育或者出具告诫书，并由所在单位依法给予处分。学校、用人单位违反《妇女权益保障法》规定，未采取必要措施预防和制止性骚扰，造成妇女权益受到侵害或者社会影响恶劣的，由上级机关或者主管部门责令改正；拒不改正或者情节严重的，依法对直接负责的主管人员和其他直接责任人员给予处分。

法律依据

《中华人民共和国妇女权益保障法》

第八十条 违反本法规定，对妇女实施性骚扰的，由公安机关给予批评教育或者出具告诫书，并由所在单位依法给予处分。

学校、用人单位违反本法规定，未采取必要措施预防和制止性骚扰，造成妇女权益受到侵害或者社会影响恶劣的，由上级机关或者主管部门责令改正；拒不改正或者情节严重的，依法对直接负责的主管人员和其他直接责任人员给予处分。

196. 国家机关及其工作人员没有依法履行维护妇女权益职责的，该如何处理？

法律咨询

陈某是某公司的职工，但该公司在她怀孕期间以其不能胜任工作为由单方面解除劳动合同。对此，陈某便向当地的劳动行政部门举报。但是，劳动行政部门的工作人员收到陈某的举报后并未采取任何措施。那么，国家机关及其工作人员没有依法履行维护妇女权益职责的，该如何处理？

律师答疑

国家机关及其工作人员是人民的公仆，他们必须带头遵守《宪法》和法律，按照规定的权限和程序认真履行职责，努力提高工作效率，全心全意为人民服务，接受人民监督，忠于职守，勤勉尽责。在保障妇女权益方面，《妇女权益保障法》一方面明确规定了有关国家机关及其工作人员的职责；另一方面也明确规定国家机关及其工作人员未依法履行职责，对侵害妇女权益的行为未及时制止或者未给予受害妇女必要帮助，造成严重后果的，依法对直接负责的主管人员和其他直接责任人员给予处分。对违反该法规定，侵害妇女的合法权益，其他法律、法规规定行政处罚的，从其规定；造成财产损失或者人身损害的，依法承担民事责任；构成犯罪的，依法追究刑事责任。

法律依据

《中华人民共和国妇女权益保障法》

第八十四条　违反本法规定，对侵害妇女权益的申诉、控告、检举，推诿、拖延、压制不予查处，或者对提出申诉、控告、检举的人进行打击报复的，依法责令改正，并对直接负责的主管人员和其他直接责任人员给予处分。

国家机关及其工作人员未依法履行职责，对侵害妇女权益的行为未及时制止或者未给予受害妇女必要帮助，造成严重后果的，依法对直接负责的主管人员和其他直接责任人员给予处分。

违反本法规定，侵害妇女人身和人格权益、文化教育权益、劳动和社会保障权益、财产权益以及婚姻家庭权益的，依法责令改正,直接负责的主管人员和其他直接责任人员属于国家工作人员的,依法给予处分。

第八十五条 违反本法规定,侵害妇女的合法权益,其他法律、法规规定行政处罚的,从其规定;造成财产损失或者人身损害的,依法承担民事责任;构成犯罪的,依法追究刑事责任。

197. 家庭暴力的加害人应承担何种法律责任?

法律咨询

孙某结婚之后,经常遭受丈夫的打骂。后来,孙某见丈夫对自己实施家庭暴力的次数越来越多,便向公安机关报警,让丈夫承担法律责任。那么,家庭暴力的加害人应当承担什么样的法律责任?

律师答疑

家庭暴力是引起离婚的重要原因之一,严重的可能构成刑事犯罪。对此,《民法典》及《刑法》都有相关规定,施暴者需要承担民事或者刑事法律责任。因家庭暴力引起离婚诉讼的,法院可以直接认定夫妻感情破裂,判决离婚;夫妻双方对共同财产协议不成的,由人民法院根据财产的具体情况,按照照顾子女、女方和无过错方权益的原则判决;因家庭暴力导致离婚的,无过错方有权请求损害赔偿。此外,家庭暴力情节严重构成故意伤害罪、虐待罪的,应当承担有期徒刑、拘役或者管制的刑事责任。

法律依据

《中华人民共和国民法典》

第一千零七十九条　夫妻一方要求离婚的，可以由有关组织进行调解或者直接向人民法院提起离婚诉讼。

人民法院审理离婚案件，应当进行调解；如果感情确已破裂，调解无效的，应当准予离婚。

有下列情形之一，调解无效的，应当准予离婚：

（一）重婚或者与他人同居；

（二）实施家庭暴力或者虐待、遗弃家庭成员；

（三）有赌博、吸毒等恶习屡教不改；

（四）因感情不和分居满二年；

（五）其他导致夫妻感情破裂的情形。

一方被宣告失踪，另一方提起离婚诉讼的，应当准予离婚。

经人民法院判决不准离婚后，双方又分居满一年，一方再次提起离婚诉讼的，应当准予离婚。

第一千零八十七条　离婚时，夫妻的共同财产由双方协议处理；协议不成的，由人民法院根据财产的具体情况，按照照顾子女、女方和无过错方权益的原则判决。

对夫或者妻在家庭土地承包经营中享有的权益等，应当依法予以保护。

第一千零九十一条　有下列情形之一，导致离婚的，无过错方有权请求损害赔偿：

（一）重婚；

（二）与他人同居；

（三）实施家庭暴力；

（四）虐待、遗弃家庭成员；

（五）有其他重大过错。

《中华人民共和国刑法》

第二百三十四条 故意伤害他人身体的，处三年以下有期徒刑、拘役或者管制。

犯前款罪，致人重伤的，处三年以上十年以下有期徒刑；致人死亡或者以特别残忍手段致人重伤造成严重残疾的，处十年以上有期徒刑、无期徒刑或者死刑。本法另有规定的，依照规定。

第二百六十条 虐待家庭成员，情节恶劣的，处二年以下有期徒刑、拘役或者管制。

犯前款罪，致使被害人重伤、死亡的，处二年以上七年以下有期徒刑。

第一款罪，告诉的才处理，但被害人没有能力告诉，或者因受到强制、威吓无法告诉的除外。

Chapter 4

第四章

残疾人权益保障

第一节　国家保护

198. 什么样的人属于残疾人？

法律咨询

小飞年幼时因为触电导致一只手的手指不太灵活，那么小飞是否属于残疾人？

律师答疑

残疾人是指在心理、生理、人体结构上，某种组织、功能丧失或者不正常，全部或者部分丧失以正常方式从事某种活动能力的人。残疾人包括视力残疾、听力残疾、言语残疾、肢体残疾、智力残疾、精神残疾、多重残疾和其他残疾的人。小飞可以先到医院做伤残鉴定，然后根据国家标准判断自己是否为残疾人。

法律依据

《中华人民共和国残疾人保障法》

第二条　残疾人是指在心理、生理、人体结构上，某种组织、功能丧失或者不正常，全部或者部分丧失以正常方式从事某种活动能力的人。

残疾人包括视力残疾、听力残疾、言语残疾、肢体残疾、智力残疾、精神残疾、多重残疾和其他残疾的人。

残疾标准由国务院规定。

199. 国家对残疾人有哪些保障措施?

法律咨询

小肖自幼一只耳朵听不清声音,另外一只耳朵只能听到微弱的声音,生活很不方便。那么,对于残疾人,国家有哪些保障措施?

律师答疑

国家保障残疾人的基本权利,包括在政治、经济、文化、社会和家庭生活等方面享有同其他公民平等的权利。同时,国家采取各种措施保障残疾人权利的实现,县级以上人民政府应当将残疾人事业经费列入财政预算,建立稳定的经费保障机制。采取辅助方法和扶持措施,对残疾人给予特别扶助,减轻或者消除残疾影响和外界障碍。此外,在立法层面,国家制定法律、法规、规章和公共政策,对涉及残疾人权益和残疾人事业的重大问题,应当听取残疾人和残疾人组织的意见。残疾人和残疾人组织有权向各级国家机关提出残疾人权益保障、残疾人事业发展等方面的意见和建议。

法律依据

《中华人民共和国残疾人保障法》

第三条　残疾人在政治、经济、文化、社会和家庭生活等方面享有同其他公民平等的权利。

残疾人的公民权利和人格尊严受法律保护。

禁止基于残疾的歧视。禁止侮辱、侵害残疾人。禁止通过大众传播媒介或者其他方式贬低损害残疾人人格。

第四条 国家采取辅助方法和扶持措施,对残疾人给予特别扶助,减轻或者消除残疾影响和外界障碍,保障残疾人权利的实现。

第五条 县级以上人民政府应当将残疾人事业纳入国民经济和社会发展规划,加强领导,综合协调,并将残疾人事业经费列入财政预算,建立稳定的经费保障机制。

国务院制定中国残疾人事业发展纲要,县级以上地方人民政府根据中国残疾人事业发展纲要,制定本行政区域的残疾人事业发展规划和年度计划,使残疾人事业与经济、社会协调发展。

县级以上人民政府负责残疾人工作的机构,负责组织、协调、指导、督促有关部门做好残疾人事业的工作。

各级人民政府和有关部门,应当密切联系残疾人,听取残疾人的意见,按照各自的职责,做好残疾人工作。

第六条 国家采取措施,保障残疾人依照法律规定,通过各种途径和形式,管理国家事务,管理经济和文化事业,管理社会事务。

制定法律、法规、规章和公共政策,对涉及残疾人权益和残疾人事业的重大问题,应当听取残疾人和残疾人组织的意见。

残疾人和残疾人组织有权向各级国家机关提出残疾人权益保障、残疾人事业发展等方面的意见和建议。

200. 中国残疾人联合会在残疾人保护方面有什么样的作用？

法律咨询

萧某是一名残疾人士，听说有中国残疾人联合会这个组织，想向律师了解这个组织有什么作用。

律师答疑

中国残疾人联合会是国家法律确认的、国务院批准的由残疾人及其亲友和残疾人工作者组成的人民团体，是为残疾人设置的权益保护组织，主要是代表残疾人的共同利益，维护残疾人的合法权益。其宗旨是：弘扬人道主义思想，发展残疾人事业，促进残疾人平等、充分参与社会生活，共享社会物质文化成果。中国残疾人联合会具有代表、服务、管理三种职能：代表残疾人共同利益，维护残疾人合法权益；团结帮助残疾人，为残疾人服务；履行法律赋予的职责，承担政府委托的任务，管理和发展残疾人事业。

法律依据

《中华人民共和国残疾人保障法》

第八条　中国残疾人联合会及其地方组织，代表残疾人的共同利益，维护残疾人的合法权益，团结教育残疾人，为残疾人服务。

中国残疾人联合会及其地方组织依照法律、法规、章程或者接受政府委托，开展残疾人工作，动员社会力量，发展残疾人事业。

201. 残疾人的家庭成员应当履行哪些义务?

法律咨询

王某的父亲是一位残疾人士,但王某经常将老人留在家中不去探望,对老人态度冷漠。那么,王某是否违反法律规定呢?残疾人的家庭成员应当履行哪些义务?

律师答疑

残疾人的家庭成员应当履行监护职责,照顾残疾人的生活,尊重残疾人的意愿。虽然很多残疾人士可以凭借自己的努力独立生活,但是他们的家庭成员还是应当对他们有更多的照顾和帮助。《残疾人保障法》规定,残疾人的监护人必须履行监护职责,尊重被监护人的意愿,维护被监护人的合法权益。残疾人的亲属、监护人应当鼓励和帮助残疾人增强自立能力。同时,禁止对残疾人实施家庭暴力,禁止虐待、遗弃残疾人。

法律依据

《中华人民共和国残疾人保障法》

第九条 残疾人的扶养人必须对残疾人履行扶养义务。

残疾人的监护人必须履行监护职责,尊重被监护人的意愿,维护被监护人的合法权益。

残疾人的亲属、监护人应当鼓励和帮助残疾人增强自立能力。

禁止对残疾人实施家庭暴力,禁止虐待、遗弃残疾人。

202. 哪些残疾人可以享受国家的抚恤优待、表彰奖励?

法律咨询

小明的父亲是一位残疾军人,小明一直以父亲为榜样。那么像小明父亲这样的残疾人士能否享受国家的抚恤优待、表彰奖励呢?

律师答疑

小明的父亲作为一名残疾军人,应当享受国家的抚恤优待;因为国家和社会对残疾军人、因公致残人员以及其他为维护国家和人民利益致残的人员实行特别保障,给予抚恤和优待。对在社会主义建设中做出显著成绩的残疾人,对维护残疾人合法权益、发展残疾人事业、为残疾人服务做出显著成绩的单位和个人,各级人民政府和有关部门给予表彰和奖励。

法律依据

《中华人民共和国残疾人保障法》

第十二条　国家和社会对残疾军人、因公致残人员以及其他为维护国家和人民利益致残的人员实行特别保障,给予抚恤和优待。

第十三条　对在社会主义建设中做出显著成绩的残疾人,对维护残疾人合法权益、发展残疾人事业、为残疾人服务做出显著成绩的单位和个人,各级人民政府和有关部门给予表彰和奖励。

第二节 康复工作

203. 国家和政府如何保障残疾人的康复工作?

法律咨询

小丽作为一名残疾人，希望能够通过自己的努力早日康复，想知道：国家和政府如何保障残疾人的康复工作？

律师答疑

国家和政府对于残疾人的康复工作给予了很多保障，各级人民政府和有关部门应当采取措施，为残疾人康复创造条件，建立和完善残疾人康复服务体系，并分阶段实施重点康复项目，帮助残疾人恢复或者补偿功能，增强其参与社会生活的能力。各级人民政府鼓励和扶持社会力量兴办残疾人康复机构。政府有关部门组织和扶持残疾人康复器械、辅助器具的研制、生产、供应、维修服务。此外，政府和社会采取多种形式对从事康复工作的人员进行技术培训；向残疾人、残疾人亲属、有关工作人员和志愿工作者普及康复知识，传授康复方法。

法律依据

《中华人民共和国残疾人保障法》

第十五条 国家保障残疾人享有康复服务的权利。

各级人民政府和有关部门应当采取措施，为残疾人康复创造条件，建立和完善残疾人康复服务体系，并分阶段实施重点康复项目，帮助残疾人恢复或者补偿功能，增强其参与社会生活的能力。

第十七条 各级人民政府鼓励和扶持社会力量兴办残疾人康复机构。

地方各级人民政府和有关部门，应当组织和指导城乡社区服务组织、医疗预防保健机构、残疾人组织、残疾人家庭和其他社会力量，开展社区康复工作。

残疾人教育机构、福利性单位和其他为残疾人服务的机构，应当创造条件，开展康复训练活动。

残疾人在专业人员的指导和有关工作人员、志愿工作者及亲属的帮助下，应当努力进行功能、自理能力和劳动技能的训练。

第十八条 地方各级人民政府和有关部门应当根据需要有计划地在医疗机构设立康复医学科室，举办残疾人康复机构，开展康复医疗与训练、人员培训、技术指导、科学研究等工作。

第十九条 医学院校和其他有关院校应当有计划地开设康复课程，设置相关专业，培养各类康复专业人才。

政府和社会采取多种形式对从事康复工作的人员进行技术培训；向残疾人、残疾人亲属、有关工作人员和志愿工作者普及康复知识，传授康复方法。

第二十条 政府有关部门应当组织和扶持残疾人康复器械、辅助器具的研制、生产、供应、维修服务。

第三节 教育

204. 残疾人可以上学接受教育吗?

法律咨询

小琴自幼双腿残疾,小琴的妈妈咨询律师想知道小琴能否像其他孩子一样正常接受学校教育。

律师答疑

小琴可以接受学校教育,国家保障残疾人享有平等接受教育的权利。各级人民政府应当将残疾人教育作为国家教育事业的组成部分,统一规划,加强领导,为残疾人接受教育创造条件。

政府、社会、学校应当采取有效措施,解决残疾儿童、少年就学存在的实际困难,帮助其完成义务教育。各级人民政府对接受义务教育的残疾学生、贫困残疾人家庭的学生提供免费教科书,并给予寄宿生活费等费用补助;对接受义务教育以外其他教育的残疾学生、贫困残疾人家庭的学生按照国家有关规定给予资助。

法律依据

《中华人民共和国残疾人保障法》

第二十一条 国家保障残疾人享有平等接受教育的权利。

各级人民政府应当将残疾人教育作为国家教育事业的组成部分，统一规划，加强领导，为残疾人接受教育创造条件。

政府、社会、学校应当采取有效措施，解决残疾儿童、少年就学存在的实际困难，帮助其完成义务教育。

各级人民政府对接受义务教育的残疾学生、贫困残疾人家庭的学生提供免费教科书，并给予寄宿生活费等费用补助；对接受义务教育以外其他教育的残疾学生、贫困残疾人家庭的学生按照国家有关规定给予资助。

205. 残疾人的教育按哪些要求实施?

法律咨询

小琳是一名残疾人，马上到读小学的年龄了。小琳想知道自己上学后的生活能否得到保障。那么，残疾人的教育按哪些要求实施?

律师答疑

残疾人的教育工作应当实行普及与提高相结合、以普及为重点的方针，保障义务教育，着重发展职业教育，积极开展学前教育，逐步发展高级中等以上教育。具体要求是:(1)在进行思想教育、文化教育的同时，加强身心补偿和职业教育;(2)依据残疾类别和接受能力，采取普通教育方式或者特殊教育方式;(3)特殊教育的课程设置、教材、教学方法、入学和在校年龄，可以有适度弹性。因此，小琳的学习生活能够得到充分的保障。

法律依据

《中华人民共和国残疾人保障法》

第二十二条 残疾人教育,实行普及与提高相结合、以普及为重点的方针,保障义务教育,着重发展职业教育,积极开展学前教育,逐步发展高级中等以上教育。

第二十三条 残疾人教育应当根据残疾人的身心特性和需要,按照下列要求实施:

(一)在进行思想教育、文化教育的同时,加强身心补偿和职业教育;

(二)依据残疾类别和接受能力,采取普通教育方式或者特殊教育方式;

(三)特殊教育的课程设置、教材、教学方法、入学和在校年龄,可以有适度弹性。

206. 残疾人在不同时期能接受到哪些教育?

法律咨询

小张是一名残疾人且今年读初中,他想知道随着年龄的增长,在未来接受的教育会有什么变化。那么,残疾人在不同时期能接受到哪些教育?

律师答疑

残疾人在不同的成长阶段拥有不同的教育保障,主要体现在以下几个方面:

残疾幼儿教育机构、普通幼儿教育机构附设的残疾儿童班、特殊教育机构的学前班、残疾儿童福利机构、残疾儿童家庭，对残疾儿童实施学前教育。

初级中等以下特殊教育机构和普通教育机构附设的特殊教育班，对不具有接受普通教育能力的残疾儿童、少年实施义务教育。

高级中等以上特殊教育机构、普通教育机构附设的特殊教育班和残疾人职业教育机构，对符合条件的残疾人实施高级中等以上文化教育、职业教育。小张今年读初中，之后可以接受高级中等以上文化教育和职业教育。

法律依据

《中华人民共和国残疾人保障法》

第二十四条　县级以上人民政府应当根据残疾人的数量、分布状况和残疾类别等因素，合理设置残疾人教育机构，并鼓励社会力量办学、捐资助学。

第二十五条第一款　普通教育机构对具有接受普通教育能力的残疾人实施教育，并为其学习提供便利和帮助。

第二十六条　残疾幼儿教育机构、普通幼儿教育机构附设的残疾儿童班、特殊教育机构的学前班、残疾儿童福利机构、残疾儿童家庭，对残疾儿童实施学前教育。

初级中等以下特殊教育机构和普通教育机构附设的特殊教育班，对不具有接受普通教育能力的残疾儿童、少年实施义务教育。

高级中等以上特殊教育机构、普通教育机构附设的特殊教育班和残疾人职业教育机构，对符合条件的残疾人实施高级中等以上文化教育、职业教育。

提供特殊教育的机构应当具备适合残疾人学习、康复、生活特点的场所和设施。

第四节　劳动就业

207. 国家和政府对残疾人就业有哪些保障措施?

法律咨询

小张是一名残疾人士,他已经成年并从大学毕业且面临就业问题。小张担心自己的身体情况不好找工作。那么,国家和政府对残疾人就业有哪些保障措施?

律师答疑

残疾人士有劳动的权利,社会各界应当给予残疾人士良好的就业机会和条件,各级人民政府应当对残疾人劳动就业统筹规划,为残疾人创造劳动就业条件。政府和社会举办残疾人福利企业、盲人按摩机构和其他福利性单位,集中安排残疾人就业。国家机关、社会团体、企业事业单位、民办非企业单位应当按照规定的比例安排残疾人就业,并为其选择适当的工种和岗位。达不到规定比例的,按照国家有关规定履行保障残疾人就业义务。国家鼓励用人单位超过规定比例安排残疾人就业。地方各级人民政府和农村基层组织,应当组织和扶持农村残疾人从事种植业、养殖业、手工业和其他形式的生产劳动。残疾人联合会举办的残疾人就业服务机构，应当组织开展免费的职业指导、职业介绍和职业培训，为残疾人就业和用人单位招用残疾人提供服务和帮助。

法律依据

《中华人民共和国残疾人保障法》

第三十条 国家保障残疾人劳动的权利。

各级人民政府应当对残疾人劳动就业统筹规划，为残疾人创造劳动就业条件。

第三十一条 残疾人劳动就业，实行集中与分散相结合的方针，采取优惠政策和扶持保护措施，通过多渠道、多层次、多种形式，使残疾人劳动就业逐步普及、稳定、合理。

第三十二条 政府和社会举办残疾人福利企业、盲人按摩机构和其他福利性单位，集中安排残疾人就业。

第三十三条 国家实行按比例安排残疾人就业制度。

国家机关、社会团体、企业事业单位、民办非企业单位应当按照规定的比例安排残疾人就业，并为其选择适当的工种和岗位。达不到规定比例的，按照国家有关规定履行保障残疾人就业义务。国家鼓励用人单位超过规定比例安排残疾人就业。

残疾人就业的具体办法由国务院规定。

第三十五条 地方各级人民政府和农村基层组织，应当组织和扶持农村残疾人从事种植业、养殖业、手工业和其他形式的生产劳动。

第三十七条 政府有关部门设立的公共就业服务机构，

应当为残疾人免费提供就业服务。

残疾人联合会举办的残疾人就业服务机构,应当组织开展免费的职业指导、职业介绍和职业培训,为残疾人就业和用人单位招用残疾人提供服务和帮助。

208. 用人单位按比例安排残疾人就业,会享受什么优惠政策?

法律咨询

经某是某服装加工厂的厂长。在经营期间,他一直按照比例安排残疾人在自己的工厂里就业,让他们发挥自己的才能。那么,用人单位按比例安排残疾人就业,会享受什么优惠政策?

律师答疑

根据《残疾人保障法》第36条的规定,国家对安排残疾人就业达到、超过规定比例或者集中安排残疾人就业的用人单位和从事个体经营的残疾人,依法给予税收优惠,并在生产、经营、技术、资金、物资、场地等方面给予扶持。国家对从事个体经营的残疾人,免除行政事业性收费。县级以上地方人民政府及其有关部门应当确定适合残疾人生产、经营的产品、项目,优先安排残疾人福利性单位生产或者经营,并根据残疾人福利性单位的生产特点确定某些产品由其专产。政府采购,在同等条件下应当优先购买残疾人福利性单位的产品或者服务。地方各级人民政府应当开发适合残疾人就业的公益性岗位。对申请从事个体经营的残疾人,有关部门应当优先核发营业执照。对从事各类生产劳动的农村残疾人，有关部门应当在生产服务、技术指导、农用物资供应、农副产品购销和信贷等方面，给予帮助。

法律依据

《中华人民共和国残疾人保障法》

第三十六条　国家对安排残疾人就业达到、超过规定比例或者集中安排残疾人就业的用人单位和从事个体经营的残疾人，依法给予税收优惠，并在生产、经营、技术、资金、物资、场地等方面给予扶持。国家对从事个体经营的残疾人，免除行政事业性收费。

县级以上地方人民政府及其有关部门应当确定适合残疾人生产、经营的产品、项目，优先安排残疾人福利性单位生产或者经营，并根据残疾人福利性单位的生产特点确定某些产品由其专产。

政府采购，在同等条件下应当优先购买残疾人福利性单位的产品或者服务。

地方各级人民政府应当开发适合残疾人就业的公益性岗位。

对申请从事个体经营的残疾人，有关部门应当优先核发营业执照。

对从事各类生产劳动的农村残疾人，有关部门应当在生产服务、技术指导、农用物资供应、农副产品购销和信贷等方面，给予帮助。

209. 残疾人可享受哪些劳动保护权?

法律咨询

张某为听障人士,在读完高中之后,便准备就业。但是,张某非常担心自己的就业问题。对此,张某的哥哥告诉他,残疾人享有劳动保护权。那么,残疾人可享受哪些劳动保护权?

律师答疑

根据《残疾人保障法》的规定,残疾人的劳动保护权就是法律关于保护残疾人在劳动就业方面的合法权益的规定,包括下列权利:

(1)残疾人劳动不受歧视权利。单位在职工的招用、转正、晋级、职称评定、劳动报酬、生活福利、休息休假、社会保险等方面,不得歧视残疾人。

(2)劳动条件与残疾人相适应权利。残疾职工所在单位应当根据残疾职工的特点,提供适当的劳动条件和劳动保护,并根据实际需要对劳动场所、劳动设备和生活设施进行改造。

(3)接受工作培训权利。残疾职工所在单位应当对残疾职工进行岗位技术培训,提高其劳动技能和技术水平。

(4)免费接受就业指导服务权利。政府有关部门设立的公共就业服务机构,应当为残疾人免费提供就业服务。残疾人联合会举办的残疾人就业服务机构,应当组织开展免费的职业指导、职业介绍和职业培训,为残疾人就业和用人单位招用残疾人提供服务和帮助。

（5）任何单位和个人不得以暴力、威胁或者非法限制人身自由的手段强迫残疾人劳动。

法律依据

《中华人民共和国残疾人保障法》

第三十七条　政府有关部门设立的公共就业服务机构，应当为残疾人免费提供就业服务。

残疾人联合会举办的残疾人就业服务机构，应当组织开展免费的职业指导、职业介绍和职业培训，为残疾人就业和用人单位招用残疾人提供服务和帮助。

第三十八条　国家保护残疾人福利性单位的财产所有权和经营自主权，其合法权益不受侵犯。

在职工的招用、转正、晋级、职称评定、劳动报酬、生活福利、休息休假、社会保险等方面，不得歧视残疾人。

残疾职工所在单位应当根据残疾职工的特点，提供适当的劳动条件和劳动保护，并根据实际需要对劳动场所、劳动设备和生活设施进行改造。

国家采取措施，保障盲人保健和医疗按摩人员从业的合法权益。

第三十九条　残疾职工所在单位应当对残疾职工进行岗位技术培训，提高其劳动技能和技术水平。

第四十条　任何单位和个人不得以暴力、威胁或者非法限制人身自由的手段强迫残疾人劳动。

第五节　文化生活

210. 为丰富残疾人的精神文化生活，政府和社会有哪些保障措施？

法律咨询

小颜是一位盲人，但他听到很多作家的故事后，希望自己也能阅读大量的书籍。那么，小颜能否实现自己的愿望呢？为丰富残疾人的精神文化生活，政府和社会有哪些保障措施？

律师答疑

小颜虽然是一位盲人，但也可以实现博览群书的愿望。国家和社会为丰富残疾人士的精神文化生活，除了通过广播、电影、电视、报刊、图书、网络等形式及时宣传报道残疾人的工作、生活等情况，为残疾人服务外，还会组织和扶持盲文读物、盲人有声读物及其他残疾人读物的编写和出版，根据盲人的实际需要，在公共图书馆设立盲文读物、盲人有声读物图书室。此外，国家开办电视手语节目，开办残疾人专题广播栏目，推进电视栏目、影视作品加配字幕、解说，并组织和扶持残疾人开展群众性文化、体育、娱乐活动，举办特殊艺术演出和残疾人体育运动会，参加国际性比赛和交流。

法律依据

《中华人民共和国残疾人保障法》

第四十一条第一款 国家保障残疾人享有平等参与文化

生活的权利。

第四十三条　政府和社会采取下列措施，丰富残疾人的精神文化生活：

（一）通过广播、电影、电视、报刊、图书、网络等形式，及时宣传报道残疾人的工作、生活等情况，为残疾人服务；

（二）组织和扶持盲文读物、盲人有声读物及其他残疾人读物的编写和出版，根据盲人的实际需要，在公共图书馆设立盲文读物、盲人有声读物图书室；

（三）开办电视手语节目，开办残疾人专题广播栏目，推进电视栏目、影视作品加配字幕、解说；

（四）组织和扶持残疾人开展群众性文化、体育、娱乐活动，举办特殊艺术演出和残疾人体育运动会，参加国际性比赛和交流；

（五）文化、体育、娱乐和其他公共活动场所，为残疾人提供方便和照顾。有计划地兴办残疾人活动场所。

第六节　社会保障

211. 残疾人参加社会保险有补贴吗？

法律咨询

小柳是一位残疾人士，想参加社会保险，于是他向律师咨询残疾人参加社会保险是否有补贴。

律师答疑

残疾人士参加社会保险是有补贴的，国家保障残疾人享有各项社会保障的权利。政府和社会采取措施，完善对残疾人的社会保障，保障和改善残疾人的生活。残疾人所在城乡基层群众性自治组织、残疾人家庭，应当鼓励、帮助残疾人参加社会保险。对生活确有困难的残疾人，按照国家有关规定给予社会保险补贴。

法律依据

《中华人民共和国残疾人保障法》

第四十六条 国家保障残疾人享有各项社会保障的权利。

政府和社会采取措施，完善对残疾人的社会保障，保障和改善残疾人的生活。

第四十七条 残疾人及其所在单位应当按照国家有关规定参加社会保险。

残疾人所在城乡基层群众性自治组织、残疾人家庭，应当鼓励、帮助残疾人参加社会保险。

对生活确有困难的残疾人，按照国家有关规定给予社会保险补贴。

212. 盲人乘坐公交车需要支付车票费用吗?

法律咨询

童某因生病双目失明。开始时，童某非常不适应失明的生活，担心自己不能正常乘坐交通工具。后来，童某听说，盲人乘坐公交车是免费的。那么，盲人乘坐公交车需要支付车票费用吗？

律师答疑

盲人乘坐公交车不需要支付车票费用。根据《残疾人保障法》第 50 条第 2 款的规定，盲人持有效证件可以免费乘坐市内公共汽车、电车、地铁、渡船等公共交通工具。所以，童某乘坐公交车是免费的，他不必过于担心。

法律依据

《中华人民共和国残疾人保障法》

第五十条第二款　盲人持有效证件免费乘坐市内公共汽车、电车、地铁、渡船等公共交通工具。盲人读物邮件免费寄递。

213. 残疾人携带轮椅乘坐公交车时，需要为轮椅支付费用吗？

法律咨询

杨某因身患重病失去了双腿，出门只能以轮椅代步。一次，杨某的妻子准备和他一起去医院，杨某担心携带轮椅坐公交车可能需要支付费用。那么，残疾人携带轮椅乘坐公交车时，需要为轮椅支付费用吗？

律师答疑

残疾人携带轮椅乘坐公交车时，不需要为轮椅支付费用。根据《残疾人保障法》第 50 条第 1 款的规定，县级以上人民政府对残疾人搭乘公共交通工具，应当根据实际情况给予便利和优惠。残疾人可以免费携带随身必备的辅助器具。“辅助器具”是指残疾人日常生活必需的助行、助听、助视用品，如轮椅、拐杖都属于助行用品，可以免费带上公交车。

法律依据

《中华人民共和国残疾人保障法》

第五十条第一款 县级以上人民政府对残疾人搭乘公共交通工具，应当根据实际情况给予便利和优惠。残疾人可以免费携带随身必备的辅助器具。

214. 生活有困难的残疾人能够享受哪些社会保障措施?

法律咨询

詹某因工负伤而失去了双臂，一直与年迈的母亲相依为命，两人的生活非常困难，平日里都是靠亲戚朋友资助。后来，詹某无意中听说生活困难的残疾人可以享受社会保障。那么，生活有困难的残疾人能够享受哪些社会保障措施?

律师答疑

《残疾人保障法》规定，国家保障残疾人享有各项社会保障的权利。国家对生活有困难的残疾人采取了一系列社会保障措施，包括：

（1）对生活确有困难的残疾人，通过多种渠道给予生活、教育、住房和其他社会救助。

（2）县级以上地方人民政府对享受最低生活保障待遇后生活仍有特别困难的残疾人家庭，应当采取其他措施保障其基本生活。

（3）各级人民政府对贫困残疾人的基本医疗、康复服务、必要的辅助器具的配置和更换，应当按照规定给予救助。

（4）地方各级人民政府对无劳动能力、无扶养人或者扶养人不具有扶养能力、无生活来源的残疾人，按照规定予以供养。

（5）政府有关部门和残疾人组织应当建立和完善社会各界为残疾人捐助和服务的渠道，鼓励和支持发展残疾人慈善事业，开展志愿者助残等公益活动。

法律依据

《中华人民共和国残疾人保障法》

第四十八条　各级人民政府对生活确有困难的残疾人，通过多种渠道给予生活、教育、住房和其他社会救助。

县级以上地方人民政府对享受最低生活保障待遇后生活仍有特别困难的残疾人家庭，应当采取其他措施保障其基本生活。

各级人民政府对贫困残疾人的基本医疗、康复服务、必要的辅助器具的配置和更换，应当按照规定给予救助。

对生活不能自理的残疾人，地方各级人民政府应当根据情况给予护理补贴。

第四十九条 地方各级人民政府对无劳动能力、无扶养人或者扶养人不具有扶养能力、无生活来源的残疾人，按照规定予以供养。

国家鼓励和扶持社会力量举办残疾人供养、托养机构。

残疾人供养、托养机构及其工作人员不得侮辱、虐待、遗弃残疾人。

第五十一条 政府有关部门和残疾人组织应当建立和完善社会各界为残疾人捐助和服务的渠道，鼓励和支持发展残疾人慈善事业，开展志愿者助残等公益活动。

第七节 无障碍环境

215. 残疾人可以享受的无障碍环境包括哪些内容？

法律咨询

刘某是一位残疾人士，早年因为工作事故双目失明。刘某希望每天能出门走走路、锻炼一下身体，但他又担心在路上会有危险。请问：残疾人可以享受的无障碍环境包括哪些内容？

律师答疑

对于残疾人士的出行生活，国家和社会应当采取措施，逐步完善无障碍设施，推进信息交流无障碍，为残疾人平等参与社会生活创造无障碍环境。主要体现在：无障碍设施的建设和改造；公共服务机构和公共场所应当创造条件，为残疾人提供语音和文字提示、手语、盲文等信息交流服务，并提供优先服务和辅助性服务；公共交通工具应当逐步达到无障碍设施的要求，有条件的公共停车场应当为残疾人设置专用停车位。

法律依据

《中华人民共和国残疾人保障法》

第五十二条　国家和社会应当采取措施，逐步完善无障碍设施，推进信息交流无障碍，为残疾人平等参与社会生活创造无障碍环境。

各级人民政府应当对无障碍环境建设进行统筹规划，综合协调，加强监督管理。

第五十三条　无障碍设施的建设和改造，应当符合残疾人的实际需要。

新建、改建和扩建建筑物、道路、交通设施等，应当符合国家有关无障碍设施工程建设标准。

各级人民政府和有关部门应当按照国家无障碍设施工程建设规定，逐步推进已建成设施的改造，优先推进与残疾人日常工作、生活密切相关的公共服务设施的改造。

对无障碍设施应当及时维修和保护。

第五十四条　国家采取措施，为残疾人信息交流无障碍创造条件。

各级人民政府和有关部门应当采取措施，为残疾人获取公共信息提供便利。

国家和社会研制、开发适合残疾人使用的信息交流技术和产品。

国家举办的各类升学考试、职业资格考试和任职考试，有盲人参加的，应当为盲人提供盲文试卷、电子试卷或者由专门的工作人员予以协助。

第五十五条 公共服务机构和公共场所应当创造条件，为残疾人提供语音和文字提示、手语、盲文等信息交流服务，并提供优先服务和辅助性服务。

公共交通工具应当逐步达到无障碍设施的要求。有条件的公共停车场应当为残疾人设置专用停车位。

第五十六条 组织选举的部门应当为残疾人参加选举提供便利；有条件的，应当为盲人提供盲文选票。

216. 盲人可以携带导盲犬乘坐公交车吗？

法律咨询

杨某是一位先天性失明患者，为了能够更好地生活，购买了一只导盲犬。杨某有了导盲犬之后出行便捷了很多，有一天杨某想搭乘公交车，但是担心陪同的导盲犬不能上车。那么，盲人可以携带导盲犬乘坐公交车吗？

律师答疑

杨某可以携带导盲犬乘坐公交车。导盲犬是盲人出行的一种依靠，受过专业训练的导盲犬往往不具备攻击性，做好防疫与卫生清洁的导盲犬出入公共场所并不会对他人造成不良影响。按照相关规定，盲人可以携带导盲犬乘坐火车、公交车、地铁等公共交通工具。

法律依据

《中华人民共和国残疾人保障法》

第五十八条　盲人携带导盲犬出入公共场所，应当遵守国家有关规定。

第八节　法律责任

217. 残疾人合法权益受到侵害该怎么办？

法律咨询

梁某是一位听障人士，有一天梁某被车辆剐蹭受伤，但司机始终不愿意按标准支付赔偿金。梁某考虑到自己的工作收入不是很高，担心请不到律师来维护自己的合法权益。那么，残疾人合法权益受到侵害该怎么办？

律师答疑

残疾人的合法权益受到侵害时，国家提供以下帮助：第一，可以向残疾人组织投诉，残疾人组织应当维护残疾人的合法权益，有权要求有关部门或者单位查处。有关部门或者单位应当依法查处，并予以答复。第二，有权要求有关部门依法处理，或者依法向仲裁机构申请仲裁，或者依法向人民法院提起诉讼。第三，对有经济困难或者其他原因确需法律援助或者司法救助的残疾人，当地法律援助机构或者人民法院应当给予帮助，依法为其提供法律援助或者司法救助。所以，梁某可以求助法律援助机构来维护自己的合法权益。

法律依据

《中华人民共和国残疾人保障法》

第五十九条 残疾人的合法权益受到侵害的，可以向残疾人组织投诉，残疾人组织应当维护残疾人的合法权益，有权要求有关部门或者单位查处。有关部门或者单位应当依法查处，并予以答复。

残疾人组织对残疾人通过诉讼维护其合法权益需要帮助的，应当给予支持。

残疾人组织对侵害特定残疾人群体利益的行为，有权要求有关部门依法查处。

第六十条 残疾人的合法权益受到侵害的，有权要求有关部门依法处理，或者依法向仲裁机构申请仲裁，或者依法向人民法院提起诉讼。

对有经济困难或者其他原因确需法律援助或者司法救助的残疾人，当地法律援助机构或者人民法院应当给予帮助，依法为其提供法律援助或者司法救助。

218. 对不依法维护残疾人合法权益的单位和工作人员，国家怎样处理？

法律咨询

王某是一位残疾人士，在工作时因为一只耳朵听力受损而受到歧视。王某所在单位便将王某能够胜任的工作移交给了他人，王某面临失业，王某向有关单位投诉却得不到回应。那么，对不依法维护残疾人合法权益的单位和工作人员，国家怎样处理？

律师答疑

任何单位不得歧视和不公平对待残疾人士。对侵害残疾人权益行为的申诉、控告、检举，推诿、拖延、压制不予查处，或者对提出申诉、控告、检举的人进行打击报复的，由其所在单位、主管部门或者上级机关责令改正，并依法对直接负责的主管人员和其他直接责任人员给予处分。

国家工作人员未依法履行职责，对侵害残疾人权益的行为未及时制止或者未给予受害残疾人必要帮助，造成严重后果的，由其所在单位或者上级机关依法对直接负责的主管人员和其他直接责任人员给予处分。

法律依据

《中华人民共和国残疾人保障法》

第六十一条　违反本法规定，对侵害残疾人权益行为的申诉、控告、检举，推诿、拖延、压制不予查处，或者对提出申诉、控告、检举的人进行打击报复的，由其所在单位、主管部门或者上级机关责令改正，并依法对直接负责的主管人员和其他直接责任人员给予处分。

国家工作人员未依法履行职责，对侵害残疾人权益的行为未及时制止或者未给予受害残疾人必要帮助，造成严重后果的，由其所在单位或者上级机关依法对直接负责的主管人员和其他直接责任人员给予处分。

219. 对通过大众传媒或其他方式贬低损害残疾人人格的单位和个人，国家怎样处理？

法律咨询

某网络平台为了吸引流量赚钱，发布了很多贬低残疾人的图片，并有严重的后期修图痕迹，对残疾人士的人格尊严造成严重损害。那么，对通过大众传媒或其他方式贬低损害残疾人人格的单位和个人，国家怎样处理？

律师答疑

任何单位和个人不得利用大众传媒故意贬低损害残疾人人格。否则，文化、广播电视、电影、新闻出版或者其他有关主管部门会依据各自的职权责令其改正，并依法给予其行政处罚。另外，受害人可以通过诉讼的方式，要求行为人停止侵权行为。

法律依据

《中华人民共和国残疾人保障法》

第六十二条　违反本法规定，通过大众传播媒介或者其他方式贬低损害残疾人人格的，由文化、广播电视、电影、新闻出版或者其他有关主管部门依据各自的职权责令改正，并依法给予行政处罚。

220. 残疾人被拒绝入学，当事人或者其亲属、监护人该怎么办？

法律咨询

小凤在小时候因发生车祸失去了右腿。在小学入学报到时，学校看到小凤是残疾人，便以其行动不便为由拒绝她入学。那么，残疾人被拒绝入学，当事人或者其亲属、监护人该怎么办？

律师答疑

小凤、小凤的亲属或监护人可以直接到教育行政部门反映。根据《残疾人保障法》第25条第2款、第63条的规定，按照国家有关规定应当招收的残疾人被拒绝入学，当事人或者其亲属、监护人可以要求有关部门处理。经查证属实，有关部门应责令该学校招收，并依法对直接责任人员给予处分。

法律依据

《中华人民共和国残疾人保障法》

第二十五条第二款 普通小学、初级中等学校，必须招收能适应其学习生活的残疾儿童、少年入学；普通高级中等学校、中等职业学校和高等学校，必须招收符合国家规定的录取要求的残疾考生入学，不得因其残疾而拒绝招收；拒绝招收的，当事人或者其亲属、监护人可以要求有关部门处理，有关部门应当责令该学校招收。

第六十三条 违反本法规定，有关教育机构拒不接收残疾学生入学，或者在国家规定的录取要求以外附加条件限制残疾学生就学的，由有关主管部门责令改正，并依法对直接负责的主管人员和其他直接责任人员给予处分。

221. 非残疾人驾驶的机动车挤占无障碍停车位需承担什么样的法律责任？

法律咨询

李某是某企业的员工。一天，他到某单位办事时，由于比较着急，又找不到其他的停车位，便把车位停在了无障碍停车位。那么，非残疾人驾驶机动车挤占无障碍停车位需承担什么样的法律责任？

律师答疑

李某可能面临行政处罚。根据《无障碍环境建设条例》第 32

条的规定，肢体残疾人驾驶或者乘坐的机动车以外的机动车占用无障碍停车位，影响肢体残疾人使用的，由公安机关交通管理部门责令改正，依法给予处罚。

法律依据

《无障碍环境建设条例》

第三十二条　肢体残疾人驾驶或者乘坐的机动车以外的机动车占用无障碍停车位，影响肢体残疾人使用的，由公安机关交通管理部门责令改正，依法给予处罚。

222. 残疾人犯罪需要负法律责任吗？

法律咨询

郑某从小双目失明。一次，他与邻居发生了纠纷，邻居对郑某破口大骂，说郑某是“瞎子”，郑某一气之下用水果刀将邻居刺伤。那么，郑某需要负法律责任吗？

律师答疑

残疾人应当遵守法律、法规，履行应尽的义务，遵守公共秩序，尊重社会公德。残疾人犯罪同样需要承担相应的法律责任。同时，因为残疾人的特殊性，《刑法》也作出了一些特殊规定。其第18条规定，精神病人在不能辨认或者不能控制自己行为的时候造成危害结果，经法定程序鉴定确认的，不负刑事责任，但是应当责令他的家属或者监护人严加看管和医疗；在必要的时候，由政府强制医疗。间歇性的精神病人在精神正常的时候犯罪,应当负刑事责任。尚未完全丧失辨认或者控制自己行为能力的精神病人犯罪的,应当负刑事责任,但是可以从轻或者减轻处罚。《刑法》第19条规定,又聋又哑的人或者盲人犯罪,可以从轻、减轻或者免除处罚。

法律依据

《中华人民共和国刑法》

第十八条 精神病人在不能辨认或者不能控制自己行为的时候造成危害结果,经法定程序鉴定确认的,不负刑事责任,但是应当责令他的家属或者监护人严加看管和医疗;在必要的时候,由政府强制医疗。

间歇性的精神病人在精神正常的时候犯罪,应当负刑事责任。

尚未完全丧失辨认或者控制自己行为能力的精神病人犯罪的,应当负刑事责任,但是可以从轻或者减轻处罚。

醉酒的人犯罪,应当负刑事责任。

第十九条 又聋又哑的人或者盲人犯罪,可以从轻、减轻或者免除处罚。

223. 残疾人犯罪接受刑事审判,一定要有辩护人为其辩护吗?

法律咨询

夏某是一位听障人士,一直在某公司做搬运工。后来,其因故意杀人罪被人民检察院提起公诉。但是，夏某自己并没有委托辩护人。那么，残疾人犯罪接受刑事审判，一定要有辩护人为其辩护吗？

律师答疑

为充分保障残疾人作为犯罪嫌疑人、被告人的权利，根据我国《刑事诉讼法》第35条第2款的规定，被告人是盲、聋、哑人而没有委托辩护人的，人民法院、人民检察院和公安机关应当通知法律援助机构指派律师为其提供辩护。

打击犯罪与保障人权是现代刑事司法所追求的双重价值。在刑事司法活动中，保障犯罪嫌疑人、被告人充分的辩护权，是维护犯罪嫌疑人、被告人权利的重要途径之一。盲、聋、哑犯罪嫌疑人、被告人由于身体原因，依靠自身力量很难充分行使辩护权；在这种情况下，就需要有辩护人为其辩护。如果盲、聋、哑犯罪嫌疑人、被告人没有委托辩护人，为了保障盲、聋、哑犯罪嫌疑人和被告人的权益，人民法院应该为其指定辩护人。

法律依据

《中华人民共和国刑事诉讼法》

第三十五条第二款　犯罪嫌疑人、被告人是盲、聋、哑人，或者是尚未完全丧失辨认或者控制自己行为能力的精神病人，没有委托辩护人的，人民法院、人民检察院和公安机关应当通知法律援助机构指派律师为其提供辩护。

224. 残疾人是否具有民事行为能力？

法律咨询

易某是某软件开发公司的员工，由于双腿天生畸形，他只能靠轮椅代步。一次，易某的同事谢某对其进行侮辱，对此，易某准备对谢某提起民事诉讼，但他觉得残疾人属于无民事行为能力人，所以，准备找父亲作为法定代理人。那么，残疾人是否具有民事行为能力？

律师答疑

如果易某已经成年且精神状态正常是具有民事行为能力的，可以自己提起民事诉讼。民事主体是否具有民事行为能力，主要依据其年龄和精神状态判断。根据我国《民法典》第 18～23 条的规定，民事行为能力分为完全民事行为能力、限制民事行为能力和无民事行为能力三种。

根据年龄对残疾人的民事行为能力进行划分：(1)完全民事行为能力的残疾人。18 周岁以上精神正常的残疾人具有完全民事行为能力，可以独立进行民事活动，是完全民事行为能力人。16 周岁以上不满 18 周岁精神正常的残疾人，以自己的劳动收入为主要生活来源的，视为完全民事行为能力人。(2)限制民事行为能力的残疾人。8 周岁以上精神正常的未成年残疾人是限制民事行为能力人，可以进行与其年龄、智力相适应的民事活动；其他民事活动由其法定代理人代理，或者征得其法定代理人的同意、追认。(3)无民事行为能力的残疾人。不满 8 周岁的精神正常的残疾人是无民事行为能力人，由其法定代理人代理进行民事活动。

根据精神状态对残疾人的民事行为能力进行划分:(1)不能辨认自己行为的成年人是无民事行为能力人,由其法定代理人代理进行民事活动。(2)不能完全辨认自己行为的成年人是限制民事行为能力人,可以进行与其精神健康状况相适应的民事活动;其他民事活动由其法定代理人代理,或者征得其法定代理人的同意、追认。

法律依据

《中华人民共和国民法典》

第十八条　成年人为完全民事行为能力人,可以独立实施民事法律行为。

十六周岁以上的未成年人,以自己的劳动收入为主要生活来源的,视为完全民事行为能力人。

第十九条　八周岁以上的未成年人为限制民事行为能力人,实施民事法律行为由其法定代理人代理或者经其法定代理人同意、追认;但是,可以独立实施纯获利益的民事法律行为或者与其年龄、智力相适应的民事法律行为。

第二十条　不满八周岁的未成年人为无民事行为能力人,由其法定代理人代理实施民事法律行为。

第二十一条　不能辨认自己行为的成年人为无民事行为能力人,由其法定代理人代理实施民事法律行为。

八周岁以上的未成年人不能辨认自己行为的,适用前款规定。

第二十二条　不能完全辨认自己行为的成年人为限制民事行为能力人,实施民事法律行为由其法定代理人代理或者经其法定代理人同意、追认;但是,可以独立实施纯获利益的民事法律行为或者与其智力、精神健康状况相适应的民事法律行为。

第二十三条 无民事行为能力人、限制民事行为能力人的监护人是其法定代理人。

225. 残疾人可以结婚吗?

法律咨询

季某小时候因家里发生火灾而伤残;长大后,他凭借着自己的努力读完大学,并找到工作。后来,季某准备与大学时的女朋友结婚。但是,季某的母亲却说,残疾人是不能结婚的。那么,残疾人可以结婚吗?

律师答疑

《民法典》对结婚的条件作出了明确规定。第1047条规定,结婚年龄,男不得早于22周岁,女不得早于20周岁。即符合年龄要求的单身男女,原则上都可以办理结婚登记手续。第1048条规定,直系血亲或者三代以内的旁系血亲禁止结婚。只有这一条是禁止结婚的条款。所以,只要不违反《民法典》第1048条的规定,残疾人是可以结婚的。

需要强调的是,《民法典》第1053条第1款规定,一方患有重大疾病的,应当在结婚登记前如实告知另一方;不如实告知的,另一方可以向人民法院请求撤销婚姻。"重大疾病"一般是指《母婴保健法》第 8 条所列的严重遗传性疾病、指定传染病、有关精神病。《母婴保健法》第 38 条对第 8 条的疾病进一步作出了解释，指定传染病是指《传染病防治法》中规定的艾滋病、淋病、梅毒、麻风病以及医学上认为影响结婚和生育的其他传染病；严重遗传性疾病是指由于遗传因素先天形成，患者全部或者部分丧失自主生活能力，后代再现风险高，医学上认为不宜生育的遗传性疾病；有关精神病是指精神分裂症、躁狂抑郁型精神病以及其他重型精神病。若一方有以上疾病，应当告知另一方；如未告知，另一方可以依据《民法典》第 1053 条的规定，在知道或应当知道该事由之日起 1 年内向法院申请撤销婚姻。

法律依据

《中华人民共和国民法典》

第一千零四十七条　结婚年龄，男不得早于二十二周岁，女不得早于二十周岁。

第一千零四十八条　直系血亲或者三代以内的旁系血亲禁止结婚。

第一千零五十三条　一方患有重大疾病的，应当在结婚登记前如实告知另一方；不如实告知的，另一方可以向人民法院请求撤销婚姻。

请求撤销婚姻的，应当自知道或者应当知道撤销事由之日起一年内提出。

《中华人民共和国母婴保健法》

第八条　婚前医学检查包括对下列疾病的检查：

（一）严重遗传性疾病；

（二）指定传染病；

（三）有关精神病。

经婚前医学检查，医疗保健机构应当出具婚前医学检查证明。

第三十八条 本法下列用语的含义：

指定传染病，是指《中华人民共和国传染病防治法》中规定的艾滋病、淋病、梅毒、麻风病以及医学上认为影响结婚和生育的其他传染病。

严重遗传性疾病，是指由于遗传因素先天形成，患者全部或者部分丧失自主生活能力，后代再现风险高，医学上认为不宜生育的遗传性疾病。

有关精神病，是指精神分裂症、躁狂抑郁型精神病以及其他重型精神病。

产前诊断，是指对胎儿进行先天性缺陷和遗传性疾病的诊断。

226. 强迫残疾人乞讨是否构成犯罪？

法律咨询

傅某是某村的村民，他的弟弟在小时候因为触电失去双臂。因为家里生活困难，且傅某不务正业，傅某便强迫残疾的弟弟每天到街上乞讨；如果弟弟乞讨的钱少，傅某就对他进行殴打。那么，强迫残疾人乞讨是否构成犯罪？

律师答疑

残疾人上街乞讨的现象屡禁不止，很多残疾人都是被一些小组织、小团体强迫乞讨的，强迫残疾人乞讨是构成犯罪的。根据我国《刑法》第262条之一的规定，以暴力、胁迫手段组织残疾人或者不满14周岁的未成年人乞讨的，处3年以下有期徒刑或者拘役，并处罚金；情节严重的，处3年以上7年以下有期徒刑，并处罚金。因此，傅某的行为已经构成了犯罪。

法律依据

《中华人民共和国刑法》

第二百六十二条之一　以暴力、胁迫手段组织残疾人或者不满十四周岁的未成年人乞讨的，处三年以下有期徒刑或者拘役，并处罚金；情节严重的，处三年以上七年以下有期徒刑，并处罚金。

227. 残疾人的扶养人没有履行对残疾人的扶养义务，应承担什么法律责任？

法律咨询

林某结婚后，生下的儿子天生为二级智力残疾。对此，林某和丈夫都认为这个孩子会成为他们的负担，所以，他们将残疾的儿子丢弃在车站。那么，残疾人的扶养人没有履行对残疾人的扶养义务，应承担什么法律责任？

律师答疑

林某夫妇的行为构成遗弃。根据《治安管理处罚法》的规定,遗弃没有独立生活能力的被扶养人的,处5日以下拘留或警告。根据《刑法》第261条的规定,对于年老、年幼、患病或者其他没有独立生活能力的人,负有扶养义务而拒绝扶养,情节恶劣的,处5年以下有期徒刑、拘役或者管制。因此,如果林某夫妇的遗弃行为造成了严重的后果,则应当承担刑事责任。

法律依据

《中华人民共和国治安管理处罚法》

第四十五条 有下列行为之一的,处五日以下拘留或者警告:

(一)虐待家庭成员,被虐待人要求处理的;

(二)遗弃没有独立生活能力的被扶养人的。

《中华人民共和国刑法》

第二百六十一条 对于年老、年幼、患病或者其他没有独立生活能力的人,负有扶养义务而拒绝扶养,情节恶劣的,处五年以下有期徒刑、拘役或者管制。

228. 家庭成员虐待残疾人需承担什么法律责任?

法律咨询

杜某的妹妹天生智力残疾,生活不能自理。在父母去世后,杜某便开始承担照顾妹妹的职责。但杜某认为妹妹非常麻烦,因此,他经常不给妹妹吃饭，还殴打妹妹。那么，家庭成员虐待残疾人需承担什么法律责任？

律师答疑

虐待是指经常以暴力、胁迫、限制人身自由、冻饿等方式，对共同生活的家庭成员实施肉体上、精神上的摧残、折磨。根据《治安管理处罚法》的规定，家庭成员虐待残疾人，被虐待人要求处理的，处 5 日以下拘留或者警告。如果情节恶劣，根据《刑法》第 260 条的规定，处 2 年以下有期徒刑、拘役或者管制。犯虐待罪，致使被害人重伤、死亡的，处 2 年以上 7 年以下有期徒刑。如果杜某的行为达到刑事处罚的程度应当承担刑事责任。虐待罪属于自诉案件，但被害人没有能力报案，或者因受到强制、威吓无法告诉的除外。

法律依据

《中华人民共和国治安管理处罚法》

第四十五条　有下列行为之一的，处五日以下拘留或者警告：

（一）虐待家庭成员，被虐待人要求处理的；

（二）遗弃没有独立生活能力的被扶养人的。

《中华人民共和国刑法》

第二百六十条　虐待家庭成员，情节恶劣的，处二年以下有期徒刑、拘役或者管制。

犯前款罪，致使被害人重伤、死亡的，处二年以上七年以下有期徒刑。

第一款罪，告诉的才处理，但被害人没有能力告诉，或者因受到强制、威吓无法告诉的除外。

229. 离婚时，残疾人生活补助费是否属于夫妻共同财产？

法律咨询

董某是某建筑公司的工人，双腿因工作被楼板砸到致残。之后，董某的妻子提出了离婚，并要求董某将获得的残疾人生活补助费作为夫妻共同财产分给她一半。那么，离婚时，残疾人生活补助费是否属于夫妻共同财产？

律师答疑

离婚案件中分割夫妻共同财产是比较常见的问题，那么如何确定夫妻共同财产的范围呢？根据《民法典》的相关规定，下列财产属于夫妻共同财产：工资、奖金、劳务报酬；生产、经营、投资的收益；知识产权的收益；继承或者受赠的财产，但是遗嘱和赠与合同中明确只归一方的除外；其他应当归共同所有的财产。但是一方因受到人身损害获得的赔偿或者补偿，应当认定为夫妻一方的财产。因此，残疾人生活补助费不属于夫妻共有财产，离婚时不应当作为夫妻共同财产进行分割。

法律依据

《中华人民共和国民法典》

第一千零六十二条 夫妻在婚姻关系存续期间所得的下列财产，为夫妻的共同财产，归夫妻共同所有：

(一)工资、奖金、劳务报酬；

(二)生产、经营、投资的收益；

（三）知识产权的收益；

（四）继承或者受赠的财产，但是本法第一千零六十三条第三项规定的除外；

（五）其他应当归共同所有的财产。

夫妻对共同财产，有平等的处理权。

第一千零六十三条　下列财产为夫妻一方的个人财产：

（一）一方的婚前财产；

（二）一方因受到人身损害获得的赔偿或者补偿；

（三）遗嘱或者赠与合同中确定只归一方的财产；

（四）一方专用的生活用品；

（五）其他应当归一方的财产。

230. 广告中涉及残疾人形象的，不得出现哪些情形？

法律咨询

某教育公司准备找人做广告以宣传公司。该公司的经理尚某提出可以找残疾人做广告，这样可以体现出他们公司的特点。那么，广告中涉及残疾人形象的，不得出现哪些情形？

律师答疑

广告中涉及残疾人形象的，不得违反有关法律、法规的规定，特别不得出现下列情形：

（1）侵犯残疾人在政治、经济、文化、社会和家庭生活等方面享有的同其他公民平等的权利，如教育、升学；

（2）损害残疾人的人格尊严，讽刺、挖苦、讥笑残疾人；

（3）其他歧视、侮辱、伤害残疾人的语言、文字、形象和表现。

法律依据

《中华人民共和国残疾人保障法》

第三条 残疾人在政治、经济、文化、社会和家庭生活等方面享有同其他公民平等的权利。

残疾人的公民权利和人格尊严受法律保护。

禁止基于残疾的歧视。禁止侮辱、侵害残疾人。禁止通过大众传播媒介或者其他方式贬低损害残疾人人格。